四川省统计局-西南财经大学　研究成果
四川省人口与发展数据实验室

刘卓 ○ 著

新时代人口生育问题研究

西南财经大学出版社
Southwestern University of Finance & Economics Press

中国·成都

图书在版编目(CIP)数据

新时代人口生育问题研究 /刘卓著.—成都:西南财经大学
出版社,2023.6
ISBN 978-7-5504-5713-3

Ⅰ.①新…　Ⅱ.①刘…　Ⅲ.①人口—问题—研究—中国②生
育—问题—研究—中国　Ⅳ.①C924.24

中国国家版本馆 CIP 数据核字(2023)第 046850 号

新时代人口生育问题研究
XIN SHIDAI RENKOU SHENGYU WENTI YANJIU

刘卓　著

策划编辑:何春梅
责任编辑:李　才
责任校对:周晓琬
封面设计:何东琳设计工作室
责任印制:朱曼丽

出版发行	西南财经大学出版社(四川省成都市光华村街55号)
网　　址	http://cbs.swufe.edu.cn
电子邮件	bookcj@ swufe.edu.cn
邮政编码	610074
电　　话	028-87353785
照　　排	四川胜翔数码印务设计有限公司
印　　刷	四川五洲彩印有限责任公司
成品尺寸	170mm×240mm
印　　张	16.75
字　　数	281 千字
版　　次	2023 年 6 月第 1 版
印　　次	2023 年 6 月第 1 次印刷
书　　号	ISBN 978-7-5504-5713-3
定　　价	88.00 元

序

在机遇与挑战并存的新时代，中国人口转变所呈现的新特征、新格局备受社会关注，吸引不少学者对此展开深入研究，形成了一系列丰硕成果，其中，青年学者刘卓博士即将付梓的《新时代人口生育问题研究》，就是同类研究中的一个重要探索。这里，请允许我诚挚地向您推荐这部专著——尽管这是刘卓博士的处女作，但本书凝结了他多年来在人口和生育研究领域不辍耕耘的心血和智慧。

在本书中，刘卓博士深入探讨了中国人口转变状况和转变格局，详细梳理了生育选择、生育水平、生育行为和生育意愿等问题，并提出了有针对性和前瞻性的应对策略，从理论和实证方面为读者呈现了一项富有特色的研究成果。本书内容丰富，重点突出，论证阐释充分，主要涉及八大方面的重要议题。

我们先来看看这本书关注的第一个重要议题——新时代人的全面发展理论与人口长期均衡发展。这个议题深入探讨了人口发展与经济社会发展之间的相互关系，以及如何实现人口长期均衡发展。其研究将给我们提供宝贵的理论依据，指导我们在实践中更好地应对人口挑战。第二个关键议题是中国人口少子化问题及其影响因素。刘卓博士对这一问题的研究，既从社会经济角度，也从个人决策层面，探讨了少子化现象的原因和影响，将为我们制定应对少子化的政策提供重要的参考。中国人口负增长对青年发展的影响是本书研究的第三个重要议题。刘卓博士通过构建指标体系并利用模型方法开展实证，揭示了人口负增长对青年就业、教育和社会的深远影响。他的研究对于我们了解青年发展面临的挑战，以及制定相应的政策具有重要意义。第四个重要议题是与养老服务体系建设相关的研究。刘卓博士以四川省为例，试图反映中国养老服务体系的现状和问题，并提出了一系列解决方案。他的研究，一定意义上能够为我们改善养老服务体系、提升老年人生活质量提供经验借鉴。基于 r-K 理论的人口生育选择是另一个饶有趣味的议题。这个议题借鉴了生物学中的 r-K 选择理论，将其应用于人口生育选择的解释上。刘卓博士认为，随着社会经济发展、文化观念的变迁，人们的生育选择也发生了改变。从追求数量繁殖（r）转变为注重质量繁殖（K），即更注重孩子的素质和教育。通过深入研究中国家庭的生育行为和动态，刘卓博士为我们呈现了这一理论在中国实际情况中的应用和解释。接下来是关于中国 1949—2020 年生育水平变动及其影响因素的议题。刘卓博士利用丰富的数据进行统计分析，对新中国成立以来的生育水平进行了全面的考察，并深入分析了影响生育水平变动的主要因素。他的研究揭示了政策、经济、教育和社会文化等多重因素对生育水平的影响，为我们整体把握中国生育水平变动状况提供了有力的依据。中国第二次人口转变深化特征与生育行为，也是本书的一个重要研究议题。刘卓博士围绕深化特征与生育行为进行了系统的分析，揭示了这些特征对生育决策、生育行为的影响。这些研究对我们了解中国人口转变的新特征和影响因素具有重要的启示作用。本书最后一个议题聚焦于新人口格局下的生育意愿、制约因素与生育期望的研究。随着人口结构的转变和社会发展的变化，中国的生育意愿也发生了显著的变化。刘卓博士通过大量的调查研究和数据分析，发现经济压力、教育资源、社会支持等因素对生育决策起着重要的影响作用。这些发现对于我们了解当前生育意愿的动态变化和潜在制约因素非常关键。

对刘卓博士的深入研究和独到见解，我深感钦佩。刘卓博士以他勇于探索的精神和严谨的研究态度，致力于为我们呈现一幅生动而真实的新时代中国人口生育问题的研究画卷。相信他的研究成果不仅能引人入胜，而且具有实践价值，将为政策制定者、学者和广大读者提供宝贵的参考和启示。当然，人口和生育问题是一个具有全局性和复杂性的综合性问题，涉及人口与经济社会、资源环境的方方面面。随着人口负增长模式开启和深度老龄化社会到来，其对经济社会发展的影响也将越发深远。如何保持适度生育水平，有效解决人口结构性问题，实现人口长期均衡发展，以人口高质量发展支撑中国式现代化，将需要开展更加深入的研究，研判未来人口生育变动趋势，高瞻远瞩地谋划未来发展。从这个意义上讲，本书的研究还不够全面、不够成熟，甚至还可能存在某些错误。希望刘卓博士进一步加强研究，同时也恳请读者批评指正，共同促进研究成果臻于完善和成熟。

作为刘卓在西南财经大学读书期间的博士生导师，我非常乐意为刘卓博士倾力创作、即将出版的著作《新时代人口生育问题研究》作序，并借此机会预祝刘卓博士在未来的学术生涯中取得更加丰硕、更加卓越的研究成果，奉献于人口规模巨大的中国式现代化建设！奉献于我们这个伟大的时代和人民！

王学义①

2023 年 7 月 9 日于西南财经大学光华园

---

① 王学义，西南财经大学教授。担任四川省学术和技术带头人，四川省人民政府聘任专家，四川省卫健委专家咨询委秘书长，四川省人口学会副会长，中国人口学会、中国城市经济学会理事，中国城市化专委会副主任委员，成都市发改委智库专家等社会兼职 20 余项。

前　言

　　人口生育是人类千百年来亘古不变的话题。恩格斯在《〈家庭、私有制和国家的起源〉第一版序言》中指出："根据唯物主义观点，历史中的决定性因素，归根结蒂是直接生活的生产和再生产。但是，生产本身又有两种。一方面是生活资料即食物、衣服、住房以及为此所必需的工具的生产；另一方面是人类自身的生产，即种的蕃衍。"可见，人类自身的生产和物质资料的生产是人类历史活动两个不可分割的方面，它们作为人类历史存在和发展的基础，共同在人类历史的发展进程中发挥作用。从我国来看，2010 年至 2022 年，全国人口生育率由 10.75‰下降到 6.77‰，出生人口由 1 588 万人下降到 956 万人。超低生育水平已经成为我国人口发展中的现实问题，是未来我国经济社会发展面临的人口风险，需要我们深化人口生育研究。

　　生育问题是关系中华民族和国家长远发展的大事。笔者认为生育问题是人口学的起点和最重要的基础，未雨绸缪、积极应对低生育问题是本书研究的初衷。回顾相关研究和文献资料可以发现，不同时期的中国人口生育问题呈现出鲜明的时代特征。新时代的中国人口发展主要面临着少子化、老龄化以及有效促进青年发展等系列挑战；在生育方面主要出现了生育选择、生育水平、生育行为和生育意愿的转变。为此，本书梳理和总结了笔者在中国人口和生育问题理论和实证方面的研究成果，以期在新时代背景下重新反思和探究出现的新问题、新特征。相关数据来源于国家和地方统计局网站、相关公报、学术研究和笔者参与的课题调研。本书分为上下两篇共八章：上篇是"新时代中国人口问题研究"，下篇是"新时代中国生育问题研究"；第一章到第四章主要探讨人口问题，包括新时代人的全面发展理论与人口长期均衡发展、中国人口少子化问题及其影响因素、中国人口负增长对青年发展的影响、中国养老服务体系建设研究——以四川为例，第五章到第八章主要探讨生育问题，包括新发展阶段基于 r-K 理论的人口生育选择、中国 1949—2020 年生育水平变动及影响因素、中国第二次人口转变深化特征与生育行为、新人口格局下生育意愿及制约因素与政策期望研究。

中国已经于 2023 年正式进入人口负增长时代，人口生育问题是具有全局性、复杂性的重大问题，而生育的影响因素也将会更加多样化，对经济社会发展的衍生影响更加深远。如何保持适度生育水平，实现人口长期均衡发展还需要进一步加强研究。本书的出版，将帮助读者加深对未来中国人口发展趋势及相关问题的了解，也有助于学界结合人口新形势进行其他衍生方面的分析和研究。

刘 卓

2023 年 5 月

目　录

上篇　新时代中国人口问题研究

下篇　新时代中国生育问题研究

上篇
新时代中国人口问题研究

　　人口问题始终是我国面临的全局性、长期性、战略性问题。本篇旨在就人口少子化、青年发展、人口老龄化等新时代中国人口治理现代化的主要问题进行研究，以此实现人口长期均衡发展。

第一章　新时代人的全面发展理论与人口长期均衡发展研究

【核心提示】本章阐释了马克思主义人的全面发展理论的科学内涵，这一理论是马克思主义的重要组成部分。其内涵包括人的社会关系的全面发展、人的素质的全面发展、人的能力的全面发展、人的个性的全面发展等，指明了实现人的发展的根本途径。人口长期均衡发展既包含人自身数量、结构和素质的均衡发展，也要求与外部经济社会、资源环境相协调和可持续发展。人的全面发展理论是人口均衡发展的理论基石。因此，应以人的全面发展理论为指导，促进人口数量和人口结构相协调、现实人口和未来人口相协调、城镇人口和乡村人口相协调、男性人口和女性人口相协调、家庭人口和社会人口相协调。唯有如此，才能真正实现人口长期均衡发展。

马克思主义认为，理论从规律上预见了实践发展的过程和结果，又在具体的实践中进行指导，科学理论对实践具有巨大的指导作用。人口均衡发展是人类社会新的发展形态，也是可持续发展社会的具体表现形式——不仅是人与人均衡的社会，也是人与经济、社会、资源和环境均衡的社会，其核心内涵是由人口的再生产和消费引起的人口数量、结构、素质和分布的均衡，以及人口与经济、社会、资源和环境等系统的均衡。因此，促进人口均衡发展同样离不开理论的指导，新时代马克思主义人的全面发展理论是促进人口均衡发展的理论基石。

一、马克思主义人的全面发展理论的科学内涵

人的全面发展是马克思主义的最高价值目标，是社会发展的终极价值

目标，是马克思主义者在社会发展方面关注的核心问题。人的全面发展的含义十分丰富，概括起来主要包括以下四个方面。

（一）人的社会关系的全面发展

马克思主义认为，人的全面发展实质上是人的本质的全面发展。人的本质在其现实性上是一切社会关系的总和，因此，人的本质的全面发展，也就是人的社会属性或人的社会关系的全面发展。社会关系直接决定着人的本质，决定着人的全面发展的程度。正如马克思所说："个人的全面性不是想象的或设想的全面性，而是他的现实关系和观念关系的全面性。"①人们之间的交往越频繁，人们的社会关系就越丰富，从而就越能推进人的发展；人越全面发展，社会的物质文化财富就会创造得越多，人民的生活就越能得到改善；而物质文化条件越充分，又越能推进人的全面发展。

马克思主义创始人始终坚持人的全面发展与人类社会的发展相统一的观点。首先，其认为人与社会是相互生成的关系。马克思曾说："正像社会本身生产作为人的人一样，人也生产社会。"②"整个所谓世界历史不外是人通过人的劳动而诞生的过程。"③他还说："人就是人的世界，就是国家、社会。"④因此，"国家的职能和活动是人的职能……国家的职能等等只不过是人的社会特质的存在和活动的方式"⑤。人是社会的人，社会是人的社会。一方面，人是社会的人，任何个人在本质上都是社会的存在物，个人无法离开社会而要求绝对自由。另一方面，社会又是人的社会，全部历史是由个人活动构成的，离开个人的活动，社会也就不复存在。因此，社会和个人是辩证统一的两个方面，人作为社会的存在物的同时又用自己的活动创造和改变着社会。

（二）人的素质的全面发展

马克思认为人的素质主要是指人的整体质量和综合品质，它不但包括人的身体素质，而且包括人的思想道德和科学文化素质，是指人的德、

---

① 马克思，恩格斯. 马克思恩格斯全集：第 46 卷（下）［M］. 北京：人民出版社，1980：36.

② 马克思，恩格斯. 马克思恩格斯全集：第 42 卷［M］. 北京：人民出版社，1979：121.

③ 马克思，恩格斯. 马克思恩格斯全集：第 42 卷［M］. 北京：人民出版社，1979：131.

④ 马克思，恩格斯. 马克思恩格斯全集：第 1 卷［M］. 北京：人民出版社，1995：1.

⑤ 马克思，恩格斯. 马克思恩格斯全集：第 1 卷［M］. 北京：人民出版社，1956：270.

智、体、美等诸方面素质的综合。人要实现全面发展，必须不断提高人的综合素质，促进人的素质全面发展。马克思、恩格斯把教育与生产劳动相结合看作消灭私有制、提高社会生产力的重要途径，看作造就全面发展的人的唯一方法。必须指出，那种把生产劳动狭隘地理解为只是简单的体力劳动，或非熟练的手工劳动的观点是不正确的。生产劳动应该是指整个社会生产实践从简单到复杂、从低级到高级，包括一切部门、一切形式的总和。马克思主义认为，生产劳动是人类最基本的实践活动，是"使人从动物界上升到人类并构成人的其他一切活动的物质基础的历史活动"①。生产劳动不仅创造人类的一切物质财富与精神财富，而且造就人本身，"个人怎样表现自己的生活，他们自己也就怎样。因此，他们是什么样的，这同他们的生产是一致的——既和他们生产什么一致又和他们怎样生产一致"②。正是人的生产劳动使"生产者也改变着，炼出新的品质，通过生产而发展和改造着自身，造成新的力量和新的观念，造成新的交往方式，新的需要和新的语言"③。

现代生产实践表明，生产劳动越是向前发展，生产部门越发达，社会就越需要高质量的教育与训练。可见，教育与生产劳动是相互联系、相互促进的。马克思主义认为，教育与人的全面发展的密切关系，是造就人的全面发展的重要条件。马克思还指出："生产劳动同智育和体育相结合，它不仅是提高社会生产的一种方法，而且是造就全面发展的人的唯一方法。"④ 教育是实现人的全面发展的重要方法。恩格斯说："教育可使年轻人很快就能够熟悉整个生产系统，它可使他们根据社会的需要或他们自己的爱好，轮流从一个生产部门转到另一个生产部门。因此，教育就会使他们摆脱现代这种分工为每个人造成的片面性。"⑤ 因此，对人的全面发展而言，生产劳动是起根本作用的因素，教育则是最有效的手段。教育与生产劳动相结合的实质是教育这根纽带使科学知识和科学的思维方式与从事生产的劳动者相结合，促使劳动者的素质全面提高，加速知识形态的科学技术转化为直接生产力，从而推动生产的高度发展和社会的全面进步。

---

① 马克思，恩格斯. 马克思恩格斯选集：第3卷 [M]. 北京：人民出版社，1995：457.

② 马克思，恩格斯. 马克思恩格斯选集：第1卷 [M]. 北京：人民出版社，1995：67-68.

③ 马克思，恩格斯. 马克思恩格斯全集：第46卷（上） [M]. 北京：人民出版社，1980：494.

④ 马克思，恩格斯. 马克思恩格斯全集：第23卷 [M]. 北京：人民出版社，1972：530.

⑤ 马克思，恩格斯. 马克思恩格斯全集：第4卷 [M]. 北京：人民出版社，1958：370.

（三）人的能力的全面发展

马克思曾指出，所谓人的全面发展，就是指"社会的每一个成员都能完全自由地发展和发挥他的全部才能和力量"①，"他们的体力和智力获得充分的自由的发展和运用"②，使人成为"各方面都有能力的人，即能通晓整个生产系统的人"③，从而使任何人不再有固定的活动范围，每个人都可以在任何部门内发展。人的全面发展在马克思、恩格斯那里虽然包括许多内容，但主要是指个人的劳动能力即个人体力和智力的全面发展，强调脑力劳动与体力劳动相结合。

马克思在《资本论》里写道："我们把劳动力或劳动能力，理解为人的身体即活的人体中存在的、每当人生产某种使用价值时就运用的体力和智力的总和。"④ 劳动是人的最基本的实践活动，人要劳动，就必须具备一定的劳动能力。在马克思看来，人的劳动能力是人的体力和智力在劳动过程中的显示，是其活动过程中被对象化、物化而形成的能力。马克思将人的全面发展经常表述为"全面地发展自己的一切能力""发挥他的全部才能和力量""人类全部力量的全面发展"等⑤。

（四）人的个性的全面发展

这里的"个性"主要是指人的个性自由，主要包括人的独特性、自主性和创造性。马克思认为，只有独立才能自主，只有自主才能自由。随着生产力和共产主义的发展，人们将摆脱以往的依附性和服从性，个人独立性、自主性不断增强，成为真正具有自由个性的人。马克思主义认为，人的个性是指作为社会实践主体的人的主体性，它是在人的本质力量的基础上形成和发展的。自由个性是人的个性发展的最高形态，是人从自然、社会和人自身中获得解放而对自己本质的全面占有、丰富和完善，是人的全面而自由发展的集中表现。人的全面而自由发展既是社会主义崇高的价值目标和根本的价值原则，也是社会主义赖以生存和发展并取得成功的先决

---

① 马克思，恩格斯. 马克思恩格斯全集：第42卷［M］. 北京：人民出版社，1979：373.
② 马克思，恩格斯. 马克思恩格斯全集：第19卷［M］. 北京：人民出版社，1971：244.
③ 马克思，恩格斯. 马克思恩格斯全集：第4卷［M］. 北京：人民出版社，1958：370.
④ 马克思，恩格斯. 马克思恩格斯全集：第23卷［M］. 北京：人民出版社，1972：190.
⑤ 马克思，恩格斯. 马克思恩格斯全集：第46卷（上）［M］. 北京：人民出版社，1980：486.

条件，因而是社会主义的本质要求和根本体现。

在人的发展水平上，马克思和恩格斯把人的发展视作一个历史过程。他们一方面把人的全面而自由的发展视为现代化大生产发展的客观要求，视为人类的最高理想；另一方面又指出，人的发展与社会生产力发展的水平、与历史发展的一定阶段紧密相连，因而人的发展必然具有相对性。马克思曾经以人的个性发展为尺度，为人类社会的发展描绘了三个社会形态下人的发展的不同状况。马克思在《经济学手稿（1857—1858）》中将人类社会的发展划分为三个基本阶段。他说："人的依赖关系（起初完全是自然发生的），是最初的社会形态，在这种形态下，人的生产能力只是在狭窄的范围内和孤立的地点上发展着。以物的依赖性为基础的人的独立性，是第二大形态，在这种形态下，才形成普遍的社会物质变换，全面的关系，多方面的需求以及全面的能力的体系。"[①] 这样，形成有自由个性的人，就成为人类社会发展的最终归宿（第三大形态）；而人的个性的实现，又是以人的自由为前提，以社会交往关系的丰富为条件，以人的全面发展为基础的。

二、人的全面发展理论是人口长期均衡发展的理论基石

人的全面发展理论在马克思主义体系中占有极其重要的地位，是马克思主义理论三大组成部分的实质和核心。人的全面发展的观点，是一种观念，更是一种观察和分析社会的方法，这种观念和方法在新时代仍然具有重要意义。

（一）人口均衡发展是人类社会发展的必然选择

人类社会是一个经济、政治和文化形态的有机统一体，人的发展与社会的进步有着千丝万缕的联系。人的全面发展是人类世代奋斗的崇高理想，是社会发展的必然趋势，是人自身发展的理想状态；其要求人的自我意志获得自由体现，人的各种需要、潜能素质、个性获得最充分的发展，人的社会关系得以高度丰富等。恩格斯在《共产党宣言》中写道，未来新

---

① 马克思，恩格斯. 马克思恩格斯全集：第 46 卷（上）[M]. 北京：人民出版社，1980：104.

社会是"以每个人的全面而自由的发展为基本原则的社会形式"①。在恩格斯看来，个人的发展与完善是社会和谐发展的前提。人口均衡发展的目的是解决当前面临的人口自身发展的失衡问题，人口与经济社会、资源环境之间的失衡问题，从而为人的全面发展奠定基础、创造条件、提供保证，并不断推进人的自由全面发展。

促进人口均衡发展需要以人的全面发展为前提。人的发展以人的解放为前提，每个人的全面而自由的发展是构建和谐社会不能缺少的条件。以人民为中心就是一切从人民群众的需要出发，促进人的全面发展，实现人民群众的根本利益。马克思指出："人们的社会历史始终只是他们的个体发展的历史。"② 人的发展是社会发展的基础，人的全面发展是构建社会主义和谐社会的理论基础，两者相互联系、相互促进。一方面，因为社会的发展需要一定的动力，人是构成有机动力的唯一要素，人通过自身脑力劳动与体力劳动的结合创造出新的劳动产品，推动着人类社会不断向前发展。人通过劳动不断积累知识、智慧和经验等，这在很大程度上决定了劳动产品的发展及经济的发展。经济的发展既受制约于社会的发展，又必定推动整个社会的发展。另一方面，马克思认为，社会是人的社会，人是社会的人，人的发展与社会发展互为前提和基础，社会发展又为人的发展提供条件和保障，这是社会历史发展的必然趋势和终极方向。因此，人的全面发展与人口均衡发展是相互联系、相互促进的，人口均衡发展有利于实现人的全面发展。可见，"'历史'并不是把人当做达到自己目的的工具来利用的某种特殊的人格，历史不过是追求着自己目的的人的活动而已"③。

（二）人口均衡发展的本质是实现人的全面发展

人的全面发展是由社会主义发展规律所决定的。在社会主义社会，基本矛盾仍然是生产力和生产关系、经济基础和上层建筑之间的矛盾，社会主义社会的发展就是这两对矛盾相互作用的结果。其决定了社会主义与资本主义的本质区别在于生产关系和上层建筑不同。这种不同就在于生产关系是否有利于促进生产力的发展，上层建筑是否有利于经济基础的巩固。

---

① 马克思，恩格斯. 马克思恩格斯全集：第 23 卷 [M]. 北京：人民出版社，1972：649.
② 马克思，恩格斯. 马克思恩格斯全集：第 27 卷 [M]. 北京：人民出版社，1972：478.
③ 马克思，恩格斯. 马克思恩格斯全集：第 2 卷 [M]. 北京：人民出版社，1957：118-119.

同时，社会主义社会的发展又是一个以人为主体的生动过程。这一过程客观展现的是在社会主义条件下，生产力、生产关系和生产目的这三个基本要素相互作用、相互联系、协调统一的过程。这里的生产目的，是生产力发展和生产关系完善的必然结果，归根到底是实现人的全面发展。社会主义生产目的的实现，则是社会主义发展的最终归宿。因此，建设社会主义，遵循社会主义生产关系适应生产力发展状况、上层建筑适应经济基础的基本规律，遵循社会主义生产力、生产关系和生产目的相互适应协调的规律，就是为了促进人的全面发展。实践证明，人对社会主义发展规律的认识程度关系到社会主义建设的成败问题。社会主义发展不是一种无主体的自发的活动，而是人们自己社会活动的规律的体现。

人口均衡发展是人类社会希望达成的人口与经济社会、资源环境发展相协调的理想状态。其本质可以描述为，在人口与经济社会和资源环境的关系良好且其发展前景良好的前提下，人口增长长期沿着适度水平窄幅波动而形成的一种发展状态。适度的人口增长与适度的人口规模是人口与发展最为理想的情形，人口增长长期过快、长期缩减、忽快忽慢，都是对均衡发展的背离。人口均衡发展的目的是促进人的全面发展，是社会主义制度优越性的体现。社会主义的合规律性必然表现在合价值性上，人民群众推翻剥削制度建立社会主义制度，其目的就在于社会主义能够使人民群众过上幸福生活。从这个意义上讲，社会主义的优越性集中表现在它对人民群众的价值上。实践表明，要保持社会主义强大的生命力，要体现社会主义的优越性，就必须把促进人的全面发展作为本质要求。社会主义制度为人的全面发展创造了有利条件：人民当家做主，坚持共同富裕，消除两极分化，生活有保障；在物质生活资料相对丰富的同时，满足人们更高层次的精神文化生活需求。

（三）人口均衡发展目标体现了人的全面发展

马克思主义认为，人是社会的主体，人可以改造世界。人类社会的发展就是人和社会之间互相依赖、互相合作的一个过程。而在促进人口均衡发展的过程中，遵循的首要原则是"以人为本"。以人为本，是指把人作为经济和社会发展的本原、本体、核心，把人的发展视为发展的本质、目的和标志，思考和处理问题时坚持以人为出发点和归宿，把人的利益和生存状态作为检验一切理论和实践的标准。人口均衡发展的社会要靠全面发展的人来构建，而人口均衡发展的社会又为人的全面发展提供必要条件。人是作为社会的人而存在，人是改造社会和推动社会发展的主体，人的实践活动是作用于社会的社会行为，人的产生和发展推动了社会的发展。反之，社会的发展又积极地带动和促进了人的发展，为人的发展提供了条件和保障。从这个意义上讲，社会的发展也就是人的发展，人的发展是社会发展的核心内容和根本动力。社会发展的最终目标和最高理想不是物质的丰富和经济的增长，而是在此基础上的人的全面发展。以人为本，就是要把人民群众的利益放在第一位，极大地调动人民群众的积极性、创造性，为人口均衡发展提供强大的动力和保障。因此，人口均衡发展过程是人的全面发展的过程，而人口均衡发展的实现也就是人的全面发展的实现，人口均衡发展的社会也就是人的全面发展的社会。

人口均衡发展是基于我国人口发展的新特征、为推动经济社会持续健康发展做出的一个富有远见的重大部署，体现了增进人民福祉这一总体要求。当前，我国人口发展仍然存在着不均衡的特点，集中表现为人口加速老龄化及其相关影响。人口年龄结构朝不利方向的转变则表明人口红利将加快消失，其表现在一系列不利于经济增长的因素上面，进一步降低我国经济的潜在增长率。我国还存在人口素质方面的不均衡问题，主要表现为人口素质不高，这将成为产业结构调整、发展方式转变和增长动力转向创新驱动的瓶颈因素。长期以来，我国整体人力资本水平的改善主要依靠受教育程度更高的新成长劳动力的进入。随着劳动年龄人口的负增长以及新成长劳动力的负增长，人力资本改善的速度也会放慢。此外，提高人口健康水平、保障妇女和未成年人权益以及支持残疾人事业，有利于显著提高平均预期寿命等人类发展指标。这标志着整个社会的文明程度，是坚持共享发展理念和实现人的全面发展的题中之义。

三、以人的全面发展理论为指导，促进人口长期均衡发展

人口均衡发展把提高人民福祉作为目的和优先目标，实际上与马克思主义关于实现人的全面发展的主张是一致的。在新时代，促进人口均衡发展，就是要不断完善人口与经济社会发展政策，实现人口数量、素质、结构、分布的动态平衡，实现人口与经济社会发展水平相协调、与资源环境

承载力相适应，促进人与自然资源、生态环境和谐相处，进一步提高人民生活水平和生活质量。

（一）促进人口数量和人口结构动态平衡

人口的发展是一个连续的过程，人口对经济社会发展的影响常常需要较长时间才会显示出来，其前后存在着历史性联系。同时，人口的发展又是一个与社会、经济、资源、环境相互联系、相互制约的互动过程。优化人口数量要求我们在考虑人口数量时一定要"瞻前顾后""左顾右盼"。必须统筹各种与人口数量相关的关系和利益，动态维持人口数量的持续优化和均衡发展，努力促进人口数量静态与动态相结合、历史与现实相结合、当前与长远相结合、内部与外部相结合。与此同时，加大提高人口素质的力度，变人口数量优势为经济社会发展优势。因此，科学的人口数量观，需要从单纯关注人口数量的"以人口为本"转换为综合考虑人的全面自由发展的"以人为本"；需要在人口结构优化过程中既考虑人口的自然属性又考虑人口的社会属性，既考虑人口的数量问题又考虑人口的发展问题。

人口的结构决定着人口的力量形态。人口结构和谐是一种多层次、全方位的和谐，它至少包括人口结构内部的和谐、人口结构与人口的和谐以及人口结构与人类社会的和谐。人口结构是一个包含人口结构内部、人口结构与人口、人口结构与社会经济和自然等层面的系统，其关系错综复杂。在这个系统中，只有各要素之间相互协调才会产生积极效应，促进人口整体发展。优化人口结构，就要综合考虑人口构成的方方面面，努力协调它们之间的各种关系。首先，人口结构优化的主体是人，它是由人本身来承担的；其次，人口结构优化的动力是人，即人口结构优化给人们带来的对快乐与美好事物的追求；最后，人口结构优化的目的是人，即包括当代人与后代人在内的所有人的生活环境的改善、生命质量的提升、生命价值的实现。

（二）促进当前人口和未来人口动态平衡

优化当前人口与未来人口就是既不能牺牲后代人的利益来谋求当代人的利益（这就是可持续发展问题），也不能只看到未来而忘却了当下——一切都为着不能确定的未来而忽视对现实的必要重视，为了子孙后代过度牺牲当代人的利益。这些都不符合人的全面发展中的代际公平原则。要防止出现"逆持续发展",因为"逆持续发展"在形式上和数量上看似是一种可持续发展,但在性质上和权利上是一种违背可持续发展的做法,所以"逆持续发展"是以破坏可持续发展原则的方式来实现表象的可持续发展的过程,是以牺牲甚至是过多牺牲当代人的利益作为前提来预留满足未来人需要和发展所需条件的一种发展。激进的持续发展战略往往存在着"逆持续发展"的风险。"逆持续发展"缺乏权利平等的基础。先当下后未来,这才是可持续发展的真谛。持续发展不能回避两代人之间的权利分割和均衡问题。其中,当代人婚育权利和后代人生存权利之间的博弈是人口自身的协调、持续的发展必须考虑的重要内容。

(三)促进城镇人口和乡村人口动态平衡

从人口意义上看,城市化是农村人口转化为城镇人口的过程;从地理意义上看,城市化则是一个地区的人口在城镇相对集中的过程。我国城镇化率由1978年的17.92%发展到2020年的63.89%,我们只用40余年的时间就赶上了西方200年的城市化历程。党的十八大以来,我国农业转移人口进城落户的门槛不断降低,通道逐步拓宽,已有9 000多万农业转移人口成为城镇居民,整体上处在城镇化较快发展的中后期阶段。在经济持续较快发展,特别是工业化、城镇化持续快速推进的背景下,我国已经进入城乡融合发展的新阶段。与此同时,由于城乡发展和地区发展差距的驱动以及发达地区经济增长的引擎作用,我国进入了快速城市化的新阶段。大批农村新增劳动力离乡又离土,越来越多的流动人口聚集到城市等发达地区,导致人口地区分布失衡。一方面,大城市面临人口过度城市化的巨大挑战,出现城市流动人口"老贫民"和知识人口"新贫民"并存现象,人口城市化之后的市民化和公共服务均等化问题日趋突出;另一方面,很多农村地区劳动力转移已经超越"刘易斯转折点",有的村庄再无剩余劳动力可以向外转移,出现留守老人、留守妇女、留守儿童现象,乡村振兴战略建设主体缺位,社会主义新农村建设缺乏人口支撑。如何克服"富者愈富、穷者愈穷"的马太效应,是人口均衡发展必须考虑的重要问题。

(四)促进男性人口和女性人口动态平衡

男女平等被确立为我国的一项基本国策,并与世界妇女大会通过的《北京宣言》中的"社会性别意识主流化"理念相融合,渗透到社会生活的各个领域。从 20 世纪 80 年代以后，我国出生人口性别比不仅超越了警戒线，而且偏离度越来越大。近几年来虽然进行了专项治理，但出生人口性别比升高的问题依然存在。出生人口性别比的异常升高若持续下去将对未来社会的良性稳定运行、社会伦理道德体系造成一定影响。2016 年以来，随着全面"两孩"政策、"三孩"政策的实施，出生人口性别比总体上呈现出下降趋势。未来优化男性人口和女性人口就是要促使出生人口性别比处于正常值范围内，为中国经济社会协调可持续发展提供有利的人口环境。

（五）促进家庭人口和社会人口动态平衡

家庭是人们赖以生存和发展的社会基本单位，也是最为活跃、最能发挥相应功能、最有希望的社会细胞。提高家庭发展能力，是人口与经济社会全面协调可持续发展的基础，是保障和改善民生之需。只有提高家庭发展能力，我们的社会才能稳健发展、长治久安。强调家庭在人口发展中的作用，就是要把家庭作为促进社会和谐稳定的着力点。要积极探索和研究提高家庭发展能力的工作思路，结合各自实际，摸索前进，坚持以人为本，以家庭为单位，以人性关怀为主线，以项目运作为承载，面向全人口和生命全过程，服务家庭生活需求，推动社会和谐与经济发展。将提高家庭发展能力作为抓稳定、保民生、促和谐的一项重要工作，精心部署。因此，我们要以人口均衡发展为目标，走出一条以人为本，全面、协调、可持续的人口发展道路。同时，提高家庭发展能力是促进人的全面发展的有效途径，是实现人与自然、人与社会和谐发展的重要基础。家庭是每个人接受社会化最基本的群体环境和最小单位，是满足个人生存、认知、情感、交往等方面的需求的基本载体，对个人成长和发展具有直接、持久、全面、潜移默化的影响作用。提高家庭发展能力，既是践行习近平新时代中国特色社会主义思想的生动体现，也是社会文明进步的要求，更是促进人的全面发展、提高全民素质的有效手段和重要途径。

第二章 中国人口少子化问题及其影响因素研究

【核心提示】本章利用 2016 年中国家庭追踪调查数据，通过泊松回归模型对我国人口生育的影响因素进行研究。我国自 2006 年步入人口少子化以来，对于少子化问题的研究重视程度不够，而与少子化紧密相关的老龄化问题却得到学界广泛关注和国家的高度重视，形成"积极应对人口老龄化"的国家战略。国家统计数据显示，2020 年全国少儿人口占比下降到17.85%，我国正处于严重少子化阶段并且接近超少子化阶段。当前和未来一段时间，人口少子化问题需要全社会高度重视并积极应对。为此，本章从受教育程度、宗教信仰、健康水平、居住地和婚姻状况等多个因素进行综合研究，认为人口少子化是人口和社会经济发展的必然结果，积极应对人口少子化与应对人口老龄化同等重要，同样需要全社会高度重视。目前我国少子化问题已经十分突出，并呈现出加深趋势，国家需要通过进一步完善政策体系、法律体系来积极应对人口少子化，推动实现人口可持续发展。

少子化是人口和经济社会发展的产物。依据人口统计标准，0～14 岁人口占总人口的比重为 20%～23%，属于正常范围；占比为 18%～20% 时，表明进入少子化社会；占比为 15%～18% 时，进入严重少子化社会；占比在 15% 以下，则进入超少子化社会。2006 年，我国 0～14 岁人口占总人口的比重为 19.80%，按此标准我国已进入少子化社会；2020 年我国 0～14 岁人口占总人口的比重为 17.90%，表明我国已经处于严重少子化阶段。近年来，我国人口少子化问题越来越严峻。为此，本研究利用 2016 年中国家庭追踪调查数据，通过泊松回归模型对影响生育水平的各项因素进行研究，旨在分析人口少子化变化及其发展趋势，为积极应对人口少子化挑战提供思路。

一、导论

（一）研究背景

国外对生育水平的研究较多，其研究角度比较多元，研究成果也比较丰富。从影响生育水平的因素来看，成本效用因素影响人口生育水平，其来源于西方人口经济学与新家庭经济学理论。有代表性的理论有莱宾斯坦（Harvey Leibenstein）关于孩子的成本—效用理论、贝克尔（Gary Becker）的家庭劳动—闲暇选择理论、伊斯特林（Richard A. Easterlin）关于生育分析的经济学框架理论以及考德威尔（John C. Caldwell）关于生育率下降的财富流理论等。

国内学者对生育水平影响因素的研究较多。20 世纪 90 年代，他们主要通过对影响生育水平的因素分析，来研究如何促进计划生育政策的实施。其中，迁移—高生育的历史继承性、语言—生育扩散性及生育的生殖崇拜三个方面可以解释客家人的高生育水平（李涌平，1995）。过去，人们一直倾向于早婚早育、"早生贵子"，以多育为荣，以多子为福，"传宗接代"的思想长期以来起着促进人口增值的作用（李竞能，1991）。在没有社会保障或保障非常低的多数农村地区，生育子女是父母面临风险时寻求保障的最传统、最方便也是最可靠的途径；在微观层次上，农户的生育决策依据的是"风险最小化"而不是单一取向的"效用最大化"原则（彭希哲、戴星翼，1993）。这些因素在过去直接或间接地影响着人们的生育水平。

进入 21 世纪以来，对生育水平及其影响因素的研究日益增加。根据其不同的研究结果，国内学者对人口少子化的认识持续深入。在第七次全国人口普查数据公布以前，一些学者认为我国实际生育水平明显高于国家统计局数据，不必过分担忧当前和未来我国超低水平的生育率（陈卫、段媛媛，2019；王金营、马志越、李嘉瑞，2019）。但另一些学者则敏锐地察觉到了这一变化，认为我国人口少子化问题较人口老龄化问题甚至更加突出，人口少子化问题还未引起足够重视（茆长宝、穆光宗，2018）。而第七次全国人口普查（以下简称"七普"）数据显示中国人口总和生育率已经低至 1.3，人口少子化现象得到公认。在生育水平影响因素方面，微观层面的个人、家庭因素日益成为决定女性生育行为的主要因素（赵梦晗、计迎春，2019）。宏观层面的妇女劳动参与率与总和生育率之间的反"J"形关系是重要的影响因素（蒙克，2017）。这些研究表明，影响生育水平的因素日趋多元化，未来人口发展中的少子化问题将日益突出。

（二）研究述评

在研究人口生育问题时，我们应基于一种长期被忽略的理论，即对人的理解，从人口自身的角度去研究他们在生育需求上的层次结构，即主位研究法（emic approach）（陈俊杰、穆光宗，1996）。具体来说，家庭作为生育的基本单位承担着生育行为和结果，生育是一个家庭的共同决策，应选择从家庭角度进行研究。此外，关于生育水平的研究无论是从含义上，还是从内容上和研究方式上都不够全面，应该更多地从人类自身的角度来思考，将以人为本的思想贯穿其中。

人口少子化与人口老龄化作为社会发展的客观现象，都需要我们积极应对。改革开放以来，我国大多数改革都是从供给侧进行，依据"满足人""依靠人""引导人"等组成的人本发展理论分析框架，"满足人"可以说是需求侧的，其余都是供给侧的。应对少子化不是要我们立即提高生育率，而是要结合供给侧理论，重新对我国人口供给侧进行思考。随着我国经济社会的快速发展，社会对人口数量的要求逐步降低，人口少子化现象突出，对人口质量的要求大幅提升，但过度的人口少子化现象会对人口年龄结构产生负面作用。基于这样的情况，探究我国少儿人口供给问题、积极应对人口少子化显得十分重要。

（三）理论框架

本研究主要基于社会支持理论。社会支持包括客观支持、主观体验支持和对支持的利用度。客观支持是物质上的直接援助和社会网络、团体关系的直接存在和参与，是人赖以满足他们社会、生理和心理需求的重要资源；主观体验支持是个体所体验到的情感上的支持，是个体在社会中受尊重、被支持、被理解而产生的情感体验和满意程度；对支持的利用度指个体对社会支持的利用情况。人口生育的社会因素包括长远的思考与规划、对长期关系的承诺、对孩子的广义投资、社会支持网络的存在、对社会规则的遵守（例如利他主义和合作）以及对风险的考虑等（Figueredo 等，

2006）。社会支持需要深入考察，是一个系统的心理活动，它涉及行为、认知、情绪、精神等，对生育水平具有影响作用（见图 2-1）。

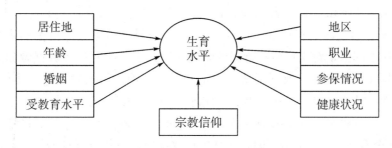

图 2-1　解释性研究理论假设框图

社会支持可以促进生育水平提高。在新中国成立初期，社会对生育行为的正向支持显著，政府通过宣传鼓励多生子女，"人多力量大"的观点深入人心，使得人口生育处于较高水平。有研究表明，有宗教信仰者的意愿生育数要高于非宗教信仰者（李峰，2017）。其原因可能是有宗教信仰者能够获得的社会支持更多。另外，较弱的社会支持可能同样会促进生育水平提高，一些医疗卫生条件较差的国家和地区，由于科学技术发展缓慢，社会所能提供的医疗卫生条件有限，新生儿死亡率较高，人们为了规避无法延续后代的风险，会倾向于提高生育水平。

社会支持也可能导致生育水平下降。改革开放以来，我国经济社会快速发展，社会对于个人生活保障的支持能力逐步提高，使得老年人口不再只需要生育子女来获得晚年的照顾，这导致生育需求减少。如我国农村生育率一直高于城市，其中很重要的原因是过去绝大多数农民没有社会养老保障，农民只能养儿防老。实施新型农村社会养老保险政策后，农民也不想多生孩子，这导致农村生育率下降。发达国家经验也表明，如果有社会养老保障，即使是鼓励生育，大多数人也不愿意多生孩子。

二、数据与分析方法

（一）数据来源

本研究数据来源于 2016 年中国家庭追踪调查（China Family Panel Studies，CFPS）。CFPS 是一项综合性的社会跟踪调查项目，问卷涉及个体、家庭和社区三个层面，反映我国社会、人口、健康、经济和教育的变迁。该项目采用内隐分层方法进行多阶段等概率样本抽取，调查对象覆盖了全国（不含港、澳、台以及新疆、西藏、青海、内蒙古、宁夏、海南）25 个省、自治区、直辖市①，具有很强的可靠性和代表性。由于本研究旨在探讨不同因素对人口生育行为的影响，因此进一步对样本数据做如下处理：剔除调查中各项数据不适用、不知道、拒绝回答或缺失的个体样本；对年龄、社会地位、工作类型、居住地类型、婚姻状况、受教育水平、参保状况、健康水平和宗教信仰情况进行分类；剔除其他异常值。最终得到 3 025 个有效样本。使用 Stata 13.0 进行数据处理，并对影响人口生育数量偏好的影响因素进行实证分析。

（二）变量选取

本研究使用的受访者子女数量的数据来源于 2016 年 CFPS 成人调查。被调查者已经拥有的孩子数量，在数据处理中作为因变量，目前无子女并且未怀孕的妇女，基于年龄和生育意愿等因素同样加入研究观察对象。而对于有子女的妇女，现有的子女数量反映了受访者当时的生育数量选择，由此得到的因变量取值为大于或等于 0 的整数。其中，个人因素由所属城市或乡村地区、年龄、健康状况来表示，被调查者的社会经济特征包括地区差异、职业差异和是否参与保险。研究将我国分为东部、中部、西部和东北部四个区域。

对地区做城市或乡村的划分是因为我国城乡的不同特征可能会导致生育水平变化。而年龄是影响生育水平的重要因素，选择 10 岁分组能够清晰地看出我国不同时期的生育水平情况。在主流观点下，婚姻是生育的前提条件，因此剔除未婚状况，但同居情况的纳入是考虑到同居的男女双方已经达到生理上生育孩子的要求。而受教育水平越高，生育水平可能会越低。经济越发达的地区，生育水平可能越低。不同职业的人口收入水平、思想观念可能带来生育水平的不同。没有参加保险的人可能倾向于生育更多的孩子。健康条件越好的人可能选择生育更多的孩子。有宗教信仰的人可能倾向于生育更多孩子。

经过变量筛选和缺失值处理后用于分析的变量描述统计见表 2-1。

---

① 北京大学中国社会科学调查中心. 中国家庭追踪调查（CFPS）[EB/OL]. [2023-03-03]. http://opendata.pku.edu.cn/dataverse/CFPS.

表 2-1　变量描述性统计

变量名	描述性统计结果		
连续变量	样本数	均值	标准差
子女数量	3 025	1.689	1.299
虚拟变量			
农村＝0；城镇＝1	3 025	0.531	0.499
16～24 岁人群＝0；25～34 岁人群＝1；35～44 岁人群＝2；45～54 岁人群＝3；55～64 岁人群＝4；65 岁及以上人群＝5	3 025	2.687	1.407
在婚有配偶＝0；同居＝1；离婚＝2；丧偶＝3	3 025	0.292	0.839
文盲半文盲＝0；小学毕业＝1；初中毕业＝2；高中、中专毕业＝3；大专及以上＝4	3 025	0.689	1.034
东北部＝0；西部＝1；中部＝2；东部＝3	3 025	1.196	1.052
农业和其他＝0；私企、外企、个体、民办个体＝1；在党政部门、人民团体、事业单位或国有企业工作＝2	3 025	0.827	0.836
没有参加保险＝0；参加保险＝1	3 025	0.667	0.472
身体不健康＝0；身体健康水平一般＝1；身体健康＝2	3 025	0.492	0.744
没有宗教信仰＝0；有宗教信仰＝1	3 025	0.161	0.368

数据来源：根据 CFPS（2016）数据整理。

（三）分析方法

由于因变量表示孩子的数量，取值为大于或等于 0 的整数，即为计数型的因变量。这类取值为非负整数的因变量，取值范围很小，即生育数量少的样本很多而生育数量多的样本很少，因此它的分布既不是连续的，也不是正态的，使用多元线性回归进行分析会得出有偏误的结果。对于这类数据的研究，目前普遍使用的是泊松回归模型（Poisson Regression Model）。

泊松回归模型是建立在泊松分布基础上的回归模型，它构成了对计数变量进行多元量化分析的起点（郭志刚、巫锡炜，2006）。该模型以 y 表示对某一事件发生数的预测，假定随机变量 Y 等于 y 的概率，并遵循均值为 μ 的泊松分布，则该泊松分布的密度函数为：

$$\Pr(Y = y \mid \mu) = \frac{e^{-\gamma}\mu^{y}}{y!} \quad y = 0, 1, 2, \cdots \tag{2-1}$$

式 2-1 中，$\mu > 0$ 且 μ 是定义分布时的唯一参数。当然，这是针对单变量泊松分布的情况。也可以通过允许每一观测具有不同的 μ 值，将泊松分布扩展为泊松回归模型。

三、模型说明及回归结果

（一）模型说明

模型一：只考虑城乡差异、年龄分组和婚姻状况影响因素。目的是为后面模型的评价建立一个基线模型，这个模型对城乡差异、不同年龄区间和不同婚姻状态的人口进行生育选择分析，侧重于比较城乡差异、年龄和婚姻状态对人口生育的影响程度。在这种情况下，根据输出结果分析不同因素对子女数量的正向或负向影响，比较不同分组之间的生育行为。发生率比（IRR）表示与参照组之间的差别。由于这一模型尚未纳入其他解释因素，因此除了城乡差异、各年龄状况和婚姻状况影响生育水平外，还有其他不同影响因素。

模型二：在模型一基础上加入地区差异、职业差异等影响因素。模型二的对数似然值为 -4 201.161 5，高于模型一的 -4 226.534 9，其拟合优度得到了提升。由于新增加了 2 个因素，共有 5 个自变量，城镇发生率比（IRR）由 0.827 提高到了 0.895，各年龄组、不同婚姻状况的生育水平发生率比（IRR）也相应提高。此外，增加的地区差异、职业差异的影响因素都对生育水平具有统计性的显著影响。按照理论预期，在婚有配偶人群的生育水平应该最高，但研究结果表明婚姻状况为丧偶的人群生育水平最高，是在婚有配偶人群的 1.219 倍。这一结果貌似与实际情况不符，但应当指出丧偶人群多为老年人口，他们的生育期多处于计划生育政策实施之前。此外，与作为参照类的东北部相比，东部、中部、西部的生育水平依次提高，东部的生育水平是东北部的 1.2 倍，中部是东北部的 1.264 倍，西部是东北部的 1.265 倍。与农业工作者相比，私企外企、个体和党政部门、人民团体、事业单位和国有企业的人群生育水平更低，但两者差异较小。

模型三：在模型二基础上加入了 4 个因素，整个模型共有 9 个自变量。城乡差异、年龄、婚姻状况、地区差异和职业差异与模型二结果相比略有变化，但基本情况保持不变。新增加参与保险情况、受教育程度、健康状况和宗教信仰 4 个影响因素，自由度和对数似然值都得到了提升，分析模型得到了进一步优化。在控制了很多自变量的条件下，生育水平的城乡差异缩小，城镇和乡村的生育水平之比由 0.827 提高到 0.928。此外，年龄和婚姻状况的影响因素也相应得到了修正，在加入更多影响因素作为自变量后，回归结果更加准确（见表 2-2）。

表 2-2　泊松回归估计结果

解释变量	模型一		模型二		模型三	
	系数	发生率比（IRR）	系数	发生率比（IRR）	系数	发生率比（IRR）
常数项	-1.344 ***	-	-1.450 ***	-	-1.345 ***	-
乡村（参照组）城镇	-0.190 ***	0.827 ***	-0.110 ***	0.895 ***	-0.075 *	0.928 **
16~24 岁（参照组） 25~34 岁 35~44 岁 45~54 岁 55~64 岁 65 岁及以上	 1.292 *** 1.903 *** 2.038 *** 2.146 *** 2.442 ***	 3.641 *** 6.709 *** 7.679 *** 8.552 *** 11.499 ***	 1.322 *** 1.919 *** 2.063 *** 2.172 *** 2.479 ***	 3.751 *** 6.815 *** 7.866 *** 8.774 *** 11.939 ***	 1.344 *** 1.918 *** 2.028 *** 2.121 *** 2.406 ***	 3.836 *** 6.813 *** 7.599 *** 8.343 *** 11.093 ***
在婚有配偶（参照组） 同居 离婚 丧偶	 -0.781 * -0.297 ** 0.188 ***	 0.458 * 0.743 ** 1.206 ***	 -0.709 * -0.271 ** 0.198 ***	 0.492 * 0.763 ** 1.219 ***	 -0.712 * -0.281 ** 0.178 ***	 0.491 ** 0.755 ** 1.195 ***
东北部（参照组） 西部 中部 东部			 0.235 *** 0.236 *** 0.183 ***	 1.265 ** 1.264 ** 1.200 **	 0.205 ** 0.234 *** 0.179 **	 1.228 ** 1.263 ** 1.196 **
农业和其他工作（参照组） 私企、外企、个体 党政部门、人民团体、事业单位、国有企业			 -0.134 ** -0.138 ***	 0.874 ** 0.871 ***	 -0.123 ** -0.117 **	 0.885 ** 0.889 **
没有参加保险（参照组） 参加保险					 -0.066 *	 0.935 *

表2-2(续)

解释变量	模型一		模型二		模型三	
	系数	发生率比（IRR）	系数	发生率比（IRR）	系数	发生率比（IRR）
文盲半文盲（参照组） 小学毕业 初中毕业 高中毕业 大学及以上					−0.046 −0.182 ** −0.331 ** −0.459 ***	0.955 0.833 ** 0.718 *** 0.631 ***
不健康(参照组) 一般 健康					−0.061 −0.104 **	0.941 0.901 **
没有宗教信仰（参照组） 有宗教信仰					0.093 *	1.097 *
对数似然值	−4 226.534 9		−4 201.161 5		−4 174.770 9	

注：* P<0.05，** P<0.01，*** P<0.001。

（二）回归结果

在以上回归分析中，我们利用三个模型得出了生育水平的各项因素的影响程度，接下来将运用泊松回归模型检验个人因素、社会因素、经济因素和政策因素对人们生育的影响。

（1）在个人因素中，年龄、受教育程度和健康水平都呈现出显著的影响。

其一，年龄方面。以16~24岁人口为参照组，25~34岁组的生育水平是其3.836倍；35~44岁组的生育水平是25~34岁组的1.776倍；45~54岁组的生育水平是35~44岁组的1.115倍；55~64岁组的生育水平是35~44岁组的1.098倍；65岁及其以上组的生育水平是55~64岁组的1.330倍。随着年龄的提高，生育水平普遍提高。由于历史、经济等因素，65岁及以上人口生育数量最高。55~64岁组人群生育水平高于45~54岁组和35~44岁组人群的生育水平，但是三者差距较小；35~44岁组人群生育水平远高于25~34岁组人群生育水平，说明人口生育转变发生在这两组人群之间，生育观念在这个时期发生转变，人们倾向于更低的生育选择；25~34岁组人群生育水平高于16~24岁组人群生育水平，主要是晚婚、晚育、受教育时间延长等原因推迟了结婚生育时间。

其二，受教育程度方面。受教育程度提高会显著降低生育水平，小学毕业人群的生育水平略低于文盲半文盲人群，但不显著；初中毕业人群的生育水平是文盲半文盲人群的 0.833 倍；高中毕业人群是文盲半文盲人群的 0.718 倍；大学及以上人群的生育水平最低，是文盲半文盲人群的 0.631 倍。随着受教育水平的提高，生育水平显著持续下降，其原因一方面是提高受教育水平需要推迟婚育时间，另一方面则是教育会在一定程度上改变人们的生育观念。

其三，健康水平方面。数据显示，不健康人群生育水平最高而健康人群生育水平最低，这一观点貌似与实际不符。但造成这种结果的原因在于生育行为可能会对身体健康产生负面影响，如子女抚养、经济压力、精神压力等。多子不一定会多福，还可能损害老年人的健康福利。对我国老年女性来说，子女抚养压力对健康的消极作用巨大，甚至抵消了子女数增多而带来的赡养福利（宋月萍、宋正亮，2016）。

（2）社会因素中，城乡差异、婚姻状况和宗教信仰都呈现出显著的影响。

其一，城乡差异方面。目前城乡差异对生育水平的影响已经由主要因素向次要因素转变，城乡人口生育水平差异仅为 0.928。这种差异的缩小正是统筹城乡发展、城镇化水平不断提高带来的结果。未来随着城镇化的进一步加快，城乡生育水平差异将持续缩小。

其二，婚姻状况方面。就我国主流的婚育文化和观念而言，婚姻仍是生育行为的前提条件，在婚有配偶的人群生育水平高于同居和离婚状态人群，但是却低于丧偶的人群。其原因在于两个方面：一是丧偶人群多为曾经有婚姻并且有配偶人群，产生生育行为的生理条件满足；二是目前的丧偶人群多为老年人口，受其所处的历史环境等因素影响生育水平普遍较高。其生育水平高于一般已婚人群实属正常。此外，同居人群生育水平最低，说明同居人群由于未达成生育的前提条件——结婚①，因此不倾向于生育子女。而离婚必然导致生育的生理前提缺失，因此离婚人群的生育水平低于在婚有配偶人群，但数据表明离婚人群的生育水平高于同居人群。

其三，宗教信仰方面。有宗教信仰的人群生育水平略高于没有宗教信仰人群，前者是后者的 1.097 倍。这表明我国宗教信仰总体上对生育水平

---

① 尽管目前，尤其是在西方，未婚而生育的行为增加，但我国主流婚育观仍是先婚后育。

的影响较小。

（3）在经济因素中，地区差异、职业差异和是否参加保险具有显著的影响。

其一，地区差异方面。东北部地区的生育水平在全国最低，虽然东北部地区的城镇化水平较高，但其经济发展较为缓慢，经济增速不明显，使得家庭能够养育孩子的能力减弱；东部地区由于经济水平较为发达，生育观念发生较大的转变，生育也处于较低水平；西部地区孩子数量高于东部地区但低于中部地区，说明西部地区生育受外来因素的影响较为显著；中部地区的孩子数量最多，其原因可能是中部地区的生育文化观念较为稳固，所以中部地区反而成为四个地区之中孩子数量最高的地区。

其二，职业差异方面。相较于国有企业和私营企业人群的生育水平而言，从事农业工作的人群的生育水平更高，而国有企业和私营企业人群之间的生育水平差距不大，经济收入越高的人群生育水平越低。

其三，是否参加保险方面。参加保险的人群经济条件更好，对老年生活更自信，相较于没有参加保险的人群，生育水平是后者的 0.935 倍。

（4）在政策因素中，通过对年龄组的生育水平进行分析，研究不同政策背景下人口"队列"的生育水平特征（见表 2-3）。

表 2-3　不同政策背景下人口"队列"生育水平特征分析

2016 年时年龄组（岁）	1978 年年中时年龄组（岁）	2003 年年中时年龄组（岁）	2016 年所处生育阶段	各年龄阶段政策因素背景
16~24	未出生	3~11	未达到最低法定婚龄或生育旺盛初期	部分人口还未到法定结婚年龄，由于受教育水平的提升初婚年龄延长，因此生育选择数量最低。出生于生育政策影响减小时期，生育选择主要受社会经济发展的影响，根据"全面两孩"政策实施以来的效果这部分年龄组人口生育水平数量偏低
25~34	未出生	12~21	生育旺盛期	生育政策调整后陆续开始生育，"全面两孩"政策实施后进入生育旺盛期，由于收入相对 16~24 岁组较高，有能力生育和抚养更多孩子，因此生育选择数量高于上组

表2-3(续)

2016 年时年龄组（岁）	1978 年年中时年龄组（岁）	2003 年年中时年龄组（岁）	2016 年所处生育阶段	各年龄阶段政策因素背景
35~44	0~6	22~31	生育减少期	出生于受生育政策影响最大时期，目前物质和经济基础比较坚实。在生育政策调整后进入生育旺盛期，目前受"全面两孩"政策的影响，这部分年龄组人口生育数量选择提高，是二孩生育率提高的重要贡献者
45~54	7~16	32~41	基本结束生育时期	出生于计划生育政策实施之前，自身生育行为受到生育政策因素的影响较大。部分人群由于"全面两孩"政策的放开再次生育
55~64	17~26	42~51	已退出生育期	出生于计划生育政策实施之前，自身生育行为受到生育政策因素的影响较大但与前组相差不大
65 及以上	27 及以上	51 及以上	已退出生育期	在生育政策实施之前进入生育旺盛期，政策因素影响较小。生育选择主要基于自主选择。生育数量选择处同组最高水平

结果表明，在不同政策条件下，不同年龄段的生育水平明显不同。65 岁及以上人群由于生育旺盛期处于独生子女政策推行之前，完全自主决定生育行为，是生育水平最高的人群，其生育水平分别是 16~24 岁人群组、25~34 岁人群组的 11.093 倍、2.892 倍。在经济社会发展水平相对较低、生育行为自主时，我国生育水平总体上较高。随着计划生育政策的推行，人口生育明显减少，体现在 44~54 岁组、55~64 岁组与 65 岁及以上组对比。65 岁及以上人群生育水平分别是 44~54 岁组、55~64 岁组的 1.46 倍和 1.32 倍。这说明我国的计划生育政策对生育水平的影响十分明显。

四、总结与讨论

（一）总结

本章利用泊松回归模型，将 15 岁以上人口的子女数量作为研究对象，分别从个人、社会、经济和政策因素 4 个方面对我国人口生育状况进行研究，分析了人口少子化的变化历程，探究了人口少子化持续加深的原因以及如何正确、客观认识人口少子化问题。通过研究发现我国人口少子化具有如下特征：

第一，我国少子化现象已经十分明显。随着人口受教育年限的增加、初婚初育时间的持续延迟，25~45岁人群成为新时代生育的主要人群，但这一生育旺盛期的人群目前的实际生育水平仅为35~44岁"队列"人群的56.3%左右，为45~54岁"队列"人群的50.48%左右，为55~64岁"队列"人群的45.98%左右。这表明目前生育旺盛期人群的生育水平正处于历史最低水平。

第二，我国少子化现象存在区域差异。一是城乡差异，城镇地区的现象相较于农村地区更加显著；二是东、中、西部地区与东北部地区的少子化现象差异明显；三是东北部地区的少子化程度位列全国第一。

第三，我国少子化程度呈现加深趋势。随着人们经济收入的增加、社会保障的完善、教育水平的提高、健康水平的提高和婚姻状况变动（离婚现象、同居现象的增加），未来我国少子化现象将进一步加剧。

（二）讨论

针对上述情况，应该积极应对日益加深的少子化挑战，但是这种积极应对不应将单纯地鼓励人口进行生育作为主要方式。与老龄化的情况相似，少子化同样是社会发展的结果，需要推动人口生育由数量向质量转变，从人口供给侧的角度出发，推动人口结构的科学化、合理化；重视人口数量安全问题，为了中华民族的种族繁衍和长远发展，过低的生育水平同样不可取，国家需要通过进一步完善政策体系、法律体系来推动实现人口可持续发展。

第三章 中国人口负增长对青年发展的影响研究

【核心提示】本章主要探究中国人口负增长与青年发展之间的作用关系和内在逻辑。目前中国人口负增长时代已经到来,并对青年就业、青年人口质量红利、青年应对老龄化、青年婚姻行为、青年生育行为、国防安全等方面产生深远影响,深入研究新人口格局下的青年发展问题十分必要。本章在深入分析人口负增长下青年发展的现状、特征及未来趋势的基础上认为:当前青年劳动力供给数量减少,青年劳动力就业供需矛盾相对趋缓,质量结构供需矛盾显现;青年人均教育资源增加,青年人口质量红利逐渐凸显;青年由"多数"向"少数"转变,青年发展与应对人口老龄化面临诸多挑战;受文化、经济社会等因素的叠加影响,青年婚姻行为、青年生育数量和生育时间发生深刻变化。为此,本章提出了如下建议:加强新人口发展格局下的青年发展理论研究;推动教育高质量发展,实现青年人口质量红利转换;构建"全年龄友好型"社会,确保所有成员共同发展;降低青年婚姻匹配难度,树立有利于生育的青年婚姻观念;结合青年自身发展与青年再发展形成青年可持续发展;加强对不同区域的青年的研究,促进青年发展;统筹完善政策体系,促进青年家庭和谐发展。

一、导论

(一)研究背景

人口是一切经济社会活动的基础,认识和把握中国人口负增长与青年发展的规律、积极应对人口负增长的不利影响、更好地推动中国青年发展,无疑是摆在我们面前的重大现实问题。当前,青年人口数量不断减少、青年人口占比持续降低,这对青年就业、青年人口质量红利、青年婚姻行为、青年生育行为和国防建设等方面带来全面而深刻的影响,进而推动或阻碍青年发展。习近平总书记指出:"历史和现实都告诉我们,青年一代有理想、有担当,国家就有前途,民族就有希望,实现我们的发展目标就有源源不断的强大力量。"(习近平,2014)因此,充分发挥青年在应对人口负增长中的积极作用,具有重要的理论意义和现实意义。

在计划生育基本国策和经济社会发展多重因素影响下,我国在 2000 年左右完成第二次人口转变,少子化、老龄化人口发展格局逐渐形成,使得我国人口负增长时代加速到来。"七普"数据显示,相对于 2019 年,2020 年中国已经有 15 个省份进入人口负增长行列;预计"十四五"期间,中国将整体进入人口负增长时代,并且在经济社会发展和人口政策多重因素影响下,中国人口老龄化程度不断加深,人口负增长惯性不断增强。这无疑将对青年与经济社会的发展带来深刻的影响,需要给予高度关注。中国人口负增长具有以下几大特征:到来的时间较早,年龄结构影响深刻,少子化与老龄化同时出现,人口总量迅速减少,老龄化和高龄化速度快、程度高、规模大等(陆杰华、刘瑞平,2020)。在我国,长期以来的低生育水平使得人口负增长惯性不断累积(王丰、郭志刚、茅倬彦,2008)。全国第四次人口普查(以下简称"四普")数据显示,一些地区已经出现人口负增长现象,全国各市县人口负增长区域将近 60 个(张善余,1993);我国人口惯性在地区间的差异性已经凸显,70%的省份的强正增长惯性已经发生转变(茅倬彦,2011);未来中国将在 2020—2030 年进入持续的人口负增长时代(陆杰华,2019)。从发展现状来看,全国第五、第六次人口普查(以下分别简称"五普""六普")结果显示,四川、重庆、贵州和湖北人口总量已经出现负增长的情况。"七普"数据显示:虽然全国人口总量仍保持增长,但已有部分省份出现人口负增长现象(见表 3-1)。

从青年人口占比来看,1990 年青年人口占比最高,为 41.92%,此后这一占比持续下降。2000—2019 年青年人口数量下降 8 000 万人左右,年均减少 421.05 万人,青年人口占全国总人口的比重下降 10.11 个百分点,年均下降 0.53 个百分点;从增长率上看,2019 年的增长率为 -0.96%,2018 年的增长率为-3.13%。2012—2019 年,青年人口从 4.54 亿人减少到4.11 亿人,年均增长率为-1.41%。2019 年,青年人口占比为 29.36%,比上年减少 0.44%，同比下降 1.48%。从变动情况来看，2012—2019 年青年人口持续减少，2019 年最少——青年人口占比从 33.53% 下降到 29.36%，年均增长率为-1.88%（见图 3-1）。

表 3-1　2019—2020 年全国部分
省份人口负增长情况　　　　　　　　　　单位：万人

地区	2020 年	2019 年	比上年增长
天津	1 386.60	1 562	-175.40
河北	7 461.02	7 592	-130.98
山西	3 491.56	3 729	-237.44
内蒙古	2 404.92	2 540	-135.08
辽宁	4 259.14	4 352	-92.86
吉林	2 407.73	2 691	-283.27
黑龙江	3 185.50	3 751	-565.5
安徽	6 102.72	6 366	-263.28
江西	4 518.86	4 666	-147.14
湖北	5 775.26	5 927	-151.74
湖南	6 644.49	6 918	-273.51
四川	8 367.49	8 375	-7.51
云南	4 720.93	4 858	-137.07
甘肃	2 501.98	2 647	-145.02
青海	592.40	608	-15.60

数据来源：全国第七次人口普查公报、2020 年中国统计年鉴。

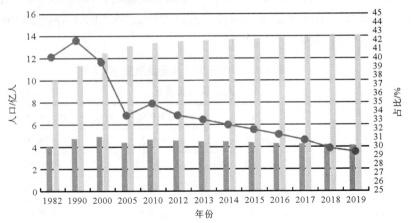

**图 3-1　1982—2019 年中国总人口和青年人口数量及
青年人口占比情况**

（资料来源：1982、1990、2000、2005、2010 年数据分别来源于《中国常用人口数据集》《中国 1990 年人口普查资料》《中国 2000 年人口普查资料》《2005 年全国1% 人口抽样调查资料》《中国 2010 年人口普查资料》；2012—2018 年数据来源于邓希泉《中国青年发展统计报告》系列文章；2019 年数据根据《2020 中国统计年鉴》推算）

从性别来看，2019 年，青年男性有 2.14 亿人，比上年减少 0.015 亿人，同比下降 0.70%；青年女性有 1.97 亿人，比上年减少 0.025 亿人，同比下降 1.25%。2019 年，青年男性、青年女性比 2010 年分别减少 0.22 亿人、0.30 亿人。2010—2019 年青年男性、青年女性的年均增长率分别为 −1.06%、−1.56%（见图 3-2）。

从发展情况来看，中国人口负增长趋势很难扭转。长期以来，中国人口负增长惯性持续不减。王广州、王军（2019），张现苓、翟振武、陶涛（2020）的预测方案显示，中国人口总量将在 2026—2027 年左右步入负增长阶段，或在 2028 年出现负增长。导致这一变化的本质原因，在于中国生育水平的持续走低，即生育水平长期低于更替水平①。按照国务院发展研究中心课题组（2022）的预测，基于生育率和死亡率的内在发展趋势，我国人口数量将不断下降，2035 年降为 13.42 亿人，2050 年降为 12.04亿人。

---

① 总和生育率长期低于 2.1，新生人口数量低于死亡人口数量，出现人口负增长。

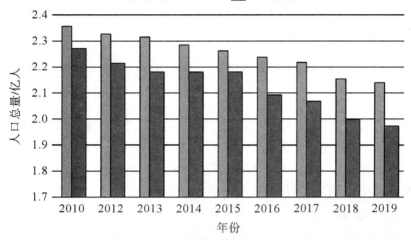

图 3-2　2010—2019 年中国青年男性、青年女性人口总量

（数据来源：2010 年数据来源于全国第六次人口普查；2012—2018 年数据来源于邓希泉《中国青年发展统计报告》系列文章；2019 年数据根据《2020 中国统计年鉴》推算）

（二）研究目的与意义

1. 研究目的

中国人口负增长时代即将到来，对青年发展的影响不可避免。这主要体现为：①青年人口数量下降；②人口结构改变，青年负担加重；③青年人口质量持续提升，青年发展要求提高。本研究基于这一形势，就中国人口负增长趋势对青年发展的影响进行讨论和研究，旨在消除阻碍青年发展的一系列问题，从而更好地发挥青年在应对人口负增长挑战中的积极作用。

2. 研究意义

其一，理论意义。在马克思主义人口理论看来，人口现象本质上属于社会现象，人口规律是受生产方式制约的社会规律（吴忠观，1997）。人口负增长是人口转变的新阶段，研究其发生机制和影响路径，厘清其对青年发展的系列影响，揭示人口变动趋势与青年发展动力、途径和规律，深化人口学理论、青年发展理论研究，具有重要的理论意义。

其二，实践意义。青年是国家的未来、民族的希望。青年兴则民族兴，青年强则国家强。深刻把握新时代中国人口负增长形势，科学研判人口转变趋势，研究人口负增长下青年发展的路径，促进青年人口数量红利向质量红利转变，推动青年在国家经济社会建设、人口安全和国防安全中发挥更大作用，具有较强的实践意义。

（三）研究思路、内容与方法

1. 研究思路

本研究基于人口负增长背景，以青年人口为研究对象，探析人口负增长对青年发展产生的影响和两者之间的关系与规律。在深入分析新情况、新问题的基础上，探寻人口负增长下青年发展的新规律，从而有针对性地提出积极推动人口负增长背景下青年发展的政策建议。

2. 研究内容

第一部分，导论。提出本研究的问题，对研究背景、研究目的、研究意义、研究思路、内容与方法等进行说明。

第二部分，理论综述。其一，概念阐释；其二，研究述评；其三，基础理论。本部分将系统介绍人口负增长理论内涵，研究人口变化趋势；分析人口负增长对青年发展的影响和后果；厘清人口负增长同青年发展的关系，阐释青年发展在应对人口负增长挑战中的重要作用。

第三部分，主要影响。在研判中国人口负增长形势的基础上，分析人口负增长对青年就业、青年人口质量红利、应对人口老龄化、青年婚姻行为、青年生育行为以及保障国防安全的影响。

第四部分，面临的问题。本部分分别对如下内容做了介绍：青年数量与青年需要矛盾持续加深；青年人口质量红利挖掘还不够深入；青年可持续发展受重视程度有待提高；青年内部发展呈现两极化差异；青年外部发展环境不协调、不充分。

第五部分，结论与讨论。依据人口负增长对青年发展的影响的研究结论，提出有针对性的政策建议。

3. 研究方法

一是文献研究法。在搜集相关文献的基础上，总结人口负增长与青年发展的理论关系和内在逻辑。二是定量研究方法。使用 PADIS-INT 人口预测模型，对2021—2035年青年人口数量、结构进行预测。预测参数如下：①使用寇尔德曼生命表中的西区模式；②2021—2035年总和生育率保持在1.5；③2021—2035年出生人口性别比保持在107；④不考虑迁移因素的影响。

二、理论综述

（一）概念阐释

（1）人口负增长和青年人口负增长的内涵。人口负增长是指由于生育率持续降低、死亡率上升以及人口迁出等内在因素，或者战乱、灾害、疾病等外在因素，一个国家或者一个地区人口数量减少的现象。Beale（1969）研究发现，1939年美国部分县域已经出现人口自然负增长，且这一现象在20世纪50年代初开始蔓延。陶涛等（2021）将人口负增长界定为内生性人口负增长和外生性人口负增长两种模式：内生性人口负增长主要指持续的低生育率和预期寿命延长导致的人口减少；外生性人口负增长是指战争、灾害和饥荒等外力因素带来的人口减少。另有学者指出，中国经济发展重心转移使得农村劳动力富余的地区人口持续流出（戚伟、刘盛和，2015），出现农村地区"人口迁移负增长"现象。除此以外，第二次人口转变观点认为，20世纪70年代开始的新发展预期会带来持续的生育、婚姻以外的多种生活安排、婚姻和生育之间的脱离以及人口变动加剧等改变，如果没有新移民的补充（替代性移民），人口将面临负增长的问题（Lesthaeghe & Surkyn，1988）。

时至今日，中国人口总数虽仍处于持续增长状态，但增速显著放缓，其原因在于持续的低生育率影响。在这一过程中，青年人口总数负增长时间远远早于中国人口总数负增长时间。2005年全国1%的人口抽样调查数据显示，2000—2005年中国青年人口已经处于负增长之中（明艳，2008）。2012年全国青年较上年减少近600万人，占总人口的比重降低了0.61个百分点（邓希泉，2015）；2013年较上年减少468万人，占比降低了0.5个百分点（邓希泉，2015）；2015年较上年减少了532万人，占比降低了0.55个百分点（邓希泉、李健、陈庆梅，2018）；2016年较上年减少了571万人，占比降低了0.53个百分点（邓希泉、李健、徐洪芳，2018）；2018年较上年占比降低了0.9个百分点，为4.15亿人（邓希泉、李健、周宇香，2021）。

（2）人口负增长对青年发展带来的影响。人口负增长主要在劳动力供给、技术进步和社会消费等方面产生深刻影响。其一，人口负增长将降低劳动力供给水平。劳动年龄人口规模、劳动参与率和失业率等指标受人口负增长的影响已经出现了渐行渐远的特征，提高女性和劳动年龄人口中高年龄者占比是维持劳动力供给的重要方式（林宝，2020）。其二，人口负增长对技术进步产生积极的和消极的影响。人口负增长可能提高劳动力成本，推动资本向新的生产方式转变，推动技术创新以替代劳动力需求（刘厚莲、原新，2020；钟水映、汪世琦，2021）。青年是社会上最富有活力、最具创造性的群体，是技术研发、创新创业的主体人员。其人员规模的减少、年龄结构的老龄化都将对技术创新产生负面影响（翟振武、金光照、张逸杨，2021）。其三，减少社会消费和投资，主要体现为老年人对社会总需求特别是消费需求的减少会不利于未来经济增长（蔡昉，2021）。这可能会抑制城市企业的发展和消费能力、加剧农村"空心化"，不利于乡村振兴战略和城镇化战略的推进（杨成钢、李海宾，2019）。

（3）人口负增长对青年发展带来的挑战。纵观人口负增长区域，其表现出如下特点：一方面，青年人口负增长趋势显著。青年人口数量的下降，标志着青年人口承担的社会责任和压力更大，具体体现在少儿抚养比、老年抚养比的持续提高，这将对青年人口发展带来诸多限制。人口负增长地区青年人口总数和占比持续下降，为应对"青年赤字"冲击，劳动力质量和数量要求不断提升（周海旺，1996）。另一方面，人口负增长将导致高等教育适龄人口减少，高等教育经历扩招之后即将面临生源减少的变化趋势。因此，可以扩大青年接受高等教育的比例，提高青年人口受教育水平（罗丹、邬智，2012）。为应对生育率持续走低、人口老龄化加剧、城市化加速和人口流动加快的人口形势，要做好青年健康教育，引导青年更多关注人口形势，努力做好青年工作（顾宝昌、谢碧霞，2018）。

（二）研究述评

人口负增长是一种受经济社会发展影响而形成的内生性人口变化模式。在持续的低生育率影响下，中国人口负增长趋势日益明显，并对劳动力供给、创新、社会消费和投资等方面产生了深刻的影响。目前，学者们已从多方面、多维度对这一问题进行剖析，并提出了应对措施和解决方案。但还存在一些不足，主要表现在三个方面：一是理论研究和政策介入，更多是关注整体性人口负增长状况，而疏于对青年人口负增长及其影响、应对的关注，对中国人口负增长与青年发展之间的理论关系，缺少系统梳理和深入研究，导致对中国人口负增长影响青年发展的认知不太全面甚至比较片面，特别是对青年发展负面影响的评估严重不足。二是中国人口负增长下的青年发展政策和服务体系碎片化，将人口负增长与人口转变规律、青年发展等因素统筹起来考虑得不够，整体缺乏青年发展政策配套和服务配套的系统性、有效性支撑。三是中国人口负增长下青年发展环境与青年发展需求尚有较大差距。青年既是人口再生产类型转变和人口负增长的推动者，也是应对人口转变和人口负增长的根本力量。

需要注意的是，青年作为国家社会经济建设的生力军，将是未来国家应对人口负增长挑战的主要参与者。现有研究主要从人口负增长下青年劳动力供给减少、高等教育资源匹配和青年工作建设等方面进行了探讨，这些为本研究内容、研究方式提供了借鉴。为此，本研究在总结相关影响因素的基础上，重点从人口负增长影响青年就业、青年人口质量红利、青年婚姻行为、青年生育行为、积极应对人口老龄化和国防建设六大方面进行剖析，旨在实现青年在人口负增长趋势下的全面发展。

（三）基础理论

1. 人口转变理论

人口转变是指人口再生产类型由低向高的变动过程，亦即人口再生产类型的转变。第一次人口转变理论萌芽于 20 世纪初的朗德里（Landry）对欧洲人口变化过程的描述，后来经汤普森（Thompson）和诺特思坦（Notestein）得到逐步完善，核心在于描述一个国家从高出生率、高死亡率，走向低出生率、低死亡率的人口变动过程。第二次人口转变理论主要在于解释超低生育率的原因，从婚姻、家庭和生育模式三个方面揭示了西方发达国家人口发展的新特征（Lesthaeghe & Surkyn，1988）。国内学者将第二次人口转变总结为生育与婚姻的断裂、不婚和离婚现象增加、超低生育率的保持和同居现象的增加四种主要变化（吴帆、林川，2013）。第三次人口转变理论重点关注发达国家低生育率和高迁入率对人口结构的影响，认为第三次人口转变会使欧洲本土居民成为数量上的少数，导致欧洲人口、文化、语言和宗教等方面出现剧变（Coleman，2004）。以上理论阐释了人口负增长的主要原因在于生育水平的持续下降，其核心在于青年人群的生育观念、生育文化和生育偏好的转变。

2. 青年发展理论

青年发展是人类发展的重要内容，决定了未来中年和老年人群的发展水平。系统性和结构性、延续性和关联性、自适应功能提升和进步性三大特征是青年发展效果的衡量标准（邓希泉，2018）。从马克思主义哲学出发，青年的自由全面发展就是每位青年通过实践活动、社会关系实现个体能力和素质方面全面、充分、自由、协调的发展（徐先艳、王义军，2018）。

3. 马克思主义两种生产理论

社会生产是物质资料生产和人类自身生产的统一，物质资料生产决定人类的生产，人类自身生产又反作用于物质资料生产（刘洪康，1990）。两种生产理论对中国经济社会发展具有重要的现实意义，是实现人口均衡发展的理论基础。

三、主要影响

青年人口负增长趋势难以扭转。通过年龄移算法可知，历年出生人口"队列"将在 14 年后进入青年年龄阶段，在 35 年后退出青年年龄阶段。由此可知，出生人数决定了青年人口的未来规模。从 1986—2020 年历年出生人口数据[①]，可以发现出生人数基本处于下降状态，且 2016—2020 年下降速度显著加快。除非未来生育水平得到显著提升，否则青年人口总量将持续处于负增长状态，且下降速度可能会因生育率的下降而进一步加快。

首先是青年人口数量持续下降。预计 2021—2035 年，青年人口总量将由 40 172.30 万人下降到 34 702.17 万人。青年人口占比将由 2021 年的 28.31% 下降到 2035 年的 24.65%（见图 3-3）。

其次是青年年龄结构小幅改变。受持续的低生育率影响，低龄青年/大龄青年比重逐渐上升[②]，由 2021 年的 66.12% 上升到 2035 年的 117.77% 后开始下降，整体上青年人口年龄结构将发生显著改变（见图 3-4）。

---

① 选择 1986 年作为开始年份是因为 1986 年出生人口 2021 年刚好 35 岁，符合青年的年龄定义。

② 低龄青年指 14~24 岁青年，大龄青年指 25~35 岁青年；低龄青年/大龄青年比重可用以衡量青年内部的人口年龄结构。

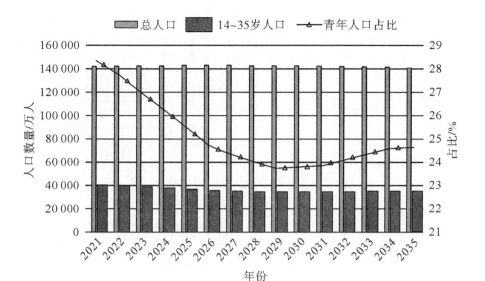

图 3-3　2021—2035 年中国总人口、14~35 岁人口

及青年人口占比预测

（数据来源：本书预测结果）

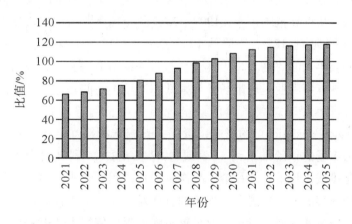

图 3-4　2021—2035 年中国低龄青年/大龄青年比值变化趋势

（数据来源：本书预测结果）

随着青年人群正确生育观念的逐步形成，"重男轻女"现象有了一定改变，青年人口性别比先升后降，将在 2029 年达到峰值 114.33 后开始回落，随后在 2035 年左右下降到 112.24（见图 3-5）。

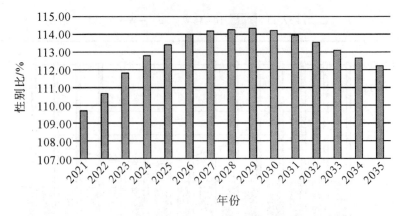

图 3-5　2021—2035 年中国 14~35 岁青年男性和青年女性人口

性别比预测

（数据来源：本书预测结果）

（一）人口负增长对青年就业的影响

1. 青年劳动力供给数量减少，中青年劳动力就业供需矛盾相对趋缓

在就业方面，人口负增长趋势下青年人就业机会可能增加，但是情形依旧严峻。从世界范围来看，1999—2019 年全球青年劳动力市场参与率从53.10%下降到41.12%，下降约 12 个百分点，15~24 岁青年失业率是 25岁及以上成年人的 3 倍。2020 年受科技带来的新业态和新冠疫情等因素的影响，全球青年就业呈现市场参与率低和质量不高的趋势。从我国国内情况来看，青年人口总数虽然已经呈现出负增长趋势，加上技术焦虑症（technological anxieties）的影响，青年人普遍选择接受高等教育，青年初入劳动力市场的年龄推迟到 23 岁或者 27 岁左右①。科技对青年而言既是机会也是挑战，目前中国社会中工作自动化的程度越来越高，青年所学知识与工作内容的不一致提升了青年的就业难度。由于工作要求的学历门槛提高和科技快速发展，青年就业年龄不断推迟，使得青年就业竞争加剧的同时，青年逐渐倾向于聚集在一些具有年龄优势特别是一些可塑性强、可能性大以及管理效率高的行业。在人口负增长趋势下，现有工作岗位将根据人口年龄结构重新建立，青年人必须寻求具有年龄优势的职业。预测显示，2010—2028 年青年人口规模将由 45 633.65 万人下降到 33 806.27 万

---

① 以大学本科 23 岁左右，硕士研究生毕业 27 岁左右为例。

人后小幅提升，到 2035 年青年人口规模为 34 609.14 万人。在青年人口与劳动年龄人口数量双双减少的背景下，青年人口与劳动年龄人口的比例在短期内也呈现下降趋势，由 2010 年的 45.80% 下降到 2028 年的 35.39% 后小幅提升，到 2035 年这一比值上升到 38.26%（见图 3-6）。

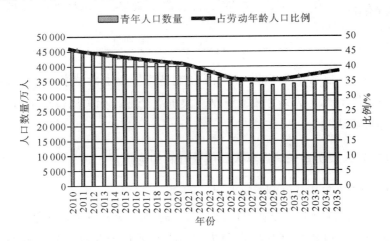

图 3-6　青年人口数量及青年占 15~64 岁劳动年龄人口的比例

（数据来源：本书预测结果）

可见，在劳动年龄人口以及青年人口数量共同减少的背景下，青年劳动力供给数量减少在一定程度上有利于缓解青年难就业的现象。

2. 就业市场对青年的需求转变，对青年人口质量提出了更高的要求

用人单位是对人口负增长感应最灵敏的主体之一。为规避劳动力减少的风险，部分行业正在或即将谋求发展人工智能、自动化生产链等以消除对劳动人口数量的需求。这对青年人口质量提出了新的要求，从而对青年人就业产生影响，导致青年劳动力供给质量与就业市场需求之间出现更大不平衡。下面以 2021 年 12 月 17 日杭州市人才管理服务中心联合市人社区、市统计局等部门编制的《杭州市重点产业紧缺人才需求目录》为例以说明（见表 3-2）。

表 3-2　杭州市重点产业紧缺人才需求情况

重点产业	产业涵盖行业
数字经济	信息软件、人工智能、云计算、大数据、电子商务、物联网/区块链
高端装备制造	集成电路、网络通信、电子信息制造、工业自动化、机械制造

表3-2(续)

重点产业	产业涵盖行业
生命健康	医药制造、生物医学工程
文化	影视创作、创意设计、体育文化、数字传媒、动漫游戏
旅游休闲	旅游、餐饮、酒店/民宿、美容/保健/养生、景区/商业/市场等综合管理、会议/展览服务
金融服务	金融科技、银行、保险、基金/证券/期货

目前，在数字经济产业、高端装备制造产业、生命健康产业、文化产业、旅游休闲产业以及金融服务业六大重点产业，相关岗位紧缺程度高，为"非常紧缺"。

（二）人口负增长对青年人口质量红利的影响

1. 青年人口质量红利逐渐凸显

得益于国家在教育事业方面持续增长的物质资源和人力资源投入，虽然中国青年人口数量红利正在消失，但青年人口质量红利稳步显现。从2010—2019年青年在校人数和师生比来看，一方面全国高中阶段在校生数呈现负增长趋势，另一方面高等教育学校在学规模稳步扩大（见图3-7）。除此以外，受高中阶段青年人数减少和教师人数增加的影响，中等教育阶段师生比由2010年的1∶19.577下降到2019年的1∶14.785；受人口惯性和教师人数的增加的影响，高等教育阶段师生比稳定在1∶23左右，但从长期来看，高等教育阶段师生比的下降趋势即将呈现（见图3-8）。

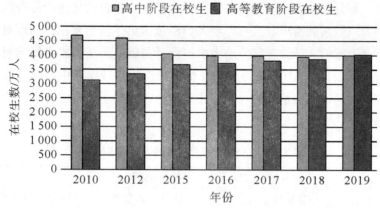

图3-7 2010—2019年全国高中阶段及高等教育阶段在校生数

（数据来源：2019年全国教育事业发展统计公报）

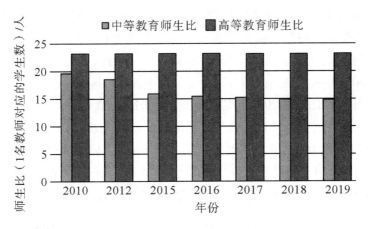

图 3-8　2010—2019 年全国高中阶段及高等教育阶段师生比

（数据来源：2019 年全国教育事业发展统计公报）

从国家对青年的教育投入来看，投入力度显著加大，青年人均受益水平提升。近年来全国教育投入由 2015 年的 36 129.19 亿元上升到 2020 年的 53 014 亿元，年均增长 7.79%（见图 3-9）。

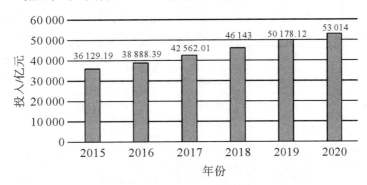

图 3-9　2015—2020 年全国教育投入

（数据来源：全国教育相关年份统计公报）

国家对青年的教育投入增加，青年人口数量减少，在二者共同影响下国家对青年人均教育的投入持续增长，为中国青年发展由青年数量红利向青年质量红利进行转变奠定了坚实的基础。

为进一步分析青年受教育水平的实际情况，本研究运用人口学"假定队列分析方法"，将青年特定年龄人口数量与高中、本专科、硕博招生人数进行匹配分析。一般而言，青年在 15 岁左右开始接受高中教育（含普通高中和职业高中），在 18 岁左右开始接受普通本专科教育①，在 22 岁左右开始接受硕士教育，在 25 岁左右开始接受博士教育②，将两者相除可得出青年进入高中、本专科、硕士和博士教育的队列情况。数据显示，2011—2020 年青年适龄人口普遍接受了高中教育；接受普通本专科教育的 18 岁青年人口比值由 2011 年的 0.328 2 增加到 2020 年的 0.709 5，同一队列青年接受普通本专科教育的占比更高；接受硕士教育的 22 岁青年人口比值由 2011 年的 0.018 6 增加到 2020 年的 0.064 5，同一队列青年接受硕士教育的占比上升；接受博士教育的 25 岁青年人口比值由 2011 年的 0.002 9 增加到 2020 年的 0.006 5，同一队列青年接受博士教育的占比上升（见表 3-3）。

表 3-3　高中、本专科、硕士和博士招生人数的队列情况

年份	高中教育招生数/15 岁人口数	普通本专科招生数/18 岁人口数	硕士招生数/22 岁人口数	博士招生数/25 岁人口数
2011	1.047 6	0.328 2	0.018 6	0.002 9
2012	1.050 5	0.366 8	0.018 6	0.002 7
2013	0.973 0	0.388 6	0.025 1	0.002 9
2014	1.017 1	0.454 4	0.026 5	0.002 7
2015	0.968 0	0.485 2	0.027 5	0.002 7
2016	0.981 1	0.486 8	0.031 5	0.003 6
2017	1.013 0	0.547 4	0.040 2	0.004 1
2018	1.006 8	0.548 3	0.048 1	0.004 6
2019	0.974 4	0.643 4	0.053 5	0.005 6
2020	1.034 7	0.709 5	0.064 5	0.006 5

数据来源：根据《中国统计年鉴》相关年份数据整理。

在人口负增长趋势下，中国青年人口队列受教育水平整体上得到一定提升。《中国统计年鉴》数据显示，2011—2020 年，全国博士毕业生数、硕士毕业生数、普通本科毕业生数、普通专科毕业生数、成人本科毕业生

---

① 接受成人本专科教育和网络本专科教育的青年往往年龄更大，不适用于假定队列分析方法，故没有纳入研究。

② 近年来硕博招生人员中非应届的情况显著增加，可能导致文中比值偏低。

数和成人专科毕业生数，分别由 2011 年的 5.028 9 万人、37.970 5 万人、279.622 9 万人、328.500 0 万人、75.540 2 万人和 115.123 8 万人，上升到 2020 年的 6.617 6 万人、66.245 1 万人、420.509 7 万人、376.689 4 万人、122.638 5 万人和 124.317 7 万人。这一时期，博士毕业生数增加了 1.588 7 万人，相较 2011 年约增长了 31.59%；硕士毕业生数增加了 28.274 6 万人，相较 2011 年约增长 74.46%；普通本科毕业生数增加了 140.886 8 万人，相较 2011 年约增长 50.38%；普通专科毕业生数增加了 48.189 4 万人，相较 2011 年约增长 14.67%；成人本科毕业生数增加了 47.098 3 万人，相较 2011 年约增长 62.35%；成人专科毕业生数增加了 9.193 9 万人，相较 2011 年约增长 7.99%。总体来看，全国硕士、成人本科、普通本科毕业生人数增速均高于 50%；成人专科、普通专科以及博士毕业生人数增长速度相对缓慢（见表 3-4）。

表 3-4　全国博士、硕士和本专科毕业生数变动趋势 单位：万人

年份	博士毕业生数/万人	硕士毕业生数/万人	普通本科毕业生数/万人	普通专科毕业生数/万人	成人本科毕业生数/万人	成人专科毕业生数/万人
2011	5.028 9	37.970 5	279.622 9	328.500 0	75.540 2	115.123 8
2012	5.171 3	43.474 2	303.847 3	320.900 0	80.101 5	115.334 2
2013	5.313 9	46.048 7	319.971 6	318.700 0	81.115 9	118.657 0
2014	5.365 3	48.221 0	341.378 7	318.000 0	89.905 0	131.327 9
2015	5.377 8	49.774 4	358.594 0	322.300 0	96.249 5	140.009 8
2016	5.501 1	50.892 7	374.368 0	329.800 0	102.184 6	142.280 4
2017	5.803 2	52.001 3	384.183 9	351.600 0	109.122 6	137.914 4
2018	6.072 4	54.364 4	386.835 8	366.472 9	99.585 1	118.155 7
2019	6.257 8	57.708 8	394.715 7	363.814 1	101.673 3	111.463 6
2020	6.617 6	66.245 1	420.509 7	376.689 4	122.638 5	124.317 7
2020 较 2011 增加人数/万人	1.588 7	28.274 6	140.886 8	48.189 4	47.098 3	9.193 9
2020 较 2011 增长比率/%	31.59	74.46	50.38	14.67	62.35	7.99

数据来源：根据《中国统计年鉴》相关年份数据整理。

由此可见，虽然青年人口数量持续减少，但持续增加的高等教育毕业生数正不断积累为青年人口质量红利。

2. 青年区域人口质量红利不平衡现象明显

分区域来看，虽然青年整体质量红利不断积累，但青年区域质量红利不平衡的现象显现。《中国青年创业发展报告（2020）》显示，北京、上海、广州三市的创业环境最优，长三角、珠三角和京津冀等都市圈的创业环境相较其他都市圈具有明显优势，中西部地区的省会、副省级城市排名相对靠前。2021年任泽平团队的《中国人口大迁移的新趋势》显示，人口持续向少数核心城市集聚，近10年深圳、成都、广州年均常住人口增量超55万人，郑州、西安、杭州、重庆、长沙年均常住人口增量超30万人。可以发现，青年创业环境好的省份与人口迁移的目标省份有着高度重合，人口持续向少数核心城市集聚，加剧了青年人口质量红利不平衡现象。同时，随着高等教育本科、硕士和博士的扩招和毕业生人数的上升，更多人获得了大学及以上学历，工作职位对教育水平的要求也随之提高，导致文凭价值贬值（柯林斯，1979）。此外，由于我国教育资源和产业结构分布不均衡，所以学校多、工作机会多的城市成为青年人群的主要选择，造成区域性的文凭暴增（范皑皑、丁小浩，2013），带来青年竞争愈发激烈和"内卷"等现象，从而不利于青年发展。

（三）人口负增长对青年应对老龄化的影响

1. 青年数量占比下降，应对人口老龄化责任凸显

2010年"六普"数据显示，14~35岁青年人口数量为46 253.40万人，36~59岁中年人口数量为50 844.01万人，60岁及以上老年人口数量为17 759.44万人，青年、中年和老年人口之比为40.27：44.27：15.46，中年人口占比最高。2020年"七普"数据显示，青年人口占比下降，老年占比显著上升，中年占比较为稳定，三者之比为33.86：44.71：21.43。与2010年相比，青年人口比值下降6.41个百分点，中年人口比值上升0.44个百分点，老年人口比值上升5.97个百分点。预计在2035年，青年人口和中年人口比值进一步下降，老年人口比值将会显著上升，三者之比为27.68：38.92：33.40（见表3-5）。

表 3-5　全国青年与其他年龄人口比值变动趋势　　　单位:%

年份	14~35 岁	36~59 岁	60 岁及以上	年份	14~35 岁	36~59 岁	60 岁及以上
2010	40.27	44.27	15.46	2023	31.54	45.07	23.40
2011	39.50	44.51	15.99	2024	30.54	45.14	24.33
2012	38.87	44.40	16.73	2025	29.57	45.21	25.22
2013	38.27	44.34	17.39	2026	28.69	45.05	26.26
2014	37.63	44.21	18.16	2027	28.19	44.85	26.95
2015	37.00	44.08	18.92	2028	27.75	44.21	28.04
2016	36.38	44.05	19.57	2029	27.34	43.67	28.99
2017	35.65	44.08	20.28	2030	27.26	42.74	30.00
2018	34.94	44.17	20.89	2031	27.25	41.90	30.85
2019	34.39	44.49	21.13	2032	27.38	41.01	31.61
2020	33.86	44.71	21.43	2033	27.52	40.20	32.28
2021	33.25	45.29	21.45	2034	27.68	39.44	32.88
2022	32.45	45.41	22.13	2035	27.68	38.92	33.40

注：由于四舍五入，三个年龄段人口比值的和可能和"100%"略有出入。

数据来源：根据"六普""七普"数据整理。

这种变化趋势在家庭内部的具体表现之一便是"421""420"和"210"家庭数量的增加①。而无论上述哪一种情况，人口负增长下的每一个青年都将面临至少需要承担两个老年人的照料责任。

2. 青年发展与积极应对人口老龄化的矛盾增加

中国人口负增长可能会增加青年与老年人之间的矛盾，对传统社会关系产生一定挑战。"七普"数据显示，我国 60 岁及以上人口达 2.64 亿人，占总人口的 18.7%；65 岁及以上人口达 1.9 亿人，占总人口的 13.5%。预测数据显示，中国 65 岁及以上的老年人口将在 2050 年达到 3.8 亿人，平均每三个人中就有一个老年人（彭非，2020）。为应对日益加深的老龄化，需要更多青年人勇于担当，提高社会参与度和社会参与能力，加强社会建设。依据有关预测，2035 年后中国老年抚养比将超过 40%，老年人口比例

① "421"家庭结构是指四个老人、夫妻双方和一个孩子的情况；"420"家庭结构是指四个老人、夫妻双方和没有孩子的情况；"210"家庭结构是指两个老人、一个成年不婚子女的情况。

持续提升。在这一日益严峻的老龄化背景下，老年人正由"古来稀"转变为"新常态"，青年人从"多数"转变为"少数"，将对中国传统文化中的"尊老爱幼"观念提出新挑战，处理好这些问题要求青年不仅要全面提高自己的综合能力，还要具备良好的思想道德素质和社会责任担当意识。

（四）人口负增长对青年婚姻行为的影响

1. 从人口学因素看人口负增长对青年婚姻行为的影响

青年性别结构失衡和青年女性数量下降两大因素加大了青年婚姻匹配的难度。从青年性别结构来看，2010—2019 年，青年人口性别比由 2010 年的 103.78 上升到 2019 年的 108.62（见图 3-10）。

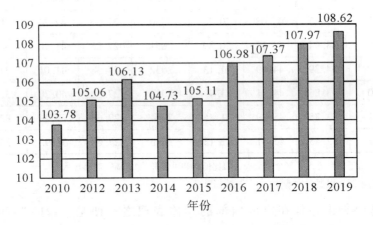

图 3-10 2010—2019 年全国青年人口性别比

（数据来源：2010 年数据来源于"六普"；2012—2018 年数据来源于
邓希泉《中国青年发展统计报告》系列文章）

在青年人群婚姻匹配难的客观现象影响下，青年结婚登记人数持续下降。民政部数据显示，2018 年中国 20~34 岁青年结婚登记人口为 1 486.5 万人，2019 年减少了 150.9 万人，为 1 335.6 万人。诚然，出现这一变化的因素之一是青年人群婚恋观念转变，而另一重要因素则是青年人口总量的负增长。青年结婚登记年龄显著推迟，主要体现为低龄青年结婚登记人口数量下降速度加快，大龄青年结婚登记人数略有上升。2018—2019 年，全国 20~24 岁青年结婚登记人数由 435.6 万人下降到 365.4 万人，一年内下降 70.2 万人；25~29 岁青年结婚登记人数由 736.2 万人下降到 642.2 万人，一年内下降 94 万人；30~34 岁青年结婚登记人数由 314.7 万人上升到

365.4 万人，一年内上升 50.7 万人。

2. 从社会经济因素看人口负增长对青年婚姻行为的影响

（1）社会因素方面。从日本、韩国等国的经验来看，人口负增长在客观上会加大青年压力。其中，部分青年不愿承担日益增加的各项压力，以"躺平"方式进行回应，客观上促进了"低欲望社会"的发展。加上"高房价""高生活成本"等其他因素的影响，一些青年丧失努力拼搏的信心，以不作为、不奋斗心态进行应对，从而使青年丧失社会责任担当，并波及青年婚姻行为，导致青年人恐婚恐育现象增加。除此以外，中国青年传统婚姻家庭观念发生转变，丁克、不婚和同居等现象有所增加，导致中国人口结婚率持续降低，离婚率持续上升（见图 3-11）。

图 3-11　2015—2019 年中国结婚率、离婚率变动情况

（数据来源：2019 年民政事业发展统计公报）

数据显示，2013—2020 年全国结婚登记对数从 1 347 万对的历史高点持续下滑至 813 万对。1987—2020 年离婚登记对数从 58 万对攀升至 373 万对。不婚导致大量单身人口出现，2021 年独居单身成年人口为 9 200 万人。

（2）经济因素方面。人口负增长将导致一定程度上的劳动力短缺，客观上要求青年延长工作时间。需要注意的是，这种改变一方面减少了青年婚姻匹配的时间和精力，另一方面促使青年以空余时间为代价获得更高的经济收入，其经济水平和个人抗风险能力得到一定提升。肖武（2016）基于全国范围内 4 739 个样本的调查研究发现，青年的婚姻观呈现出多样性和差异性，但"相互扶持"仍是结婚的最主要目的。《中国妇女发展纲要

（2021—2030 年）》显示，未来就业人员中的女性比例保持在 45% 左右，城镇单位就业人员中的女性比例达到 40%，高级专业技术人员中的女性比例达到 40%，女性自身综合能力进一步增强。而青年经济条件的改善，特别是青年女性经济能力和应对风险能力的提高，一定程度上减少了青年对婚姻的依赖。

（五）人口负增长对青年生育行为的影响

1. 人口负增长惯性推动青年生育数量持续减少

低生育率是人口负增长惯性持续累积的结果，在这一背景下青年生育数量或将保持持续减少的趋势。根据"低生育率陷阱理论"，政策对生育水平的影响是非线性的，这种非线性的政策反馈机制使得总和生育率水平一旦低于 1.5 的"分水岭"就很难逆转，从而形成"低生育率陷阱"。近年来，青年生育意愿虽然仍保持在 1.6 的水平，但实际生育水平普遍更低，形成出生人口数量减少的人口新格局。从出生人口数量来看，2020 年全国出生人口数量仅为 1 200 万人，是 1986 年以来的最低值（见图 3-12）。

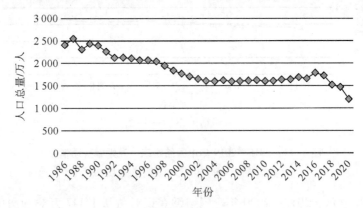

图 3-12　1986—2020 年全国出生人口数量变动情况

（数据来源：《中国统计年鉴》、"七普"数据）

当前，青年生育孩子的比例已经很低。2021 年 5 月 31 日，中共中央、国务院审议《关于优化生育政策 促进人口长期均衡发展的决定》，作出"实施一对夫妻可以生育三个子女政策，并取消社会抚养费等制约措施、清理和废止相关处罚规定，配套实施积极生育支持措施"（简称"'三孩'政策"）的决定后，笔者于 2021 年 6 月参与的重庆市三孩生育意愿调查数据显示，20 ～34 岁 20 606 个青年样本中，34.99% 的青年没有孩子，34.96% 的青年有 1 个孩子，30.05%的青年有 2 个及以上的孩子（见图 3-13）。

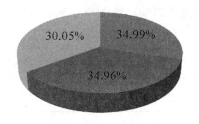

30.05%　　　34.99%

34.96%

■ 0个孩子　■ 1个孩子　■ 2个孩子及以上

图 3-13　重庆市青年孩子数量情况

（数据来源：重庆市三孩生育意愿调查数据）

同时，青年持续由农村向城市流入、由高生育率地区向低生育率地区流入的现象增加，一定程度上影响了青年迁移后的生育水平。根据社会化理论，流动迁移人口在城市有一个社会化过程，会不断接受和适应城市生活、观念，改变原有生育行为，生育水平的差异主要取决于城乡之间的差异。周祖根（1993）认为：在经济发展水平较高的地区，迁移人口文化素质一般高于本地居民，因此迁入妇女生育水平会明显低于非迁移妇女；从郊区迁移到市区的女性，由于就业、居住、生活困难度更高，其生育水平也低于郊区妇女。王平权（1996）认为：就城乡二元结构而言，农村人口到城镇的迁移，可以发挥迁移流动的经济社会机制，对农村迁移人口产生渗透作用，促使其生育率进一步下降。陈卫、吴丽丽（2006）认为：流动人口在早期会高于城市人口生育率，但经历一代以上后，会与城市生育率逐渐重合，从而进一步降低生育水平。

2. 人口负增长加大青年压力，导致生育时间延迟

青年是医学理论上实施生育行为的最佳年龄人群。刘佳和徐阳（2018）经研究认为，20~29.9 岁产妇的母体妊娠期并发症风险较低，26~30 岁产妇的低出生体重儿、高出生体重儿、新生儿死亡和先天畸形发生率最低。综合妊娠并发症和结局两方面来看，母亲最佳生育年龄为 25~29 岁。风笑天（2004）认为：出生在中国社会急剧变革时期的青年，是一个具有某种共同特征的特殊人群，他们的生育意愿渐趋一致，都具有某种共同的生育意愿。这种相似的低生育水平形成的原因，在于青年面临着共同的压力，即教育压力、工作压力等影响青年自身发展的压力。

一是教育压力。2021 年 12 月"中国教育在线"公布的《2022 全国研究

生招生调查报告》显示，2022 年全国硕士研究生报名人数为 457 万，相比 2021 年增加 80 万，增幅达 21%。自 2016 年起，我国硕士研究生报考人数在高位上保持高增长趋势，2015—2022 年平均增长 15.8%（见图 3-14）。

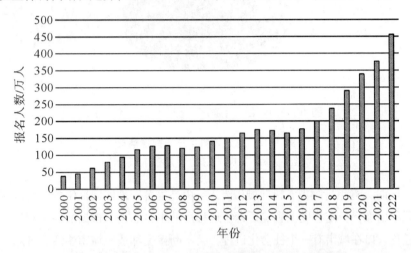

图 3-14　2000—2022 年全国考研报名人数变化情况

（数据来源：中国教育在线《2022 年全国研究生招生调查报告》）

由此可见，青年希望获取更高学历的意愿日趋强烈，在很大程度上延缓了青年人的生育时间。

二是工作压力。《中华人民共和国劳动法》规定，工作时间每天不超过 8 小时，每周不超过 44 小时。但国家统计局出版的《2020 年人口和就业统计年鉴》数据显示，2014—2019 年中国城镇青年就业人员均存在比较严重的加班情况。从 2019 年的情况看，16~19 岁青年平均每周工作时间最长，达 48.1 小时，平均加班时间达 4.1 小时（见表 3-6）。

表 3-6　按年龄分组调查的城镇就业人员周平均工作时间

单位：小时/周

年龄/岁	年份					
	2014	2015	2016	2017	2018	2019
16~19	49.3	48.4	48.4	48.6	48.3	48.1
20~24	47.7	46.2	46.7	46.5	46.8	46.3
25~29	47	45.8	46.3	46.5	46.6	46.9
30~34	47	45.7	46.4	46.5	46.8	47.5

数据来源：国家统计局《2020 年人口和就业统计年鉴》。

共青团中央 2019 年发布的职业青年采访结果显示，青年职工被迫过度加班以及青年人因竞争意识增强而主动加班的情况逐渐显现。而 18～35 岁的青年人由于就业领域、学历结构等因素，加班情况更为突出。青年人更多地承担一些岗位职责，在特殊情况下适度加班，这对实现中华民族伟大复兴的中国梦也是有重要意义的。青年出于"给自己未来打下一些基础""使自己有一个奋斗的动力""得到想要的东西"等目的超过常规工作时间和任务的要求承担更多工作的现象显著增加。除工作以外，青年女性虽然每周工作时长短于男性，但职业女性还存在"第二轮班"现象，她们在家务劳动中会花费更多的时间，这可能会进一步降低青年女性的生育意愿。

四、面临的问题

（一）青年数量与青年需求矛盾持续加深

人口负增长趋势下青年人口总量虽然减少，但是青年需求总量更多，种类更加多样化，两者之间的矛盾更加突出。从职业分类来看，可以将青年人群区分为青年学生、青年农民、青年工人以及青年服务人员①。青年学生的发展，主要是知识、素质、能力和身心健康的发展，需要更加专业化的职业技能教育或者理论研究更深的学术能力教育；青年农民的发展，主要是青年返乡创业以及新型青年农民培养，需要现代农业种植技能、农业农村金融知识等；青年工人的发展，主要是青年工人的职业培训和休息休假的保障，前者是知识技能的发展，后者是身心健康的发展；青年服务人员的发展，主要是第三产业相关知识的丰富和职业技能的培训。从年龄划分来看，可以将青年人群区分为低龄青年和大龄青年。低龄青年发展重点在于健康成长，高龄青年发展重点在于自身发展和婚姻匹配。青年人口数量的减少对青年发展而言既是挑战，也是机遇。在将人口负增长的不利影响转变为青年发展机会的过程中，对青年人口需求的把握和处理在很大程度上会影响青年甚至国家和社会未来的发展。

---

① 当前青年人口受教育水平普遍较高，本书依据三产类型进行划分：一产为青年农民，二产为青年工人，三产为青年服务人员。由于青年学生未开始工作，因此进行单独划分。

（二）青年人口质量红利利用还不够充分

青年人口质量红利是国家应对人口负增长的重要支撑。一方面，在国家青年人口投资持续加大的条件下，青年人口数量的减少必然带来青年人口质量的极大提高。青年知识技能和结构更加具有全面性和科学性，他们接受新事物的能力进一步增强，劳动力价值和人力资本储值显著提升，从而为经济增长提供优质人才。另一方面，受青年教育结构和产业需求的影响，"民工荒"与大学生就业难的矛盾比较明显，青年的社会融入渠道、方式相对有限。青年人口质量红利的创造与利用之间的不平衡关系依然存在。青年参与政治生活、社会公共事务的比率不高，科技类、公益慈善类、城乡社区服务类青年社会组织发展缓慢，青年之间、青年与其他群体之间的交流平台还不够多，阻碍了青年人口质量红利的进一步利用。

（三）青年可持续发展受重视程度有待提高

对于青年发展不应片面强调青年自身发展而忽视青年对社会更替的再发展作用，也不应该因青年再发展而阻碍青年自身发展。只有青年自身发展和青年再发展两者协调统一，青年才能实现可持续发展。费孝通认为，供给新的社会分子是生育制度的任务。生育制度就包括生和育两部分。青年人不仅是国家经济社会建设的生力军，还是主要的育龄人群。社会需要青年人群生育以保障社会完整和新陈代谢，实现新老青年间的代际传承，即青年再发展。时至今日，"只生一个"俨然成为青年人口的主流生育文化，但不是青年人不愿生育，而是生育和抚养成本过高，没有国家和社会的帮助，大多数家庭难以走出只生一个乃至于不生不育的被动选择的低生育困境（穆光宗，2020）。青年人被高房价抑制了生育意愿，产生生育焦虑，表面看是人口问题，实际上是青年的社会保障问题。现有青年政策侧重于青年人自身的发展，而忽视了青年在家庭中承担的日益沉重的负担。一方面，青年要承担抚养孩子的时间、精力、经济等诸多成本，另一方面，青年又面临着日益激烈的社会竞争。其中，女性作为生育行为的主体，在生育中的沉没成本更高，而现有政策未能为青年人群提供有力的生育保障。从现实来看，随着经济社会发展水平的提高，提高孩子的质量和竞争力始终是人们的主流选择，而对生育数量的需求不断降低。一方面，医疗水平提升促使婴儿死亡率降低，人口生命安全得到保障，青年人不再需要靠生育更多孩子规避孩子夭折的风险；另一方面，目前国家在积极倡导青年就业创业、推动青年的社会融入与参与，这些因素都需要青年人投入较多的时间和精力。总体而言，青年人需求层次进一步上升，他们更加注重追求实现马斯洛所言的自身尊重需要。

（四）青年内部发展呈现两极化差异

青年内部发展着重强调青年自身发展，主要体现在区域青年发展程度不一。首先，区域青年发展差异的根源性因素在于区域经济社会发展水平不一，导致青年持续由低发展水平区域向高发展水平区域流动。欠发达地区的青年人口流失导致区域发展受限，而发达地区青年人口流入则推动区域发展，形成"马太效应"。2017年新华网报道显示，中国部分村落出现的"空心村"现象，表明大多数青年倾向于迁移到经济发展更好的地区，以致村内劳动力流失，产业发展困难。2019年农业农村部乡村治理有关情况发布会显示，"空心化"已经成为乡村治理的一个重要难题，应鼓励人口向中心村转移。其次，在经济社会相对发达地区，青年发展具有竞争激烈、青年人口集聚程度高的两大特征。由于这些区域消费水平普遍较高，加之青年人口集聚，青年人群享有高机遇的同时亦面临着高竞争。随着部分乡村吸引力增强，生活质量有所提高，青年开始选择重返农村。便利的道路交通和城乡收入差距缩小为青年返乡工作提供了必要条件，北京、上海、广州和深圳的吸引力正在减弱。由此可见，青年流动导致的区域发展两极分化的问题已经十分突出，应该对青年人口流动进行重点监测。

（五）青年外部发展不协调、不充分

青年外部发展是指青年发展与儿童发展、少年发展、中年发展以及老年发展之间形成整体均衡发展关系，实现整个人口与社会和谐发展。在人口负增长的影响下，中国人口年龄结构已经发生显著改变，如何处理好青年与其他年龄人群之间协调发展的关系是未来中国发展面临的重大挑战。其中，青年与老年、青年与儿童的发展关系是青年外部协调发展的重心。根据相关预测，2050年中国人口年龄结构将呈现出显著的高龄化特征，青年人口是总人口中承上启下的关键部分。

青年与老年如何协调发展是不可回避的现实问题。中共中央、国务院先后在2017年和2019年印发了《中长期青年发展规划（2016—2025

年）》和《国家积极应对人口老龄化中长期规划》，分别体现了国家对青年和老年人群的重视。2021 年 6 月 26 日，《中共中央 国务院关于优化生育政策促进人口长期均衡发展的决定》指出："实施一对夫妻可以生育三个子女政策，并取消社会抚养费等制约措施、清理和废止相关处罚规定，配套实施积极生育支持措施。"2021 年 11 月 18 日，《中共中央 国务院关于加强新时代老龄工作的意见》指出："实施积极应对人口老龄化国家战略，把积极老龄观、健康老龄化理念融入经济社会发展全过程，加快建立健全相关政策体系和制度框架，大力弘扬中华民族孝亲敬老传统美德，促进老年人养老服务、健康服务、社会保障、社会参与、权益保障等统筹发展，推动老龄事业高质量发展。"在积极应对少子化、老龄化过程中，青年人口的责任和担当起着十分重要的作用；处理好少年、青年、中年、老年的发展关系十分必要。然而目前的相关政策体系之间关联性较弱，导致青年发展出现不协调的现象。

人口负增长背景下青年外部发展政策体系不完善。其一，青年发展处于人口负增长背景下。老年人数量的持续增加和青年数量的持续下降，使得"尊老爱幼"的传统文化受到一定影响，社会发展面临"青年友好型"和"老年友好型"发展方向的抉择。在老龄化背景下，"延迟退休年龄"政策也会对青年就业产生一定影响。其二，青年发展处于少子化背景下。青年人不仅是实施生育行为的主要人群，还承担了养育孩子的主要责任，生育养育成本和文化观念是影响生育水平的重要因素。从备孕到抚养子女并助其接受完整的大学教育，对于许多家庭而言是一笔除房子以外的最大支出，生育多孩的生育成本难以承担。从孩子照料来看，无人照料是阻碍生育水平提高的主要因素之一，适龄夫妇既是生育主体，又是社会生产的主要劳动力，这种双重身份使得无人照料孩子的现象加剧（刘卓、王学义，2021）。

五、结论与讨论

（一）主要结论

1. 人口负增长将对青年就业产生积极的和消极的影响
第一，人口负增长将有利于青年就业获得国家和社会的更多支持。一是国家支持的增加。习近平总书记指出："青年是社会上最富活力、最具创造性的群体。"（习近平，2014）在青年人口数量持续减少的背景下，青年就业保障更加完善，有利于青年在工作中创新发展；国家扶持青年创业孵化园区持续增加，青年可获得的就业政策支持更加丰富。二是社会支持的增加。工作岗位有限、缺乏实际工作经验以及工作需求和专业不对口是青年就业的主要困难。而在人口负增长形势下，劳动年龄人口的减少、用人单位实习交流机会增加以及人才培养配置优化等，能够在一定程度上改善这一情况。

第二，人口负增长与人口老龄化形成叠加效应，将推动退休年龄延迟，因而也可能对青年就业形成一定压力。此外，这还可能对青年创业创新内容提出更高要求，形成一定的创业压力。从青年自身角度而言，青年需要进一步提高其综合能力，以应对人口负增长形势下的就业挑战。具体而言，要在专业技能教育选择上与就业形势紧密结合，深入挖掘紧缺岗位，不断发展青年优先、青年适合的就业方式和就业模式。

2. 人口负增长将有利于促进青年人口质量红利增长

第一，人口负增长在中长期有利于青年人均受教育水平的进一步提升。本研究通过分析和预测推算发现，目前人口负增长已经对青年教育产生一定的影响，主要体现在高中阶段在校生人数由 2010 年的 4 677 万人下降到 2016 年的 3 970 万人。在高等教育阶段，人口负增长尚未产生明显影响，高等教育在校生人数由 2010 年的 3 105 万人稳步上升到 2020 年的 4 183 万人。但随着人口负增长程度的进一步加深，其影响将逐渐蔓延至高等教育阶段。在教育资源一定的条件下，青年人口数量的减少将使得青年人均获得的教育资源增加，有利于增大青年接受高等教育的可能性。

第二，人口负增长形势下青年人口数量红利需向人口质量红利转变。人口负增长的直接结果是人口年龄结构向少子化、老龄化和高龄化转变，劳动力人口数量红利随之减少直至消失，因而需要变革人口红利机制，促使人口数量红利向质量红利转变，尤其是更加注重提升青年劳动力素质，更加注重青年人才的培育。《中国统计年鉴》数据显示：2020 年较 2011 年全国普通本科生毕业生数增加最多，高达 140.89 万人；普通专科和成人本科毕业生数增加均高于 40 万人。整体来看，中国青年接受高等教育的人数显著增长，为人口质量红利的实现奠定了坚实的基础。但如何有效利用这些青年人才优势进而避免资源错配，是推动青年人口质量红利增长的重要问题。

3. 人口负增长将对青年与其他年龄群体的关系提出挑战

第一，伴随人口负增长的少子化和老龄化改变了人口年龄结构，从而影响到青年与中年人群、老年人群的内部关系。目前，青年与其他年龄群体的人口学比例出现显著变化，青年占 14 岁及以上人口群体的比例正在持续下降。2010 年，青年、中年与老年人口的比例为 40.27∶44.27∶15.46，但持续的低生育率和不断延长的人口预期寿命使得这一比值发生较大变化，预计到 2025 年时为 29.57∶45.21∶25.22，到 2035 年时为 27.68∶38.92∶33.40。基于这一趋势，青年正由 14 岁及以上人口群体的"多数"向"少数"转变。在家庭内部的具体体现为一人户、一代户家庭数量的增加。当今青年可能面临一个青年至少需要照料一对父母的境遇，未来还可能面临只能倚靠一个孩子照料自己，或者没有孩子可以照料自己的艰难处境，这势必对中国未来应对人口老龄化提出较大挑战。

第二，青年与其他年龄群体的经济社会文化关系面临挑战。长期以来，中国传统文化弘扬的"尊老爱幼"思想是基于"人生七十古来稀"的前置条件而确立的，彼时社会人口年龄金字塔呈"正三角形"状，老年抚养压力比较小。而在人口负增长的形势下，整个社会面临着"倒三角形"状的发展危机，老龄化正在成为中国社会的新常态之一。《中国发展报告（2020）》预测，2050 年时中国每三个人中就有一个老年人，老年抚养比正在快速上升。在资源条件一定的前提下，国家物质资料在儿童、青年人和老年人之间该如何倾斜和分配，是优先建设青年友好型社会还是老年友好型社会需要仔细权衡的问题，这可能会对中国传统文化提出一定的挑战。

4. 人口负增长将要求青年变革现行婚姻观念

第一，青年的成长环境影响其婚姻行为。从近年来民政部相关统计数据来看，青年婚姻行为出现结婚率下降、不婚和离婚现象增加的新变化。导致这一变化的原因在于个性化的发展、女性的劳动参与和家庭价值观的改变等（Jennifer，2013）。当今青年大部分都是在以少子化、老龄化为基本表现特征的人口负增长形势下出生的孩子，尤其是独生子女一代或家庭"独苗"居多，容易受到长辈的溺爱和包庇，可能导致青年先期思想道德成长基础和成长环境不适应培育新时代新青年的要求。在一部分为数不少的少年儿童中，以"自我中心"、淡漠集体主义与团结合作精神为基本特征的"小太阳""小月亮"的儿时情结，将极有可能以惯性思维方式带入青年发展期，不利于其形成正确的世界观、人生观和价值观，阻碍青年正确婚姻观念的形成。

第二，人口负增长导致青年婚姻匹配难度加大。一是青年性别结构失衡，2010—2019年青年人口性别比持续上升；二是青年性别数量差异增大，2010年青年男性相较青年女性仅高出860万人左右，到2019年高出1700万人左右；三是青年女性减少速度更快，2010—2019年青年男性人口减少2160万人左右，而青年女性人口减少了3000万人左右。以上情形导致了青年人口负增长形势下的青年性别结构性失衡，产生一定的"婚姻挤压"风险，进而制约青年婚姻家庭的健康发展。

第三，人口负增长惯性与低生育率惯性、晚婚晚育惯性、不婚不育惯性、丁克惯性等叠加，进一步影响了青年现代婚恋观、家庭观，增加了青年婚姻家庭发展的复杂性，提高了青年进入婚姻家庭的难度。其中，青年经济能力的提升和抗风险能力的增强，客观上降低了青年对于婚姻的依赖，催生了青年"不愿将就""我一个人过得就很好为什么要结婚降低生活质量"等婚恋观念。而导致这一问题的重要原因在于目前绝大多数的青年人都是在独生环境下成长，其对婚姻的责任与担当意识弱于其父辈，"家是最小国，国是千万家"的家庭观念还有待加强。

5. 人口负增长将需要青年适度生育

第一，生育水平持续降低的形势需要青年适度生育。青年人口数量在2000年左右达到峰值后开始下降，2000—2019年下降10.11个百分点，年均下降0.53个百分点，负增长效应较为明显。受益于"全面两孩"政策，2016年中国出生人口数量达到近年来的峰值，为1786万人。"七普"数据显示：2020年中国出生人口数量仅为1200万人，是新中国成立以来历史上的第二低值；育龄妇女总和生育率仅为1.3，远低于2.1的更替水平标准和1.5的警戒水平；人口出生率更是创下新低，跌破10‰。从可持续发展的角度来看，青年的生育问题已经关系到国家能否实现人口长期均衡发展，关系到能否为全面建设社会主义现代化国家、实现中华民族伟大复兴的中国梦创造良好的人口环境。

第二，青年需要处理好自身发展和生育行为之间的关系。医学上女性最佳生育年龄为25~29岁，而这一时期的青年女性正处于硕士在读阶段或者工作上升期，生育孩子对她们的影响大于男性。据"中国教育在线"公布的数据，近年来全国报考硕士研究生人数持续增加，说明更多青年提升自身学历的意愿十分强烈，这势必在很大程度上影响和延缓青年的生育时间。除此以外，《2020 年人口和就业统计年鉴》数据显示，城镇青年平均每周工作时间达 48.1 小时，主动或被动加班现象较为普遍。如何平衡教育、工作与生育之间的关系是每个青年都需要面临的艰难抉择。

（二）几点建议

毫无疑问，中国人口负增长对青年发展的影响领域广泛、影响程度深刻。目前，我们在应对这一局势方面还做得不够。为此，提出如下几点对策建议。

1. 加强新人口发展格局下的青年发展理论研究

中国青年发展现状如何？青年人群的实际需求是什么？实现青年优先发展的现实问题有哪些？人口负增长形势下青年发展有哪些更深刻的变化？对上述问题的回答需要有充分的现实依据。就老年问题研究而言，北京大学和中国人民大学先后做了"中国健康与养老追踪调查"（CHARLS）以及"中国老年社会追踪调查"（CLASS）。这两个调查为推动中国老龄化研究、积极应对人口老龄化奠定了坚实的基础。中共中央、国务院印发的《中长期青年发展规划（2016—2025 年）》指出：赢得青年才能赢得未来，塑造青年才能塑造未来。中国青年研究的重要性不亚于老龄化问题的研究，而目前全国性青年追踪调查尚缺，共青团对于实施这一调查具有得天独厚的优势。在持续的体制机构改革中，团中央、团省委两级委员会普遍建立了专门委员会，全国 1 565 个县建立了团代表联络站，初步构建了"委员—代表—团员青年"的扁平化联系路径，拥有 358.4 万个团组织、7 320.3 万名团员的"智慧团建"基础数据库。在此基础上，开展"中国青年发展追踪调查"，有利于厘清青年在思想道德、教育、健康、婚恋、就业创业、文化、社会融入与社会参与、维护青少年合法权益、预防青少年违法犯罪以及社会保障十大青年发展现状。对中国青年人群进行抽样调查，明确青年学生、青年工人、青年农民等人群的差异性特征，大龄青年与低龄青年的需求状况，城乡青年、东中西部地区青年的流动状况等，可以为科学制定有针对性的、差异化的青年政策措施提供数据支撑。

同时，共青团要充分利用各级团组织的下沉优势，做好青年人才供需资源匹配服务。在青年人才需求方面，要建立与劳动就业部门长效合作的机制，熟悉、了解劳动力市场对青年人才的需求类型、具体要求、岗位情况，时刻关注青年人才需求风向标。基层团组织要加强与企事业单位人才的联动，以团组织名义推荐青年在寒暑假参与区域各类单位实习，帮助在青年与用人单位之间建立一定的沟通渠道；要加强与教育部门的合作沟通，结合用人单位需求对教育部门人才培养方式、内容和类型等提出建议。共青团应充分利用其组织架构优势，努力促进青年人才在教育部门和就业部门之间的有效衔接与转换，减少人口负增长形势下青年人力资源的错配，推动青年人才供需平衡，帮助青年寻求具有年龄优势的职业。

2. 推动教育高质量发展，实现青年人口质量红利转换

加强青年人口质量建设，深挖人口质量红利。对于经济社会发展程度普遍较高的人口自然负增长区域，如北、上、广、深等，其青年发展政策往往比较完善，对青年人群的支持力度较大，但可持续性不强。对于人口迁移负增长区域，青年优先发展的核心是推动青年自身的发展。在理论上，通过就业、就学等方式留住本地青年是最佳选择。但由于区域经济社会发展水平的影响，青年人口持续流出。本研究认为，青年人口流动管理不在于堵而在于疏。青年人口中，既有青年人才，也有青年农民和青年工人，还有青年学生。人口迁移负增长区域优先发展青年，应针对具体青年人群制订不同方案。对于青年人才而言，青年优先发展就是青年社会保障优先发展，应重点扶持特定行业从而形成区位优势，以高薪和高福利等积极引导他们在本地就业；对于青年农民和青年工人而言，青年优先发展就是技能优先发展，应将重点放在其职业技能培训上；对于青年学生而言，青年优先发展就是教育优先发展，应将重点放在当地大学、中学的建设上，以优质教育吸引青年、留住青年。

完善青年社会融入与社会参与机制，处理好青年人口质量发展与青年人口质量红利使用之间的关系。提高青年在经济社会建设中的参与度，在地区政治生活和社会公共事务中增加青年的声音。知识教育是青年人口高质量发展的重要基础，共青团应继续加大对贫困青年的帮扶力度，保障适龄青年获得高层次教育的经济支持和机会支持。同时，共青团还应发挥其组织架构优势，在推动青年的身体健康、心理健康等方面做出更大贡献。创新探索体育锻炼型、心理健康交流型的团组织生活会，以共青团员为带头人，团结和吸引其他青年积极参与身体锻炼、心理沟通等形式多样的活动。委托各级、各类学术机构、团校、学校等单位深入探究青年日常生活、学习状态和心理发展等情况，确保青年实现全面发展，这是实现青年

人口质量红利的重要前提。

注重青年人口质量红利的实际转换。发挥青年人口质量红利优势的关键在于充分发挥他们的价值。目前，我国本专科、硕士生、博士生历年毕业生人数持续攀升，但"毕业生就业难"的情况却较为严重，其中青年就业观念是重要原因。共青团在这一方面需加强青年工作类型的宣传和研究，发扬毛泽东同志所言"革命工作只有分工不同，没有高低贵贱之分，我们的同志不论职务高低，都是人民的勤务员"精神。积极推动更多类别、更多专业、更多数量的青年人才到基层企事业单位实习、交流和工作，身体力行转变青年工作观念，帮助他们认可和热爱新工作，实现人口质量红利转换。

3. 构建"全年龄友好型"社会，确保所有成员共同发展

倡导青年与其他年龄人群友好和谐相处。首先，人口负增长形势下儿童、少年和青年人口数量面临持续减少的风险，共青团的工作对象本身就是这一部分人群，应加强与少工委的联系和沟通，及时了解和解决他们在成长过程中的各项问题。探索青年在幼儿园、托儿所等机构人事劳动教育的新模式，提高青年照料、照顾孩子的兴趣和能力。其次，帮助青年处理好与中年人群之间的关系。目前青年的父辈多处于中年阶段，青年在思想文化、处事方式、娱乐习惯等方面与中年群体有一定的差异。共青团可以在促成青年了解中年，以及中年理解青年之间的双向交流方面做出更大贡献。再次，帮助青年处理好与老年人群之间的关系。力求充分调动青年共产党员和共青团员的积极性，发挥其先锋模范带头作用，出台鼓励青年敬老孝老养老政策，树立和表彰青年敬老孝老养老标兵，促进青年成为敬老孝老养老传统美德、文化的捍卫者，推动青年成为敬老孝老养老的践行者。探索青年在养老机构从事劳动教育的新模式，让他们切身体验人口老龄化的国情教育，为青年积极应对人口老龄化奠定基础。

统筹社会公共服务资源配置。"全年龄友好型"社会建设要让每个年龄阶段的人群都能共享国家社会主义现代化建设的成果。从共青团的角度出发，推动"劳动教育"与"人口国情教育"有机结合。当前，老年人口数的持续增长，势必对公共服务资源产生相应需求。共青团应在地区公共服务建设中建言献策，要求公共服务资源同时满足青年需求和其他年龄人群需求，避免公共服务资源被独占。同时，进一步探索青年与老年人共享居住的可行性，收集青年与老年人相关资料并进行匹配，解决青年城市住

房困难和老年"空巢"的系列问题，引导青年与其他年龄人群友好和谐相处，最终实现青年和家庭的良性发展。

4. 降低青年婚姻匹配难度，树立有利于生育的青年婚姻观念

引导青年适龄适时婚育。随着社会经济的快速进步、生殖技术的发展，婚姻制度受到了严峻的挑战。从学术和人的自由发展角度而言，婚否似乎都是个人抉择，不应干预，一些青年开始认为"婚姻制度或许并不会消亡，但是它不应该成为每段人生的必选项"。作为中国共产党领导的先进青年的群团组织，共青团应当深刻认识到青年婚姻观念的这一变化，在尊重不婚青年自我选择的基础上，鼓励青年积极的婚姻行为，肩负婚姻这一社会责任。为此，共青团可以从以下方面着手：首先是基于"智慧团建"打造和研发青年信息收集整合平台，为适龄青年进行婚姻匹配，降低青年婚姻匹配的难度；其次是充分利用好初中、高中和大学团组织生活会，宣传和鼓励青年适龄结婚的行为，引导青年实施成家立业的行为，构建中国特色社会主义婚姻文化和婚姻制度；再次是出版和拍摄一些具有正能量的婚姻观念教育的文学作品、影视剧和电影等，打造经典人物案例与青年形成情感共鸣，润物细无声地转变青年婚姻观念和婚姻行为。

提倡青年适度生育。共青团应全面配合"'三孩'政策"的落地落实，引导青年积极担负生育社会责任和义务，促进生育政策和其他青年政策配套衔接。重点是围绕婚嫁、生育、养育和教育等问题进行配合，了解和反映青年对收入差距、初次分配调整和再分配平衡、合理调控楼市房市价格、减轻生活压力等方面的看法，帮助解决青年愿意生、养育得起的问题。配合政府加强对社会、家庭以及基础教育、学前教育及其各类培训机构的监督和整治。为此，共青团可以基于以上方面，鼓励、支持和帮助适龄青年实施生育行为，为生育的青年群体的发展提供"互助式"照料孩子服务。在评优评奖、人事和人员任免中优先考虑已经生育孩子的青年。认真评估当今人口形势，研究学习 1980 年发布的《中共中央关于控制我国人口增长问题致全体共产党员共青团员的公开信》，起草和完善新的"公开信"，寻找适当时间和机会，号召广大共青团员肩负历史使命，适龄婚育、优生优育，为国家经济和社会发展建设营造良好的人口环境，保障国家人口安全。

5. 结合青年自身发展与青年再发展推动青年可持续发展

青年可持续发展的内涵主要包括两个方面：首先，青年自身得以良好

发展是青年可持续发展的内涵；其次，在青年人口质量保障的前提下，推动青年人口数量发展则是青年可持续发展的外延。青年优先发展的意义不仅在于青年自身的发展，还在于青年的可持续性发展，两种发展缺一不可。促进青年可持续发展的重点在于完善青年社会保障。不同于老年人口的增加和老年社会保障难度的加大，青年人口总量持续降低，未来对青年人群的社会保障将更加充分。在现有残疾青年关心关爱、青年社会救助两大发展措施的基础上，探索青年生育保障和完善老年人养老保障。以"三孩"政策为基础，完善生育配套措施，加大青年生育保障力度，减少青年人生育的后顾之忧，保障国家人口安全，实现可持续发展。完善老年人养老保障，旨在减轻青年人的老年抚养负担，让青年人更好地投入国家建设。解决青年发展中面临的"一老一小"问题，是人口负增长形势下完善青年社会保障的必然要求。经济发展程度高的地区应该重点帮助青年减缓生育和赡养父母的压力。解决好青年人的婚姻匹配、生育保障问题是青年再发展的重要保障，共青团可以从组织号召、政策宣传以及生育支持等多方面着手，促进"三孩"政策实施，保障整个青年人口结构的科学性以及青年人口数量的更替性。目前部分经济发达的地区虽然可以依靠区位优势吸引大量外来青年人口流入，但人口负增长形势下外来青年流入的人口红利终会减弱甚至消失，且流入青年逐渐被当地同化，使得区域生育水平持续走低。这种只吸引青年流入而不重视青年发展的政策是不可持续的。

6. 加强对不同区域青年的研究，促进青年发展

随着我国人口数量红利逐渐消失，青年人口的战略意义凸显。一些地方政府的人才政策在本质上是争取青年的政策，青年人口比例逐渐成为城市发展的核心指标，广州、深圳、成都等城市纷纷提出建设青年发展型城市。支持青年优先发展的政策举措不断出台，"城市对青年发展更友好，青年对城市发展更有为"成为越来越多城市的目标。在这一背景下，加强对区域青年的研究的重要性逐渐凸显。中国地理空间大、人口分布广，区域经济社会、资源环境条件差异很大，不同区域青年的发展具有矛盾性和复杂性、差异性和不平衡性。现有研究对区域青年的发展的现状和问题关注还不够深入，尚缺对青年区域发展水平、发展态势的综合研究。而区域青年发展的实践离不开青年发展理论的指导，并且人口负增长原因、进程不一，共青团应与其他职能部门、研究机构积极配合，重点关注监测区域青年人口数量和结构变动、青年流动状况、青年文化氛围、青年思想道德

等相关指标。在此基础上，大力促进各区域青年政策智库、青年组织的发展，合理利用本地高校、科研机构，结合区域特征加强青年发展研究，开展青年友好型评估活动，构建并完善地区青年友好型社会监测指标体系。通过政府部门、青年数据平台、相关青年组织以及青年研究机构等多种渠道，建设青年数据库、信息库和案例库。根据监控指标，及时调整青年发展的资源配置。将青年发展摆在地区发展的战略性位置进行统筹和规划，保障地区中青年优先发展，促进区域可持续发展。

7. 完善政策体系，促进青年家庭和谐发展

青年作为整个人口的重要组成部分之一，需要与其他年龄人口发展有机衔接。人口负增长改变了整个中国的人口结构，为应对这一挑战党和国家主要从乡村振兴、积极应对人口老龄化和实施"三孩"政策等方面着手。其一，乡村振兴与青年农民、青年人口流动和区域青年发展紧密相关。2017 年 10 月，党的十九大报告指出，农业、农村、农民问题是关系国计民生的根本性问题，必须始终把解决好"三农"问题作为全党工作的重中之重，实施乡村振兴战略。而农村地区青年人口流出是阻碍乡村振兴的重要因素之一，青年人群知识技能结构水平的提高和青年农民的回流，是实现农村治理体系和治理能力现代化、加快落实乡村振兴战略的重要途径。其二，青年发展必须与老年发展相结合。人口老龄化已经成为我国经济社会发展中的常态，应深入开展老龄化对经济运行全领域、社会建设各环节、社会文化多方面乃至国家综合实力和国际竞争力的研究，提出积极应对方案。在人口负增长形势下对青年的研究必须与人口老龄化背景相结合。在国家层面，在资源条件有限的前提下，需要协调好两者之间的发展顺序。在个人层面，青年人群往往需要依托老年人群的经济支持、子女抚育方面的支持，老年人群往往需要子辈、孙辈的精神支持。目前，从"家庭发展"角度对现有政策进行整合，促进青年发展是一种有效途径。其原因如下：①青年对于实施以上政策具有重要的地位，是串联这些政策的主要人群。基于这一视角进行延伸，人口负增长形势下的青年发展还应该考虑到与儿童、少年、中年以及老年的协调发展。②家庭是社会的基本单元，每个家庭有了良好发展，整个社会也能得到更好的发展。③家庭涵盖较广，其成员涵盖全年龄人口，小到儿童，大到老年，他们都是家庭成员的一部分。此外，家庭类型多种多样，既有只含青年的小家庭，又有涵盖全年龄阶段的三世同堂大家庭。④家庭内部关系紧密。

青年发展是家庭发展的根本保障。习近平总书记指出："家庭是社会的基本细胞，是人生的第一所学校，我们要重视家庭建设，注重家庭、注重家教、注重家风，促进家庭和谐，促进亲人相亲相爱，使千千万万个家庭成为国家发展、民族进步、社会和谐的重要基点。"（习近平，2015）青年发展中青年健康、青年教育和预防青年犯罪等都需要依靠家庭发展得到完善。人口负增长形势下青年不仅成为家庭中承上启下部分，还是社会经济发展的主力军和生力军。为此，需要帮助青年树立正确、良好的思想道德观念，重视家庭、家教、家风建设。"天下之本在家。"为此，要以家庭建设整合家庭劳动力资源，提高老年人积极养老能力，减轻青年照护子女和赡养老人的负担，从家庭角度出发帮助青年处理好学习、工作和生育之间的关系。

（三）讨论

本章还存在两点不足：其一，人口负增长对青年发展的影响研究侧重于两者之间的影响，对于人口负增长对经济、社会、文化、制度等的间接作用及其对青年发展的影响的研究涉及较少。其二，未能建立中国人口负增长对青年发展的影响的关系实证研究模型，在一定程度上难以衡量相关因素的影响程度。人口负增长涉及青年发展的各个方面。随着人口转变过程中人口负增长趋势加速以及人口老龄化水平进一步提高，其对青年发展的影响和变革将更加深刻和全面，青年发展将进一步受到这种影响和变革的制约，需要理论研究和政策研究的创新突破，需要更好破除制约，更好为青年发展提供理论的、政策的支持。这些问题还有待进一步深入研究。

第四章　中国养老服务体系建设研究
——以四川为例

【核心提示】本章结合四川养老服务体系建设状况进行研究。四川是人口大省。"七普"数据显示：2020 年四川省 60 岁及以上人口为 1 816.40 万人，占总人口的比重为 21.71%；其中 65 岁及以上人口为 1 416.76 万人，占总人口的比重为 16.93%，位居全国第三位。四川人口老龄化发展速度快、基数大、程度高，这一趋势将改变整个社会的负担构成，给经济社会发展带来一系列的新情况、新问题，尤其是伴随而来的养老需求变化将对现行养老体系带来严峻的挑战。完善规模庞大的老年群体的医疗与养老服务，统筹区域养老服务体系建设成为亟待深入研究和解决的重大现实问题。为此，本章在分析四川居家社区机构养老现状及问题的基础上，提出了统筹居家社区机构养老协调发展、进一步完善多层次养老服务体系、促进医养康养服务科学精准发展等建议。

一、现状分析

人口老龄化是人口与经济社会发展的必然趋势，伴随而来的老年人养老服务需求变化将对现行养老体系带来严峻的挑战。在未富先老、未备先老、渐富快老的背景下，供需结构性矛盾将日益突出。如何解决新时代的养老问题，不仅是政府考虑的国计民生问题，也是每个家庭必须面临的挑战。四川乃全国老年人口最多的省份之一，社会经济发展将受到人口老龄化的深远影响。为此，本研究以四川为例，做如下探讨。

（一）老年人分布及机构现状

1. 老年人数量情况

从老年人数量分布情况来看，四川省183个县（市、区）中，60岁及以上老年人数量为25万人及以上的有5个县（市、区），由高到低为双流区、简阳市、仁寿县、安岳县和中江县；20万～25万人的有7个县（市、区），由高到低为三台县、成华区、新都区、金牛区、泸县、岳池县和雁江区；达川区、东坡区和龙泉驿区等32个县（市、区）人数为15万～20万人；武胜县、通川区和邛崃市等34个县（市、区）人数为10万～15万人；南江县、利州区和青白江区等38个县（市、区）人数为5万～10万人；冕宁县、青神县和屏山县等81个县（市、区）人数在5万人以下，其中松潘县、丹巴县和九寨沟县等26个县（市、区）人数在1万人以下。

2. 老年人分布呈"L"形特征

依据四川省第七次人口普查长表数据计算发现：老年人口数量呈现"朝天区—汉源县—古蔺县"的"L"形不均衡分布特征，全省老年人口主要分布在广元市到汉源县再到古蔺县的东部区域。2020年四川五大经济区中，成都平原经济区老年人口数量最多，有861.78万人；川东北经济区次之，有422.537万人；川南经济区位居第三，有324.676万人；攀西经济区位居第四，有79.165万人；川西北生态经济区最少，仅有23.33万人。成都平原经济区、川东北经济区和川南经济区三个区域，约占四川省面积的1/3的土地承载了全省90%以上的老年人口。其中，成都平原经济区60岁及以上老年人口密度最高，约为458人/平方千米，远远高于全国28人/平方千米、四川省40人/平方千米和重庆市85人/平方千米，甚至高于西安市205人/平方千米和武汉市248人/平方千米，但低于上海市917人/平方千米（见图4-1）。这些将对家庭适老化改造、专业化和标准化养老服务提供提出更高的要求。

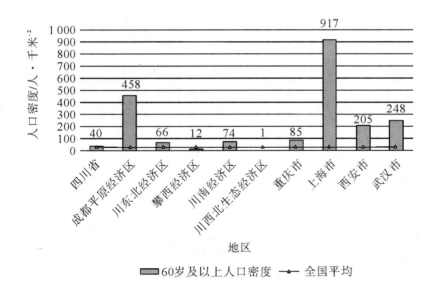

图 4-1　四川省五大经济区及部分省会城市 60 岁

及以上人口密度

（数据来源：四川省第七次人口普查长表数据和各区域第七次人口普查公报）

从老年人口密度来看，川南经济区、川东北经济区老年人口密度分别为 74 人/平方千米和 66 人/平方千米，介于四川省平均水平和重庆市平均水平之间。而攀西经济区、川西北生态经济区的老年人口密度均低于全省平均水平，分别为 12 人/平方千米和 1 人/平方千米，仅西昌市和攀枝花市的老年人口数量相对较多，均达 10 万人以上。攀西经济区中，攀枝花市老年人口分布相对均衡，而凉山州内老年人口分布差异则十分明显，会理县、会东县是除西昌市以外老年人口数量最多的两个县，老年人口数量为 5 万~10 万人，而喜德县、布拖县、美姑县、甘洛县、昭觉县和普格县 6 个县的老年人口数量却均不足 2 万人。川西北生态区受自然环境、经济社会发展等多方面影响，33 个县（市、区）的老年人口数量均没有超过 2 万人。

3. 机构服务情况

从日间照料中心数量来看，四川省政务服务网"四川省养老关爱地图"数据显示，截至 2022 年 5 月底，全省拥有老年人日间照料中心 4 334 家。从各市（州）的情况来看，成都市、绵阳市的日间照料中心数量最多，分别为1 310家和990家，分别约为第三名即遂宁市（313家）的4倍和3倍；攀枝花市、阿坝州和凉山州暂无日间照料中心（见表4-1）。

表4-1　四川省各市（州）日间照料中心数量　　单位：家

地区	数量	地区	数量
成都市	1 310	南充市	94
绵阳市	990	达州市	81
遂宁市	313	甘孜藏族自治州	67
德阳市	234	广元市	55
宜宾市	215	雅安市	50
乐山市	207	广安市	34
泸州市	193	自贡市	16
巴中市	185	攀枝花市	0
内江市	97	阿坝藏族羌族自治州	0
眉山市	97	凉山彝族自治州	0
资阳市	96		

数据来源：根据四川省政务服务网"四川省养老关爱地图"整理。

从各县（市、区）情况来看，都江堰市、三台县、射洪市、游仙区、江油市、涪城区、金堂县、邛崃市、郫都区、旌阳区、彭州市11个县（市、区）日间照料中心在100家及以上；安州区、盐亭县、雁江区等17个县（市、区）日间照料中心为50~100家；锦江区、峨眉山市、安居区等85个县（市、区）日间照料中心为1~50家；全省还有70个县（市、区）暂无日间照料中心。

从日间照料中心分布情况来看，四川省每万名老年人拥有的日间照料中心数量呈现出"东西高，南北低"特征。从县（市、区）的情况来看，色达县、金口河区和雅江县等11个县（市、区）每万名老年人拥有的日间照料中心数量均在10家以上。其中，色达县、金口河区、雅江县和得荣县四个县（市、区）比例较高的原因在于这些区域老年人口数量均低于1万人；射洪市、都江堰市和游仙区三个县（市、区）老年人口数量超过10万人，其比例较高的原因在于区域日间照料中心数量较多。相关数据显示，2020年全省88.9%的县（市、区）已建成居家社区养老服务平台。

从养老服务机构来看，"四川省养老关爱地图"数据显示，截至2022年5月底，四川省拥有各类养老机构2 976家。分市（州）来看，成都市、南充市和绵阳市的养老机构数量最多，分别为403家、347家和225家；

广元市、巴中市、攀枝花市、甘孜州、凉山州、雅安市和阿坝州的养老机构数量较少，均少于100家（见表4-2）。

表4-2 四川省各市（州）养老机构数量 单位：家

地区	数量	地区	数量
成都市	403	眉山市	127
南充市	347	遂宁市	117
绵阳市	225	资阳市	106
德阳市	195	广元市	74
泸州市	193	巴中市	72
达州市	178	攀枝花市	54
内江市	164	甘孜藏族自治州	40
广安市	163	凉山彝族自治州	34
宜宾市	162	雅安市	28
自贡市	139	阿坝藏族羌族自治州	17
乐山市	138		

数据来源：根据四川省政务服务网"四川省养老关爱地图"整理。

分县（市、区）来看，中江县、仁寿县、营山县、渠县和阆中市5个县（市、区）养老机构在50家及以上；安岳县、金牛区和岳池县等42个地区养老机构数量为25~50家；青羊区、犍为县和华蓥市等40个县（市、区）养老机构数量为15~25家；通川区、罗江区和大英县等90个县（市、区）养老机构数量为1~15家；新龙县、马尔康市和稻城县等6个县（市、区）暂无养老机构。

从养老机构数量来看，四川省每万名老年人拥有的养老机构数量呈现出"东西高，中部低"特征。分县（市、区）来看，壤塘县、炉霍县、德格县、色达县、石渠县和沐川县6个县（市、区）每万名老年人拥有的养老机构数量均在5家以上。其中壤塘县、炉霍县、德格县、色达县和石渠县5个县比例较高的原因在于这些县的老年人口数量均低于1万人；沐川县老年人口数量为4万余人，其比例较高的原因在于县域养老机构数量较多，有23家。2020年数据显示，约七成的养老机构床位数量为50~100个，价格多为500~1 000元/月。

（二）养老服务体系建设现状

2021年2月，四川省民政厅、四川省发展和改革委员会印发的《四川省"十四五"民政事业发展规划》提出"构建全要素养老服务体系",内容包括基本养老服务制度、多元化养老服务供给网络、养老服务产业和养老服务综合监管四大方面:其一,在基本养老服务制度方面,具体内容包括完善兜底性养老服务和拓展普惠型养老服务。其二,在多元化养老服务供给网络方面,具体内容包括促进居家社区养老提质增效、推进机构养老转型升级、补齐农村养老服务短板、推动医养结合、发展老年教育、建设养老人才队伍、发展智慧养老等。其三,在养老服务产业方面,具体内容包括推动养老产业融合发展、发展老年用品市场、扩大养老产业区域合作等。其四,在养老服务综合监管方面,具体内容包括促进制度规范和加强风险防控。

在四川政务服务网查询养老服务扶持政策措施,结果显示:全省养老服务政策在土地保障方面有 8 项,在政府补贴方面有 4 项,在人才培养方面有 3 项,在金融支持方面有 5 项,在税收优惠方面有 3 项,在智慧养老方面有 4 项,在医养结合方面有 4 项(见表4-3)。全省已经基本形成了养老服务全方面支持体系。

表4-3 四川省养老服务扶持政策情况

政策类别	政策内容
土地保障	①举办非营利性养老服务机构,可凭登记机关发给的社会服务机构登记证书和其他法定材料申请划拨供地,自然资源、民政部门要积极协调落实划拨用地政策;②在土地利用总体规划和国有建设用地年度供应计划中统筹养老服务用地布局,依法依规优先保障或扩大养老服务设施用地供给;③将各类老龄事业发展和养老体系建设用地纳入城镇土地利用总体规划;④地方各级人民政府要在城乡规划、土地利用总体规划和年度用地计划编制或修编中,统筹考虑养老与健康服务业发展需要,逐步扩大养老与健康服务业用地供给,优先保障非营利性机构用地;⑤企事业单位、个人对城镇现有空闲的厂房、学校、社区用房等进行改造和利用,新办养老服务机构,经规划批准临时改变建筑使用功能从事非营利性养老服务且连续经营一年以上的,五年内可不增收土地年租金或土地收益差价,土地使用性质也可暂不作变更;⑥优先满足各类养老服务设施建设用地需求,合理控制地价,降低建设成本;⑦各市县国土资源管理部门要将养老服务规划与土地利用规划和城乡建设规划紧密结合,优先安排用地计划,不得扣减或挪作他用;⑧将各类养老服务设施建设用地纳入城镇土地利用总体规划和年度用地计划,根据新建养老床位的工作目标和年度任务,按照养老床位建设标准和建设规模确定养老机构建设用地指标,在年度用地计划中优先安排保障养老机构的建设用地,切实保障养老床位建设年度目标任务所需土地
政府补贴	①各级政府用于社会福利事业的彩票公益金,要加大倾斜力度,到2022年要将不低于55%的资金用于支持发展养老服务;②采取贷款贴息、项目补助、以奖代补等方式,加大对养老服务重点领域和重点项目的资助、扶持;③按照属地管理原则,各市(州)、县(市、区)人民政府是推进社会养老服务体系建设的责任主体,负责筹集实施上述重点建设任务所需资金;④各地要加快建立养老服务评估机制,建立健全经济困难的高龄、失能等老年人补贴制度

表4-3（续）

政策类别	政策内容
人才培养	①建立完善养老护理员职业技能等级认定和教育培训制度；②加大养老服务专业人才培养力度，推动普通高校和职业院校加强养老服务相关专业建设，支持专业课程（教材）研发、实训基地建设等项目；③加强老龄事业发展和养老体系建设工作力量，充实干部队伍，提高履职能力
金融支持	①畅通货币信贷政策传导机制，综合运用多种工具，抓好支小再贷款等政策落实；②根据企业资金回流情况科学设计发行方案，支持合理灵活设置债券期限、选择权及还本付息方式，用于为老年人提供生活照料、康复护理等服务设施设备，以及开发康复辅助器具产品用品项目；③支持商业保险机构在地级以上城市开展老年人住房反向抵押养老保险业务，在房地产交易、抵押登记、公证等机构设立绿色通道，简化办理程序，提升服务效率；④规范和引导金融机构针对不同年龄群体的养老保障需求，开发可提供长期稳定收益、符合养老跨生命周期需求的理财产品，满足老年人金融服务需求；⑤鼓励社会资本采取建立基金、发行企业债券等方式筹集资金，用于建设养老设施、购置设备和收购改造社会闲置资源等
税收优惠	①聚焦减税降费，养老服务机构符合现行政策规定条件的，可享受小微企业等财税优惠政策；②在养老服务领域落实对小微企业的税收优惠政策，依法减免增值税、企业所得税、印花税，养老服务领域应减免的行政事业性收费，要一律减免到位；③对符合条件、提供基本养老医疗卫生服务的非公立医疗机构，其专科建设、人才队伍建设纳入财政专项资金支持范围，符合条件的非公立医疗机构纳入全省区域专病中心建设范围
智慧养老	①持续推动智慧健康养老产业发展，拓展信息技术在养老领域的应用，制定智慧健康养老产品及服务推广目录，开展智慧健康养老应用试点示范；②推进"互联网+"养老服务创新，发展智慧养老服务新业态；③支持和鼓励企业根据老年人特点和需求，研发日常辅助、康复辅具、保健器材、保健食品等老年产品用品，研发老年人乐于接受和方便使用的智能科技产品，丰富产品品种，提高产品安全性、可靠性和实用性；④落实国家促进大数据发展行动纲要，加快智慧养老社区、大数据养老服务和远程医疗服务信息平台建设，推进为老服务综合信息平台在城市社区全覆盖、在农村地区扩大覆盖
医养结合	①促进现有医疗卫生机构和养老机构合作，发挥互补优势，简化医养结合机构设立流程，实行"一个窗口"办理；②鼓励养老机构与医疗卫生机构组建多种形式的医疗养老联合体，支持养老机构开办老年病院、康复院、医务室等医疗卫生机构；③加强老年人日间照料中心、托养所、老年活动中心（站）等社区（村）养老服务设施建设，支持医养结合设施和主要面向失能、半失能老年人的老年养护院建设；④着力改善医疗卫生服务，大力推进中医药和民族医药发展，加强健康管理与促进等

资料来源：四川政务服务网"养老服务扶持政策措施查询"①。

（三）医养康养结合服务现状

在医养方面，四川省统计局 2018 年发布的"四川人口老龄化与健康养老状况分析"报告显示：2017 年末全省养老机构内设医疗机构 430 个，

---

① 参考网站 https://www.sczwfw.gov.cn/tftb/hos-server/pub/jmas/jmasbucket/jmopen_files/unzip/f08722d2aa0848aab09e24c90d52fa84/scsylzcfcpc/index.html#/ylzn? areaCode=510000000000。

占总数的 38.6%；医疗机构内设养老机构 318 个；医疗机构与养老机构建立合作关系的机构有 257 个；仅提供居家医养服务的机构有 108 个。其一，在床位数方面，2017 年末全省医养结合床位数为 70 714 张。其中医养结合机构中机构总床位数为 35 357 张，医疗机构内设养老机构床位数为 11 553 张，医疗机构老年病科床位数为 21 002 张，其他 2 802 张。其二，在机构照护人员方面，2017 年末全省医疗机构内设养老机构照护人员 1.93 万人；有医疗机构老年病科卫生技术人员 0.8 万人，其中执业（助理）医师 2 690 人、注册护士 4 701 人；有与老年人家庭签约医师 1.84 万人（其中全科医师 8 450 人）。其三，在接受家庭医生签约式服务方面，2017 年末全省接受家庭医生签约式服务的老年人达 253.5 万人，通过合作转诊进入医疗卫生服务的老年人达 9.3 万人，享受家庭病床服务的老年人达 15.1 万人，居家长期照护/居家医疗护理签约 23 万人，接受医疗卫生服务的老年人达 27.2 万人，接受中医药健康养老服务的老年人达 35.9 万人次。此外，四川省人口老龄化和养老保障研究数据显示，2020 年全省共有医养结合机构 2 000 余家，255 家医疗机构与养老机构建立了协作机制。

《四川省开展医养结合机构服务质量提升行动实施方案》提出：到 2021 年底，医养结合服务相关制度、标准、规范初步建立，医养结合机构医疗卫生服务能力和服务质量持续提升，医养结合机构入住老年人对医疗卫生服务的满意度较上年有所提高。到 2022 年底，医养结合服务质量标准和评价体系基本建立，医养结合机构医疗卫生服务能力和质量显著提升，医养结合机构入住老年人对医疗卫生服务的满意度逐年提高。根据四川省卫生健康事业发展统计公报，2021 年底四川省医养服务机构共有 347 家、床位 9.5 万张，医疗机构与养老机构签约合作 4 968 对。2020 年 9 月，四川省人民政府办公厅印发《关于印发四川省创建全国医养结合示范省实施方案的通知》，提出到 2022 年全省 30% 以上的社区卫生服务中心和乡镇卫生院可开展医养结合服务。

在康养方面，中共四川省委农村工作领导小组 2017 年 10 月印发的《四川省大力发展生态康养产业实施方案（2018—2022）》指出"生态康养是指依靠森林等生态资源，配备相应的养生休闲及医疗设施，开展游憩、度假、疗养、保健、养老等服务"，其主要服务对象为身体机能退化的老年人和术后康复期病人。依托森林和湿地公园等建立不同类型的康养场所，到 2022 年建成 250 个康养基地、5 000 千米康养步道、1 000 万亩

（1 亩≈666.67 平方米，下同）康养森林。遴选和培育 100 家重点企业进行一对一帮扶培育。通过康养基础设施建设，引入社会资本，培育康养人家、康养综合体。依托全省资源，发起成立产业联盟，推进产业链、供应链和服务链的全产业链整合。在产品服务开发方面，建立专门的实验室，以森林康养、阳光康养和园艺康养、温泉疗养为重点，启动医学实证研究。针对潜在客户群体，发掘本土传统医学资源，开展康复养生系列产品研发。在品牌建设上，启动四川生态康养产品、服务与品牌资源本底调查，制定全省品牌建设规划。同时，建立品牌认证登记保护、产品防伪标识使用和证后监管体系，对认证的品牌实施动态监管。目前，四川省已经形成以攀西为代表的阳光充足、气候宜人的"阳光康养"，以广元、洪雅为代表的森林旅游资源丰富的"森林康养"和以都江堰、青城山传统养生文化为代表的"文化康养"等多种康养名片。2022 年 3 月 15 日四川省成立了生态康养协会，该协会与四川旅游学院、四川省林业中心医院、四川省林产联合会、四川万农城商业管理集团有限公司等签署了合作协议，是全省林草系统服务生态旅游、森林康养产业发展的省级社会团体。

在医养康养结合方面，《中华人民共和国国民经济和社会发展第十四个五年规划和 2035 年远景目标纲要》提出，构建居家社区机构相协调、医养康养相结合的养老服务体系。同时，民政部要求，促进医养康养相结合，稳步推进长期护理保险制度试点。国家层面的顶层设计，既是对老年人"医养康养"现实需求的应对，也为医养康养相结合市场化发展提供了良好的政策环境。2020 年四川省人民政府办公厅印发的《四川省创建全国医养结合示范省实施方案》提出，到 2022 年医养康养相结合的健康养老体系基本健全。支持医疗、康复、护理、养老等机构组织为老年人提供服务。以社区卫生服务站、乡镇卫生院为载体，为老年人提供基本医疗、康复护理等服务。发展一批中医药特色的养生养老服务，设立中医药健康养老的护理院和疗养院。打造"医疗+旅游""疗养+旅游""养老+旅游"的医养旅游新模式，打造四川医养康养品牌。开发居家养老、医疗护理、生活照护、亲情关爱等智慧健康养老服务一体化平台。

医养康养相结合的目的在于兼顾服务对象的共性和个性，在为不同健康状况的老人提供不同服务项目的基础上，充分考虑到老年人健康状况的动态变化，设计具有可选择性的养老服务包，从而向全体老年人提供可以满足他们不同需求的整体解决方案。相关研究显示，现阶段我国老年人中患有一种及以上慢性病的比例高达75%，也就是说每4个老年人中就有3个患有一种及以上的慢性病。从这一比例看，目前老年人群越来越多地关注疾病治疗和健康维护，对专业的医疗、护理、康复、药学、安宁疗护、健康管理等健康养老服务已显现庞大而刚性的需求。从医养康养的角度来看，未来应更多地关注老年人更深层次的养老需求，如医疗需求、慢性病管理、认知症专业照护服务等。"康养"的核心，在于"康"，也就是"健康"。"康"是方向，而"养"是过程。因此，要通过各种手段和途径，实现"医养康养"相结合，让老年人在"养"的过程中，满足其长期照护、医疗服务、慢性病管理、健康养生等多元化健康养老需求，才能让老年人都过上健康的养老生活。

二、存在的问题

（一）居家社区机构养老能力不足

（1）居家养老服务亟待优化。居家养老是指老年人主要生活在家里，其生活起居主要依靠自己或者子女的养老方式。这一方式既是绝大多数老年人的养老方式，也是一种社会成本和经济成本较低的养老方式。2020年四川省城乡居家养老服务覆盖率分别达到90%和60%，设立了"家庭养老床位"，并按照不低于300元/人·年的标准，通过政府购买服务的方式为特殊困难老年人提供居家养老服务支持。四川省在各地推进"互联网+养老"模式，部分县（市、区）建成了居家养老服务信息平台，为老年人提供生活照料、家政服务、精神慰藉、健康管理、紧急救援等服务，开展了80周岁以上困难老年人家庭适老化改造试点。但对于目前的互助居家养老服务，相关部门之间的协同机制有待建立健全，部分政策难落地、难执行，养老服务市场培育发展慢。特别是随着养老服务由"事前审批"转向"事中审批、事后监管"，居家养老服务迫切需要用法治手段来加强监督，用规范化标准来加强管理。

（2）日间照料中心分布与老年人客观需求不匹配。目前各市（州）拥有日间照料中心的数量差异较大。成都经济区数量最多，有3 297家；其次是川南经济区，有521家；再次是川东北经济区，有449家；再其次是川西北生态经济区，有67家；攀西经济区还没有日间照料中心。从区域每万名老年人拥有日间照料中心的情况来看，不均衡、不充分的问题同样存在。成都平原经济区和川西北生态经济区的西部社区养老资源相对丰富，每万名老年人拥有日间照料中心的数量多为 5~20 个，而川东北经济区、川南经济区和攀西经济区社区养老资源则相对稀缺。其中，攀西经济区和川西北生态经济区东部的日间照料中心较少，其主要原因在于该地区老年人口数量不多，加之他们有着居家养老的传统，因此对以日间照料中心为代表的社区养老模式的客观需求也相对较弱。《四川省"十四五"民政事业发展规划》提出，全省所有街道和有条件的乡镇至少建设 1 个社区养老服务综合体，未充分考虑到不同区域老年人口绝对数量的差异，这容易导致社区养老服务无法与其他养老方式有效衔接。

（3）社区养老设施无法满足多层次养老服务需求。日间照料中心需要老年人自行前往和离开，因此服务对象以附近住房条件不好、经济收入不高或者独居生活有困难的具有一定行动能力的老年人为主，服务范围十分有限。因此，一些经济社会发展较快的地区的日间照料中心的需求量甚至逐渐减少，而对社区助餐点的需求则持续增加。目前，四川省助餐点主要集中在成都平原经济区。截至 2022 年 6 月 8 日，成都市锦江区共拥有老年人助餐点 49 个，每餐价格为 12~20 元，助餐点享有 3~6 元的政府补贴；成都高新区共有老年人助餐点 67 个，基本实现社区全覆盖。而对于四川其他区域而言，社区助餐点还较为缺乏。

（4）机构养老服务能力不足。从养老机构分布来看，各市（州）拥有养老机构的数量差异较大。成都经济区数量最多，有 1 339 家；其次是川东北经济区，有 834 家；再次是川南经济区，有 658 家；再其次是攀西经济区，有 88 家；最后是川西北生态经济区，有 57 家。各区域养老机构数量都较为有限。从区域每万名老年人拥有养老机构的数量来看，全省养老机构分布较为均衡，平均每万名老年人仅拥有养老机构 1.74 家，约有 130 个床位。其中，五大经济区中川东北经济区、川南经济区和川西北生态经济区三个区域每万名老年人拥有的养老机构数超过全省平均水平，分别为 1.974 家、2.027 家和 2.443 家。除攀西经济区外，其他四个经济区每万名老年人拥有的养老机构数都高于上海市的 1.255 家、西安市的 0.737 家和武汉市的 1.210 家（见图 4-2）。

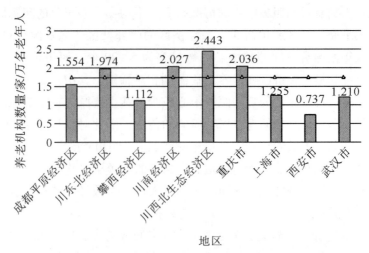

图 4-2　四川省五大经济区及部分省会城市和直辖市
每万名老年人拥有养老机构数

（数据来源：运用四川省第七次人口普查长表数据和各区域政府报告
相关数据计算而得）

值得注意的是，川西北生态经济区的养老机构数量虽然不多，但由于
区域老年人口总数均不足 2 万人，反而成为每万名老年人拥有养老机构数
量相对最多的区域。《四川省"十四五"民政事业发展规划》提出，乡镇
（街道）范围具备综合功能的养老服务机构覆盖率不低于 60%，未充分考
虑到不同区域老年人口绝对数量的差异，这容易导致机构养老资源错配。

（二）多层次养老服务体系不健全

2019 年，中共中央、国务院印发的《国家积极应对人口老龄化中长期
规划》提出，健全以居家为基础、社区为依托、机构充分发展、医养有机
结合的多层次养老服务体系。然而目前多层次养老服务体系仍不健全，主
要体现在各方面养老资源没有充分调动，各类主体参与养老服务体系建设
的积极性还有待进一步提高。

从家庭发展来看，家庭的养老功能持续减弱。由于家庭日趋小型化、
一代化，家庭在养老方面的支持功能持续弱化，但家庭成员在养老服务尤
其是精神慰藉等方面的作用仍难以替代。而养老、医疗是两大独立的运行

体系，具有完全不同的运作模式。由于制度原因、行业差异、行政划分和保障分割等因素，民政、卫生健康、林草和社保等部门都要介入医养康养结合型家庭。目前家庭养老还存在诸多困难，有待完善家庭发展支持政策。

从服务内容来看，早在2017年成都市就已经规划和开始绘制养老关爱地图，其间省内其他市（州）不断加入，已经形成"四川省养老关爱地图"，其在四川政务服务网上运行。但是，部分日间照料中心和养老机构不仅缺乏环境展示、建筑面积、床位总数、机构简介和详细地址等关键性信息，还缺乏有无医疗设施等信息，不利于有相关需求的老年人了解、掌握和运用周围养老资源；现有养老服务内容相对单一，不能满足新时代老年人的需求。

从相关行业部门和市场主体来看，医养结合养老机构在日常运营中接受卫生健康、民政、市场监管、公安等多个部门的管理，其中以卫生和民政部门为主要管理部门。在政府部门多重管理下，在落实优惠政策、突发事件处理、日常管理标准上容易出现互相推诿或意见不合的情况，部门协调、联动养老服务难度较大。医养康养结合不仅涉及卫生健康、民政、林草等多个政府部门之间的协调与配合，还涉及发展改革委和财政部门的规划与公共资金补贴等。目前养老机构、居家养老服务由民政部门管理，康养服务由林草部门管理，医疗事业由卫生健康部门主管，难以做到互惠互利、优势互补，老年人的医养问题得不到有效保障。如"四川省养老关爱地图"显示，截至2022年5月底全省拥有老年人日间照料中心4334家、养老机构2976家。而四川省民政厅数据显示，2019年全省建成城乡日间照料中心9805个，远高于"四川省养老关爱地图"的相关数据。由于老年人分别由人力资源和社会保障厅、老干部局、民政厅和卫生健康委等部门管理，缺乏相应的监督机制，容易出现多个机构管却不能形成部门联动的局面。

从养老服务组织来看，城市社区老年人间的日常交流较少，其生命历程中的共同之处较少，导致城市社区老年人自发形成的互助式养老组织十分有限。已有城市养老组织绝大多数是政府以"时间银行"为载体构建的养老组织，对老年人的吸引力同样有限，难以满足老年人多层次养老服务需求。农村是养老形势更加严峻的地区，将富余劳动力组织起来形成养老服务组织的意识还较为缺乏。

（三）医养康养融合服务发展滞后

从全省来看，医养康养作为整合养老与融通医疗资源的重要形式，在发展过程中虽然做了很多实践，但整体上还处于发展阶段，存在着供给不足、质量不高、要素保障不够、顶层设计不完善等问题。如在顶层设计方面，诸多文件和规划中往往没有区分医养和康养，实际上两者的概念存在一定差别。狭义而言，医养主要是针对有慢性病的老年人进行医疗与养老的模式，而康养主要是针对身体和心理各方面都健康的老年人进行健康保持的养老模式。广义而言，医养康养是老年人由于年纪较大，身体机能逐渐下降，以致绝大多数老年人需要依托医疗服务追求健康养老的状态；在养老照护制度和规范上有明显欠缺，养老机构和医疗机构间的转诊制度、合作规范、行业准入等缺少针对性的文件；医养康养融合尚未形成制度体系，服务体系的发展规划、运行模式和服务标准尚不清晰，部分市（州）尚无统一的社会养老总体规划和详细措施，缺乏养老服务资源和卫生资源有效衔接的科学规划。

居家医养康养是我国老年人传统的养老模式。这一模式下康养往往伴随着医养。随着国民健康意识和需求的持续增强，老年人及其家庭成员的康养意识不断增强，青年人和中年人加强身体健康锻炼，提前准备和积极应对人口老龄化的观念深入人心，是康养的重要体现形式之一。四川省老年人口分布现状、经济社会发展阶段和文化传承等因素决定了四川不能完全照搬发达国家医养结合以机构为主的模式。特别是在川西北生态经济区、攀西经济区等少数民族聚集的地区，更加有赖于家庭和社区、宗教与家族、养老与藏医等多方面融合式居家医养康养服务。而成都平原经济区、川东北经济区和川南经济区等区域则主要面临人口快速老龄化带来的养老服务压力快速上升的问题。受区域庞大的老年人口绝对数量的影响，通常所言的"9073"养老服务形式可能不再适用，其将转变为"9541"或者"9433"① 等养老服务形式，居家医养康养服务将在这些区域挑起更重的担子。

---

① "9073"是指90%的老人居家养老，7%的老人在社区机构养老，3%的老人在养老院等机构养老；"9541"是指95%的老人居家养老，4%的老人在社区机构养老，1%的老人在养老院等机构养老；"9433"是指94%的老人居家养老，3%的老人在社区机构养老，3%的老人在养老院等机构养老。

社区医养康养是一种将社区内养老服务和医护服务相结合的新型养老服务模式，其中医养和康养既能满足失能、高龄、不能自理的空巢老人在社区治疗及康复护理的需求，又能在一定程度上缓解大医院住院难、住院贵的现状，逐渐成为应对人口老龄化挑战和完善医养服务体系的必然选择。由于社区医养融合机构未纳入医保定点范围，未出台相关法律对社区医养融合养老模式提供强有力的政策支持，所以需要住院的空巢老人为减轻医疗费用负担而选择医院就诊。在经济欠发达地区要想把空巢老人纳入社区医养融合养老模式中进行集中养老比较困难，存在政策保障不足等问题，还需要进一步完善相关政策体系。

机构医养康养结合仍处于发展初期。其一，"阳光康养""森林康养"等康养机构多数处于自然环境优美但地理位置较为偏远的城市郊区或偏远地区，医疗水平相当有限。其二，养老机构难以满足入住老年人的医护需求和健康需求，大多数养老机构以提供简单的生活照料服务为主，多注重治疗疾病而忽视预防保健，医疗和健康服务较少，如部分养老机构既无内设医务室，也没有与周边医疗机构合作，更缺乏老年健康服务，无法解决重病老人住院治疗问题。其三，不少开展医养康养结合服务的机构定位时没有很好地契合本地人口结构、实际养老需求，往往定位高端市场、瞄准高端人群，难以满足普通收入家庭的医养康养服务需求，医养康养服务机构供给的结构性失衡问题较为突出，"缺位"与"越位"现象凸显。其四，发展规划不够清晰。现有关于医养康养深度融合的政策体系缺少对产业、资金及人才的规定；医养康养融合发展模式追求高端化、完全市场化，存在监管缺位等问题。

三、主要建议

（一）统筹居家、社区、机构养老，促进三者协调发展

一是优化养老保障机制。根据《四川省人口发展中长期规划》，预计2030年全省65岁以上老年人口占比将达20%左右，规模将达1 694万人。面对如此庞大的老年人口规模，统筹发展养老事业仍然是未来全省养老服务建设的重点。要强化养老服务协调发展，进一步提高区域老年人口规模动态监测能力，掌握属地老年人口规模、分布和健康情况，最终推动各类

形式养老服务的协调发展；进一步加强养老服务咨询指导，支持老年人根据身体状况合理选择符合自身养老需求的养老机构、社区养老服务设施或居家养老。支持养老机构运营街道社区养老服务中心（站），培育壮大养老服务专业化人才队伍，延伸推送养老服务进家庭，提供专业化、标准化、多元化养老服务，形成"居家社区机构"一体化服务模式。

二是完善居家养老服务。居家养老既经济实惠又不脱离老年人熟悉的环境，符合家庭传统习惯，因而在家中安享晚年是老年人理想的、首选的养老方式。应加快完善社会保障体系和家庭适老化改造建设，从政策上增加保障措施，健全服务体系，通过建立健全长期照护制度和长期照护配套保险制度支撑居家养老事业；统筹城乡居家养老，缩小城乡老年人因制度差异形成的居家养老方面的差距；积极培育居家养老服务企业和机构，支持社区建立和完善居家养老服务网点；支持社区利用社区公共服务设施和社会场所组织开展适合老年人的群众性文化体育娱乐活动，开展上门护理、日常照料和短期护理等服务项目；对身处农村或边远地区等设施缺乏、需要依靠亲友提供护理服务的老年群体，给予现金补助，以鼓励承担家庭护理重担的人员。

三是完善社区养老服务。加快制定各项支持社区养老的政策，如社区养老服务设施用地、用房优惠政策以及减征或免征相关税费政策等，进一步完善社区养老服务设施和项目与城市公建的配套法规、社区养老服务管理规章及具体管理规定等。四川省各区域老年人口规模差异极大，各区域要在"至少有1个社区养老服务综合体"的基础上对土地使用进行中长期规划，统筹考虑"综合体"养老服务需要"涵盖和保障区域多少人"的现实问题，避免出现"缺位"和"越位"现象。社区养老服务的容纳数量要根据区域老年人口规模而定。支持和鼓励民间资本参与其中，增加老年人相关的社会工作服务购买，多形式多种类地丰富老年人社区养老生活。同时，针对当前居家、社区养老服务体系还存在缺少上位法、设施网络不完善、人才力量不充足、多元投入机制不健全以及新科技应用不充分等问题，完善相关法律法规。同时，采取切实可行的措施，进一步发展社区养老服务，有效满足广大人民群众对"老有所养"的期盼。

四是完善机构养老服务。根据区域老年人口动态规模，补齐区域养老机构数量短板。深入研判未来老年人机构养老需求，积极应对未来高龄化社会可能出现的机构养老床位不足、供给紧张的客观情况。鼓励社会力量参与举办老年医院、康复医院、护理院等老年健康服务机构，为老年人提供多层次、多元化的健康服务。同时，完善机构服务质量评判标准，建立完备的服务标准体系。以标准化建设为龙头，进一步修订和完善现有养老机构服务与管理标准，全面开展贯彻标准活动，以标准化带动服务质量的提升。借助信息化手段和大数据平台，建立健全信用信息记录和归集机制，加强相关职能部门的信息交换和共享，定期向社会公开各养老机构的行政许可、政府补贴、行业奖惩等信息，推动养老机构提质增效。

（二）进一步完善多层次养老服务体系

一是强化居家养老在服务体系中的基础作用。其一，制定《居家养老服务保障条例》，内容涵盖如下方面：为老年人提供社区老年餐桌、定点餐饮、自助型餐饮配送、开放单位食堂等用餐服务；为老年人提供体检、医疗、护理、康复等医疗卫生服务；为失能老年人提供家庭护理服务；为失能、高龄、独居老年人提供紧急救援服务；利用社区托老所等设施为老年人提供日间照料服务；为老年人提供家庭保洁、助浴、辅助出行等家政服务；为独居、高龄老年人提供关怀访视、生活陪伴、心理咨询、不良情绪干预等精神慰藉服务；开展有益于老年人身心健康的文化娱乐、体育活动等。解决医养供需问题首先需要加强医养服务的网络建设，积极开展医养服务信息惠民试点，利用老年人基本信息档案、电子健康档案、电子病历等，推动医养服务信息平台与区域人口健康信息平台对接，整合信息资源，实现信息共享，为开展医养结合服务提供信息和技术支撑。其二，促进医养服务信息动态管理。完善医养结合管理服务信息管理，在养老服务管理云平台的基础上，继续整合来自区域医疗卫生系统的信息资源，打造老年人群数字化健康管理云平台，为老年人提供实时健康管理服务信息，为医护人员提供在线远程医疗服务平台，推动医养结合的有效实施。制定相关信息数据标准，加强医院、医疗保障等信息管理系统建设，充分利用现有信息和网络设施，尽快实现医疗保障、医疗服务、健康管理等信息的共享。其三，积极探索智能医养服务模式。智能家居服务主要是指在老年人住所范围内，通过物联网、移动终端和智能控制技术，为老年人构建智能高效的家居生活环境、提供安全便捷的服务。智能医养应用机电一体化、人体工程设计等技术的先进产品，在提高医养护理服务能力和效率的同时，还提升了服务品质和老年人的体验。由于智能家居医养服务具备自动化、多功能性、适用性、交互性和效率性等特征，是人工医养服务的延伸，弥补了人力资源的不足。

二是完善社区养老在服务体系中的依托作用。其一，不断完善社区医养康养服务的责任体系、供给体系、保障体系、照护体系和监管体系。医养结合基于传统养老和医疗服务，是对传统服务内涵和外延的拓展和延伸，在规划时需要考虑已有养老服务体系和医疗服务体系现状，充分利用和整合现有资源，同时考虑人口老龄化及其需求特点，长远规划，开发新的领域，特别是要在规划中考虑对社会资本参与开发医养结合项目的行为予以支持。其二，坚持将医养结合服务模式建设纳入区域老龄发展规划、卫生健康规划和医疗机构设置规划。鼓励为社区高龄、重病、失能、部分失能以及计划生育特殊家庭老年人，行动不便或确有困难的老年人，提供定期体检、上门巡诊、家庭病床、社区护理、健康管理等基本服务。其三，完善网上养老服务数据并实现动态持续更新。及时更新和持续完善四川政务服务网的"四川省养老关爱地图"，并进一步拓展到多平台。此外，在现有基础上增加环境 3D 展示以及建筑面积、床位实时剩余情况、机构介绍等，并对其医疗能力和水平等重要信息进行说明。

三是增强机构养老在服务体系中的兜底作用。其一，制定机构医养结合的行业标准。加快出台和完善相关服务标准、设施标准和管理规范，抓紧制定医养结合养老机构建设标准，建立医养结合养老机构准入退出机制，健全等级评定制度、评估制度、奖惩制度和科学合理的服务价格形成机制。根据养老机构资金投入、设备配置、医疗水平等具体情况，制定合理的收费标准，形成差异化的医养结合服务层次，让有不同需求的老人都能享受到医养结合养老模式的优质服务。其二，进一步加大政府投入，拓宽资金筹集渠道，形成多元化的资金保障机制。坚持互补、互动、互助、互融的发展格局，将医养结合作为对养老机构设立、许可、指导的重要内容，鼓励依托现有医疗资源，在其周边建设养老机构。其三，加大金融支持力度，加大医养结合服务机构的建设补贴和运营补贴，给予税费优惠政策，鼓励和引导部分综合实力较弱的医院进行结构和功能调整，转型为老年康复院、老年护理院等医养结合机构，充分依托社区各类服务和信息网络，实现基层医疗卫生机构与社区养老服务机构的无缝对接。

四是挖掘低龄老年人红利，推动养老互助组织发展。加强低龄老年人口红利挖掘的顶层设计。其一，成立领导小组，整合发改、民政、卫生健康、人社、财政、残联等部门力量，统一规划、统一组织，协调解决低龄老年人口红利挖掘中存在的困难和问题，特别是在规划和建设老年人口红利项目中，形成统一管理、齐抓共管的工作体系和运行机制。其二，整合政策资源，制定更加全面具体、操作性强的措施，在土地使用、医保政策、市场准入等方面，加大对低龄老年人劳动参与的政策优惠力度。理顺低龄老年人的雇用、扶持和补助等政策，出台鼓励低龄老年人劳动参与的相关政策，建立和完善低龄老年人参与应对人口老龄化的行业标准和服务规范。其三，推动养老互助组织建设，激发老年人积极养老的生活热情。各基层组织可以以日间照料中心、助餐点、社区综合服务体为纽带，加强区域老年人之间的联系和交流，引导和帮助各类养老互助组织的建立，安排专人记录管理、跟踪办理，用成效不断吸引更多老年人加入"同龄老年人组织""低龄-高龄互相帮扶对子组织"等。提高区域老年人交流频率，构建"互助式做饭""轮流式做饭""互助式看望、帮助和关照"等新模式。农村地区要依托"熟人社会"关系网络，整合农村富余劳动力扶持和建立养老互助组织，解决农村人口老龄化的现实问题。

（三）促进医养康养服务科学精准发展

一是形成多元主体协同供给格局。其一，完善家庭康养。应充分认识居家康养的重要性，科学制定发展规划，将居家康养纳入社会发展和社区建设系统规划，建立综合性的治理体系，发挥政府的引导作用。大力发展和普及家庭健康管理师，全方面保障居家老年人的身体心理健康。各县（市、区）要逐步完善老年人健康管理，对老年人身体心理健康水平进行评估并动态跟踪。进一步满足老年人日益丰富的"森林康养""阳光康养"和"文化康养"等多层次需求。持续探索更加多样和有益的康养模式，在区域扶持上优先向成渝两地沿途布局，合理引导老年人口康养流动。其二，完善家庭医养。基于健康管理平台，对具有医疗需求的老年人进行重点帮扶。促进老年病方面的医疗资源在各区域的合理配置，重点依靠家庭医生制度实施。家庭医生是居家医养结合的有力储备，要加快建立家庭医生服务包，特别是老年慢性病服务包，促进家庭医生能力建设，提高签约患者的信任度，为医疗保险结算奠定基础。为此，要大力培养家庭医生，制订家庭医生服务推进计划，通过建立体现绩效的家庭医生补偿制度，推动家庭医护人员在职称评定、专业技术培训和继续教育等方面享受与公立医疗机构医护人员同等的待遇。

二是提升医养康养深度融合质量。其一，整合社区养老资源。推动现有日间照料中心向社区服务综合体转变，按照"饮食—娱乐—学习—劳动"的老年人需求层次提供梯度式健康支持。其中，饮食在于为老年人提供基本生活保障，娱乐在于促进老年人保持心理健康状态，学习在于提升老年人综合能力，劳动在于帮助老年人重拾自身社会价值的信心。各社区应基于本区域特色，不断探索"文化康养""音乐康养""坝坝舞康养"等更加多样的康养模式，为老年人提供日常护理、身体管理、健康教育、生活照料等服务。其二，整合社区医疗资源。把社区卫生服务中心作为医养结合的支持平台，推动社区卫生服务中心的适老化改造，委派医生上门提供基本医疗护理服务，进一步完善以家庭医生为基础的三级诊疗制度。鼓励社区卫生服务中心与社区老年日间服务中心合作，加强社区医养设施建设，向社区老人提供医疗保健、精神慰藉等服务，不断完善社区医养康养服务，丰富服务内容，满足老年人高质量、多层次的医养康养需求。

三是完善医养康养融合支持政策。其一，推动机构医养结合。坚持卫生健康准入、民政扶持、医保定点，专业医护型养老机构先由卫生健康部门批准资格准入，然后由民政部门批准其非营利性质的申请，最后纳入医保体系。根据养老机构建设的资金投入、设备配置、医疗水平等具体情况，制定合理的收费标准，并加强对养老机构医疗和护理工作等的全面监管。其二，推动机构康养结合。康养产业涵盖养老、科技、体育、文化等诸多方面，是银发经济中发展潜力极大的产业。康养机构的发展需要依托良好的基础设施，目的在于满足老年人日益丰富的多层次养老需求，因此需要建设一些满足居住、文化、运动等多种康养需求的社区化项目。从四川省老年人口分布来看，这些项目需要在布局上重点考虑区位自然人文环境资源，并毗邻成渝或拥有高铁、高速公路等交通资源极为便利的区域。其三，完善医养康养政策。在落实国家关于加快建设医养康养相结合的养老服务体系基础上，明确和规范风险分担、权责关系、运营模式等内容，加快完善监督和质量评估制度；建立健全专门的养老仲裁机构，依法设立基于卫生健康、民政和司法等部门联合协同仲裁的养老仲裁机构，制定养老服务意外事故和纠纷处理办法，确保老年人合法权益不受侵害。其四，设立医养康养融合服务专项资金。拓宽发展民办养老机构的资金来源渠道，探索医疗与养老机构合作新模式。目前社会养老的需求、传统养老机构的医养分离及三级医院的资源有限，为城市二级医院留出了生存的空间，这些二级医院可以满足老龄化社会对医疗康复护理的养老需求。为此，要构建合理的分级医养结合医疗体系，在机构内建立预约就诊绿色通道，打造紧密型医疗联合体，实现基层医院、上级医院相互转诊互通。

下篇

新时代中国生育问题研究

本篇基于生育选择、影响因素、生育行为和生育意愿四个方面就新时代中国生育问题进行研究。其中，青年是育龄人群的中坚力量，研究生育问题需要紧紧围绕和依托青年，而青年的社会责任担当是新时代应对中国生育问题的关键因素。

第五章 新发展阶段基于 r-K 理论的人口生育选择研究

【核心提示】本章从我国人口发展处于低生育水平的现状出发，将生态学中的 r-K 策略引入人口生育选择，认为在人口发展过程中人口的增长受约束力量和选择力量的制约，人口生育选择在 r-K 策略之间相互转换并交替出现；要想更好地发挥生育政策效用，提高生育水平，实现人口可持续发展，应当从生育选择的本质着手。本章梳理了人口发展不同历史阶段的生育选择发展脉络，发现随着人类社会的发展，自然环境因素对人口发展的制约程度逐渐降低，人的社会属性逐渐显现，生育观念发生转变，社会环境因素对于人口的影响逐渐成为人口生育的主要决定因素。为此，建议从发挥 r 策略的优势性和保障 K 策略的稳定性两方面来推动实现适度生育。

一、导论

（一）研究背景

生育选择研究一直是我国人口学和社会学研究的重点，尤其是在一个国家或地区希望提高或降低生育水平的时候，更是国家制定公共政策的重要依据之一。深入分析了解人们的生育选择，有利于国家人口发展战略的调整，为完善人口政策提供参考依据，尤其是在我国生育水平已经极低的关键期，综合施策提升生育水平显得十分必要。目前，许多学者提出通过完善生育配套措施等方式来鼓励生育，诸如改革生育服务管理制度，加强妇幼健康计划生育服务，做好政策衔接和计划生育特殊家庭的帮扶等，目的在于完善公共卫生服务，加强生育保障，以不断完善人口政策（王培安，2016；魏益华、迟明，2015）。然而，人口生育选择已经发生转变，即使完善公共卫生服务体系短期内能带来生育率提高，也不足以帮助中国走出"低生育率陷阱"，生育率较低甚至负增长的现象将仍然存在。为此，本研究从生育选择出发，通过追溯生育选择变迁史，对比不同时期生育策略的变动特征，找到符合当代社会环境的生育策略，推动人口实现均衡发展。

（二）研究目的与意义

1. 研究目的

现有文献在研究生育选择时，绝大多数是以人口外生说为理论基础进行分析讨论的，为数不多的内生论研究者也只是从理论上进行了简单分析，并没有就实际数据进行内生性判断。本研究以生态学家罗伯特·麦克阿瑟和艾德华·威尔森的 r-K 选择理论为基础，从跨学科角度对生育决策进行研究，目的在于揭示生育决策的全貌，弥补现有文献仅考虑生养成本而导致负效应的不足，从而促进人口长期均衡发展，进一步完善我国生育政策体系。

2. 研究意义

生育决策是一个复杂的过程，不但与个人决策心理、家庭结构及成员关系有关，而且与社会发展形势及制度设计也有关，是一个涉及经济、社会、文化习俗乃至心理的过程。目前国内学者分别从经济学、社会学和心理学角度对生育决策进行了深入探究，但从生态学角度来研究生育决策的相对较少。本研究运用 r-K 理论揭示生育决策的影响因素和动态过程，以期制定合理的政策来引导人们的生育选择从而促使人口生产与资源环境再生产、社会再生产协调一致并推动社会可持续发展。因此，从研究的内容和角度来看，本研究具有一定的理论意义和现实意义。

（三）研究内容与方法

1. 研究内容

一是分析生育选择的内在影响因素；二是研究人类不同发展阶段的 r-K 策略选择；三是探讨 r-K 策略的生育选择机制；四是提出如何发挥 r 策略的优势性、保障 K 策略的稳定性等建议。

2. 研究方法

一是文献研究法。通过广泛搜集文献来获得研究资料，从而全面地、正确地了解和掌握 r-K 理论内涵和外延研究方法；二是因素分析法。利用相应指数体系分析各个因素的影响程度，使用这种方法能够揭示生育选择内在联系的、固有的、决定事物本质特征的影响因素。三是比较研究法。进行宏观上和微观上的比较分析。从宏观上把握事物的本质，对事物的异同点或基本规律进行比较；从微观上把握事物的本质，对事物的异同点或基本规律进行比较，优化 r-K 策略的生育选择机制。

二、生育选择的内在影响因素分析

人口生育选择是人的生育意愿转化为生育行为的过程，具体表现为人们是否选择生育以及选择生育的时间和数量（顾宝昌，2011）。其中，生育时间是生育选择较为具体的表现，本研究的生育选择以人们是否选择生育与选择生育的数量为主。

（一）约束力量和选择力量

一般认为，人口生育选择在两种力量的共同作用下发生——约束力量和选择力量①。约束力量限制了人们的生育选择，选择力量是人口针对约束力量而做出的选择方式。在人类发展前期，人类改造自然的能力很弱，约束力量作为自然环境中的决定性因素对人口生育行为的影响力更大，人类只能不断地适应自然环境变化。此时限制人类生育选择的因素主要有气候、能源、土地、食物、疾病和定居方式等。其中，气候对于早期人口发展的约束较大，冰河时期气温降低，使得人口大量死亡。间冰期时，气温上升，土地更为肥沃，因为食物获取更为容易等原因，人口数量开始上升。此外，疾病——主要是传染病的流行会造成人口的急剧下降，约束人口增长。随着时代的发展，约束力量不断被赋予一些新的社会性因素，如时间因素，除工作时间以外的时间如何安排、生育后抚养孩子和自身休闲

---

① 马西姆·利维巴茨在《繁衍——世界人口简史》中将人口的增长归纳为这两个力量系统的作用。这些力量的相倚程度不同，但是具有共同的特征：它们对于人口变化的价值和它们自身缓慢的变动。

玩乐时间如何分配等问题都影响着生育选择。

随着人类改造自然的能力逐步提升，生育选择中选择力量的作用逐渐突显并占据主导作用。在科学技术不断进步的社会环境下，生育观念也在不断转变，新观念的产生促进了生育选择的多样化。在经济较发达的地区，生育选择出现"孩子数量→孩子质量"的转变。回顾人类出现到新石器时代早期、农业革命时期以及工业革命以后人口生育选择的发展规律，我们发现：①人口生育选择由受约束力量影响为主，逐渐转变为受选择力量影响为主；②前期以自然因素为主，然后逐渐转变为以社会因素为主。总体来说，人类生育选择受自然因素和社会因素双重影响，并在约束力量和选择力量作用下变化（如图5-1）。

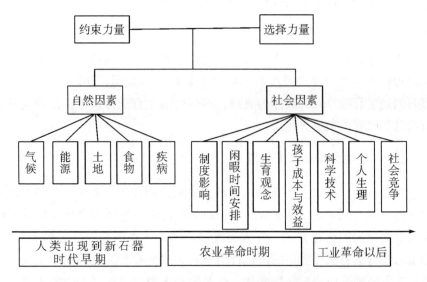

图 5-1　人口生育选择影响因素的发展变动

（二）r-K 策略与生育选择

r-K 策略是由 R. H. MacArthur（1962）提出的生态学中关于"种群繁殖"的一种研究理论。该理论指出生物在自然环境下为维持种群繁衍做出的不同策略选择，是生物对它所处生存条件的不同适应方式。在气候环境稳定、自然灾害较为罕见的情况下，动物的繁衍有可能达到近似于环境的容纳量，即逻辑斯谛方程（Logistic Equation）的 K 值，在这种情况下谁能更好地利用环境承载力达到 K 值谁就处于更加有利的位置。而在环境不稳定的地方，自然灾害经常发生，只有较高的繁殖能力才能补偿突然发生的灾害所造成的损失，通常用来表示繁殖力的指标之一是内禀增长率 r，所以居住在不稳定环境中的物种，具有较大的 r 值是有利的。因此，有利于增大内禀增长率的选择称为 r 选择，有利于竞争能力增强的选择称为 K 选择。从物种的适应性出发，把 r 选择的物种称为 r 策略者，K 选择的物种称为 K 策略者。r 策略者的防御能力不强，死亡率高，种群很不稳定，但由于其具有迅速繁殖能力，r 策略者不易灭绝；相反，K 策略者的较低生育力使得其防御和保护幼体的能力较强，通常存活率较高，个体较大，寿命较长，具有竞争力，保证了种族的延续（Bogaert 等，1989）。物种总是面临两个相互对立的进化途径，各自只能选择其一才能在竞争中生存下去，大多数物种以一个或多个特征居于这两个类型之间，可以将其看作连续变化的两个极端。

人类发展过程中的生育选择与之类似，人口增长受约束力量和选择力量的制约，表现为人口的生育选择在 r 策略和 K 策略之间相互转换。简单来说，r 策略代表生育更多以规避风险，K 策略代表生育较少以提高个体质量和竞争力。人口基于其生物属性和自然环境的不断变化，在 r 策略和 K 策略之间不断调整改变，以维持种群繁衍。人类的 K 策略特征包括长远的思考与规划、对长期关系的承诺、对孩子的广义投资、社会支持网络的存在、对社会规则的遵守（例如利他主义和合作）以及对风险的考虑等（Figueredo 等，2006）。随着人类社会的发展，自然环境因素制约人口发展的程度逐渐降低，人口的社会属性逐渐增加，社会环境因素对于人口的影响逐渐成为人口生育的主要决定因素。除此之外，r 策略和 K 策略相互影响和作用，使得人口的增长期和人口的减少期交替出现。

三、人类不同阶段的 r-K 策略选择

借鉴相关研究，本书概略地把人口变化经历描述为三个重要的"技术—文化"阶段：人类出现到新石器时代，农业革命时期以及从工业革命时期到现在。从石器时代开始，人们为适应不断变化发展的自然环境，形成了不同的生育观念，生育决策在 r 策略和 K 策略之间不断进行调整。总体而言，人口生育选择在"狩猎—采集"阶段偏向 K 策略，过渡到农业种植

业时偏向于 r 策略，在工业开始发展时同样偏向 r 策略，随着经济的进一步发展，工业革命以后及当今更加偏向 K 策略。

（一）从人类出现到新石器时代

人口生育选择在这个时期以 K 策略为主，人口增长被可获得的生物量所限制。人口生育选择此时主要受自然环境的约束力量影响，气候、食物等是制约人口发展的主要因素。长时间的冰期使得地球环境寒冷干燥，不适宜生存。两个冰期之间会存在较短的间冰期，这时气温升高，北半球冰盖融化，欧亚大陆变得适宜人居住，自然环境的改善促使人口向北方进行迁移。直到冰期再次出现，部分人口被恶劣的气候淘汰，人口规模再次缩小。人口需要的营养和热量完全依赖自然资源，就像许多哺乳动物一样，由荷尔蒙和遗传机制来控制生育数量。资源多的时候，女性营养充足，孩子就多生几个；反之，妇女生育能力下降。鱼、兽和果等食物资源短缺是制约人口发展的主要因素。

除自然因素外，人口自身发展程度、人口生育观念等社会因素同样会限制人口规模发展。对于四处迁移的采集者来说，婴幼童行动缓慢，会对外出采集、狩猎造成负担，所以只能由女性 24 小时照顾婴幼童。而当时较低的人口密度与较高的流动性使得传染性疾病无法扩散（Kunitz & Cohen，1989），因此传染病致死率较低，人口只要能够活过意外频发的生命早期，预期寿命就能达到 60 岁，所以育龄期延长（Jones 等，2002），人口有条件选择延长生产间隔，形成了早期人口生育观念。在前一个孩子能够照顾自己之后再继续生育，一般每个子女至少会相隔 3~4 岁。为了控制生育，人们采取了禁欲、人工流产等方式（Spielmann，1989）。因此，狩猎—采集社会中，这种生育数量较少的生育观念既是对自己生存的保护又是对孩子生存的保障。

（二）农业革命时期

人口在这个时期的生育选择以 r 策略为主，人口增长被土地、动植物和水提供的有限能量制约。由于第四纪冰川时期的结束，气候逐渐变暖，人类逐渐学会了使用工具，渔猎和采集活动得到发展，人们开始种植和耕作，并驯养了一些动物（Wissler & Childe，1937），推动了定居农业社会的发展。而定居农业使得人口密度提高的同时也使得疾病的传播、扩散更为容易，土壤和水源被人类污染。此外，定居的居住地增加了与寄生虫或者其他携带病菌的微生物的接触，提高了病菌传播和反复传染的可能性。此外，农业技术的传播利用了灌溉和人工开辟的污浊水塘，扩散了如疟疾等传染病（Cockburn，1971）。将相同地域的狩猎—采集者和后来的农民比较，可以发现农民遭遇传染病和寄生虫感染的比例通常更高，且营养更差。在此阶段医疗水平较低，人口死亡率较高且人口预期寿命较短，人口在定居农业社会的条件下，只能通过提高生育率，来减少死亡率较高给人口带来的不利影响。猎手和采集者开始向农民转变，游牧业开始向定居的农业转变，人口生育选择也由 K 策略向 r 策略转变。

人口由狩猎—采集的游牧业转变为定居的农业后，社会生产方式发生转变，生产力的发展导致人口生育观念发生变化。这个时期，社会因素对生育选择的作用开始显现。在定居的农业社会中，由狩猎和迁移等带来的危险大大降低，稳定的生活环境使得父母抚育儿女的成本下降，而孩子在成长到一定年龄后，通过家务、农活和动物饲养给家庭做的经济贡献增加幅度较大（Lee，1980）。定居农业的发展使得人口数量不断增加（Spielmann，1989）的同时，产生了人口压力。一方面，生育增加，需要养活的人口增加，就需要开垦更多的土地和水塘，进行农业技术革新；另一方面，人类开始开垦更多的土地用于耕作，需要更多的劳动力投入到农业，推动了农业的发展，满足了新增人口的需求。除此之外，社会在此期间快速发展。生产力较低、战乱频发和医疗水平较低等因素限制了人口增长。出于政治和军事因素，一些国家开始大力鼓励生育以获得更多的劳动力和兵力用以保卫国家或者攻掠他国。对于任何民族来说，大量的人口都是财富的主要源泉——大量的人口意味着资源的增多和个人收入的增加（Schumpeter，1963）。

（三）从工业革命到现在

人口在这个时期的生育选择以 K 策略为主，人口增长受其所处的自然环境和社会资源所制约。由于人类改造自然的能力极大提升，自然因素的作用减小；而医疗卫生的进步使得传染病的扩散开始减少。人口死亡率，特别是新生儿死亡率开始降低，推动了人口的急速增长。随着科学技术的进步以及劳动生产率的提升，智能机器的发展使得未来对于人口数量的要求降低，转为对人口质量的要求的提高，即偏向于向 K 策略进行转变。社会经济因素在此时逐渐占据主导地位，社会和经济的转型极大地影响了人口的生育选择。

进入工业革命时期，社会经济有了突飞猛进的增长，由于生产力的极大提升对劳动力的需求大大增加，刺激了结婚率的上升和人口增长速度的加快，人口生育选择在前期主要依据 r 策略；后期经济水平发展到一定水平后，人口生育选择依据转变为旨在提高孩子质量的 K 策略，并出现少子化、老龄化等社会现象。经济水平的发展促使现代生育观念的形成，使得一些国家的生育率开始降低，甚至出现负增长。在当今社会，女性地位不断上升，女性接受教育的机会大大增加，女性从以家庭为主的"台后"逐渐走到扮演社会重要角色的"前台"，使得女性的初婚和初育年龄不断上升。女性为不影响学业和工作，在生育问题上选择不生育或者较晚生育的情况增多。同时，由于恋爱、生育、婚姻和性别偏好等观念受到各种新兴文化的影响，独身、单身行为和丁克主义等在此期间开始出现，这种生育选择接近于 K 策略的极端情况。

四、r-K 策略的生育选择机制分析

人类生存的社会环境是连续变化的———一个极端是稳定、和谐的社会，这个社会环境中人口密度高，竞争激烈；另一个极端是不稳定、意外频发的社会，人口密度小，竞争较弱。前一种类型的社会中，人口数量接近环境负载量，属于 K 策略；后一种类型的社会中，人口密度处于 K 值以下，常处于增大过程，属于 r 策略。

（一）r-K 策略下生育选择特征

纵观人类发展历程中的生育选择，我们发现随着时代更迭，人口生育选择表现出以下特征：①从人类出现到新石器时代早期，人类改造自然的能力较弱，生育孩子在此时会增加自身的生存风险，不利于狩猎—采集型社会的人口迁移，所以进行生育选择时主要依据 K 策略；②发展到新石器时代中晚期和工业革命之前，农业社会的发展使得人口开始定居生活，这有利于生育水平的提高，且生育水平提高又促进农业的发展，所以生育选择转变为以 r 策略为主；③工业革命以来，前期生产力的快速提高，大大增加了劳动力的需求，所以生育选择在此期间依据 r 策略，后期因为经济

水平的提高而转变为 K 策略。可见，任何时期的生育选择都是结合两种策略的特征并依据当时历史情形所做出的抉择，具有时代性和地域性。人口 r-K 策略特征对比见表 5-1。

表 5-1 人口 r-K 策略特征对比

	r 策略	K 策略
特征	以数量换取优势	以质量换取优势
人口变动	波动较大，变化剧烈	波动较小，趋于稳定
人口出生	新生儿出生率高	新生儿出生率低
人口规模	规模增加	规模减小
竞争	松散、不紧张	强烈、紧张
生育特点	生育年龄较早、生育数量较多	延迟生育年龄、生育数量较少
结果	多产	高效

（二）r-K 策略机制及分析

人类的生育发展经历了从选择 r 策略到选择 K 策略，再从 K 策略转向 r 策略的过程，这个过程中 r 策略与 K 策略交替出现。r 策略的发展不能完全取代 K 策略，因为 r 策略的选择需要消耗极大的自然资源，而环境承载力是有限的，人类在发展的同时逐渐意识到要与自然和谐相处，达到人口均衡发展。而且此时环境已经趋于稳定，人口发展不再需要靠庞大的基数和快速的增长来确保自己的种群和基因得到更大可能的保留，所以生育选择转变为 K 策略，通过少生优生，增强个体的竞争力。同理，K 策略的发展也不能取代 r 策略，K 策略的生育选择适用于稳定环境，而一旦外界环境出现灾变，K 策略者很难迅速恢复，甚至可能趋向灭绝（MacArthur，1962），因此还需要采取 r 策略以确保人口数量安全。不可否认的是，r 策略和 K 策略各有优势，但均存在一定的风险。

在狩猎—采集社会时期，世界人口规模为 600 万人，年增长率为 0.008‰，出生率为 114‰，预期寿命为 20 岁（Biraben，1979），人口密度较低，流动性较强。此时民族、宗教、国家等利于群体团结稳定的概念还没有产生，缺乏大型的、稳定的社会环境来推动人口生育。所以人口主要以小型的、相对独立的和高脆弱性的群体为主。每个群体可能只有几百人，且生活环境很不稳定。由于其自身的脆弱性，其人口规模一旦下降到一定程度（如 100~200 人），很容易威胁到这个群体的繁衍和生存；但随着群体总数的增长又可能出现群体分裂而产生新的群体的现象。

到农业社会时，人口具有高密度性和低流动性的特征，死亡率和生育率都得到提高。人口生育在此期间向着环境的最大容纳量急速发展，生育水平开始提高。这个阶段男性人口承担社会发展的主要责任；女性地位开始下降，在物质资料生产中处于从属地位，更多偏向于进行人口再生产。女性在此阶段生育时间较长，初婚年龄较早，在孕龄期中有更多时间进行生育，可以通过增加孩子数量来解决劳动力短缺的问题。

工业革命开始以来，发达国家生育水平经历了先升后降的过程，人口规模增速逐渐放缓，老龄化问题开始显现。与此同时，发展中国家，尤其是非洲国家的生育水平持续上升，加上医疗技术发展使得死亡率大大降低，人口预期寿命延长，发展中国家的人口规模快速扩大，推动了世界人口年增长率的不断上升。

回顾人口发展历程不难发现，人类度过气候恶劣、食物短缺的动荡时期后，会开始追求人口规模的扩大。一方面，稳定的自然条件为人口规模的扩大提供了有利条件；另一方面，生产力水平提高，对劳动力的需求增加。但人口持续增长会受到自然和社会生态系统的限制，r 策略的风险显现。当人口数量优势面临挑战，便出现了人口质量对人口数量的替代。以中国为例，2010 年人口质量红利对经济增长的贡献超过人口数量红利的贡献，替代人口数量成为经济增长的重要动力来源（杨成钢、闫东东，2017）。提高人口质量成为历史选择，而人口发展所面临的挑战日益严峻，老龄化、少子化并存成为当下面临的问题。生育选择的 K 策略同样存在风险。过度的 K 策略会影响人口自身的存续和发展，加之人口观念转变的速度无法跟上经济发展的速度，由此形成的差异引发了人口安全问题，使国家和社会的稳定受到一定程度的威胁。总体来说，不论是依据极端的 r 策略——人口无限增长，还是依据极端的 K 策略——过分追求人口质量，都不足以实现人口的可持续发展。

（三）当代中国的 r-K 策略生育选择演变

新中国成立初期，人民群众摆脱了长期战乱，社会生活安定，医疗卫生条件得到改善，人口死亡率大大降低，同时国家经济建设急需大量劳动人口，这些都促使人口进行 r 策略的生育选择。从 1949 年到 1954 年，全国总人口从 5.42 亿人增加到 6 亿人。紧接着，国家经历了"大跃进""三年困难时期"以及"文化大革命"，经济社会系统受到巨大冲击，人口通过 r 策略的生育选择来适应不稳定的自然环境和社会环境。这个时期，家庭的生育力几乎发挥到了极致，妇女总和生育率在 6 上下波动，甚至一度达到 7.5，这种高生育率在我国历史上是空前绝后的（原新，2016）。

然而，过度的 r 策略生育选择是不可持续的。过快的人口增长与当时缓慢的生产力发展速度不适应，尤其是人口发展与社会经济发展之间的矛盾突出。因此，1978 年以后，国家通过提倡实行计划生育干预生育选择，即由 r 策略向 K 策略转变，以控制过快增长的人口。从人类发展选择角度，当其所处自然环境、社会环境由不稳定变为稳定，生育选择也会开始向 K 策略转变。人口增长受到控制的同时，生育观念也发生转变。改革开放以后，在经济社会快速发展的背景下传统的"不孝有三，无后为大""多子多福，养儿防老"等观念开始淡化。同时，妇女教育水平的提高也促使现代化生育观念形成。这一时期，K 策略的生育选择占据主导地位。

在人们生育选择从追求孩子数量逐渐转变为追求孩子质量的过程中，出现了生育选择的极端情况，如丁克家庭等。从生态学的种群角度来说，如果 K 策略一直持续发展到极端，人口生育选择完全转变为少生甚至不生，且人口生育观念完全固化，那么，一旦出现严重的自然灾害或者战乱，就可能在极大程度上影响我国人口安全。这时，生育选择便需要转向 r 策略。从 20 世纪 90 年代开始到现在，我国逐步实施了从"双独二孩""单独二孩""全面两孩"到"全面三孩"的生育政策调整，这种政策的调整正是生育选择从 K 策略到 r 策略的实践和尝试。

研究表明：只有做到一定时期内人口内部以及人口要素与社会、经济、资源、环境等要素之间均衡发展，才能确保国家综合实力提升，保障国家整体安全；只有在实现 K 策略的基础之上，最大限度地利用 r 策略进行生育选择，才能实现人口长期均衡发展。

五、新发展阶段的生育选择建议

总体来说，中国的人口生育选择在 r 策略和 K 策略之间不断调整。一方面，人口会基于其自身实际情况并结合多方面因素对现实状况做出判断，从而做出生育选择。另一方面，政府会基于国情对人口进行生育引导，制定不同的生育政策以适应社会发展，同时避免出现极端生育情况。面对目前低生育水平带来的挑战，应当综合考虑 r-K 策略的优势进行生育选择。为此，可从以下方面着手：

（一）发挥 r 策略的优势

1999 年中国步入老龄化社会，人口结构出现老龄化与少子化并存的特征，劳动年龄人口占总人口的比重开始减少。在人口惯性的作用下，人口发展不均衡既已成形，因此需要适当采取 r 策略以弥补人口结构发展缺陷。进行 r 策略选择的关键是形成符合人口均衡发展需要的生育观念。鉴于生活环境对个体生育观念的影响，这种生育观念的形成可以借助各种媒介对当今人口发展形势、生育政策等内容的宣传来实现（石贝贝、唐代盛、候蔺，2017）。就当下而言，应当注重宣传我国现阶段人口发展现状的基本国情，向群众提供更系统、更客观的信息，促进人们树立积极的生育观念。同时，还应当注意规避生育意愿与生育行为背离现象的出现（杨菊华，2008）。中国目前的有效生育意愿还不是很弱，但社会的快速转型已经导致人们的生育意愿变弱，要避免中国的"低生育率陷阱"，未来生育政策的选择十分关键（乔晓春，2015）。应加快完善有利于妇女生育的相关政策、措施和服务，营造有利于人口生育的社会环境。

（二）保障 K 策略的稳定

在推动人口生育决策向 r 策略合理转变的同时，不能忽视 K 策略下人口质量发展的特征，实施 K 策略有利于促进人口在规模和结构上稳定发展。较高的健康水平与教育水平以及强大的社会支持网络等有助于保障 K 策略的稳定（Giosan，2006）。因此，医疗卫生服务应当涵盖个人健康的预防、保健、治疗、康复和健康教育等方面，应当提供全面、连续、有效、及时的个性化服务供给。土耳其家庭医疗项目（Family Medicine Program）的成功实施（Cesur 等，2007），对深化我国医疗改革具有借鉴意义，应继续扩大家庭医生签约服务覆盖面，落实分级诊疗，推动医疗卫生服务从特殊人群到全覆盖，最终实现均等化供给。树立健康、积极的心理观念，增加不同群体心理健康服务供给，维持个体正向的自我认知。坚持身体健康和心理健康并重，实现健康中国的战略目标。在教育质量提升方面，应当以教育公平为基本原则，强调个体的整体发展，实现涵盖健康、科学、文学、道德、伦理、创造性、美学等多方面的基础教育全覆盖，还要实现以技能培养为主和以创造性研究为主的高等教育双向发展。利用现代信息化手段作为保障，确保优质教育资源的合理分配，消除教育差距，发挥教育的价值功能。完善家庭发展政策体系，提升家庭发展能力。家庭作为社会的基本单位，在完善社会支持网络方面扮演重要角色，要通过建立、完善家庭计划为个人提供更多社会支持。个人、自然和社会之间和谐相处，能够促使社会和谐发展，实现个人与外部环境的和谐稳定。

（三）推动人口长期均衡发展

国家统计数据显示：2021 年我国出生 1 062 万人，出生人口比上年减少，出生率下降；死亡人口 1 014 万人。人口自然增长率为 0.34‰。全国 15~49 岁育龄妇女比上年减少约 500 万人，其中 21~35 岁生育旺盛期的育龄妇女减少约 300 万人。一方面，生育水平继续下降，年轻人的生育意愿有所减弱。另一方面，20 世纪 60 年代出生的群体逐渐步入退休年龄，我国开始进入退休高峰时期，人口老龄化程度逐渐加深，人口死亡率也将不断提升。目前我国人口整体上处于"零增长"阶段，面对出生人口数量减少和老龄化不断加深的双重压力，只有发挥 r 策略的优势和保障 K 策略的稳定，才能最大限度地激发人们的生育意愿，实现人口自身的均衡发展；只有加快发展经济，转变经济发展方式，从依靠劳动力数量增长拉动转变为依靠劳动力素质提高驱动，才能实现人口与经济社会的均衡发展；只有积极应对人口老龄化，适当调整就业政策，延长退休年龄，探索灵活就业方式，发挥低龄老年人的作用，推进全年龄友好型社会建设，才能实现人口长期均衡发展。

第六章 中国 1949—2020 年生育水平变动及影响因素研究

　　【核心提示】本章通过研究新中国成立以来的人口生育水平变动状况，发现中国人口生育水平存在明显的阶段性特征：总体上看，呈现出"先高后低"的变化趋势，并且不同阶段的差异性特征较为显著；分阶段来看，每个阶段中影响人口生育水平的主要因素也各不相同。第一阶段：1949—1978 年，生育水平主要受自然环境和社会环境的影响，以自主选择生育为主（后期嵌入计划生育政策引导），总体维持在较高水平，但在"三年困难时期"人口生育水平一度"塌陷式"下降。第二阶段：1979—2013 年，这一阶段是政策限制和经济社会因素共同主导的生育选择阶段，生育水平经历了"由高到低"的转折过程。第三阶段：2014—2020 年，中国开始完善计划生育政策，先后实施"单独二孩"和"全面两孩"政策，逐步放宽生育限制，但受经济社会、生育文化、生育观念、生育环境等多因素的影响，生育水平小幅上升后持续下降。同时，研究还发现，中国人口生育水平存在着区域性差异，不同地区的生育水平不同，西部地区生育水平最高，东部地区次之，中部地区最低。不同省份的生育水平也有所不同。此外，研究对未来人口生育水平进行了分析预测，发现未来生育水平将进一步降低。在总和生育率保持 1.5 的前提下，中国出生人口数量还将降低，预计在 2050 年出生人口下降到 717.35 万人。在定量分析方面，主要利用 Stata 13.0软件，并采用 1950—2017 年时间序列数据及 Johansen 协整检验和向量误差修正模型方法，对中国总和生育率水平的影响因素进行实证研究，发现经济社会、教育、医疗水平和人口自身发展是影响生育水平变动的主要因素。在多重因素的影响和综合作用下，生育水平下降成为人口发展的基本态势。在此基础上，本章提出了如下建议：优化环境，营造良好的生育外部氛围；发展家庭，形成促进生育的内在动力；战略引领，统筹人口数量、质量与结构；完善体系，制定生育友好的配套政策；理性对待，科学、综合应对低生育水平状况。

一、导论

（一）研究背景

中国已经于 20 世纪末进入低生育率国家行列。中国低生育率进程表现为妇女未婚比例不断提高和一孩生育水平不断走低的特征（邬沧萍、穆光宗，1995）。尽管近年来国家进行了从"单独二孩"到"全面两孩"的生育政策调整，但提升生育水平的效果甚微。根据国家统计局公布的数据，2016 年全国出生人口为 1 786 万人，相比 2015 年的出生人口 1 655 万人，只增加了 131 万人；2020 年全国出生人口为 1 200 万人，人口出生率为 8.50‰，成为新中国成立以来出生率最低的年份。总体来看，实施"全面两孩"政策后出生人口"先升后降"，并呈现出下降趋势；持续的低生育率和少子化已经成为人口新常态，中国进入低生育率时代是一个不争的事实，已经引起社会各界广泛关注。

在此背景下，许多学者提出通过完善生育配套措施等方式来提高生育水平，诸如改革生育服务管理制度、加强妇幼健康服务、做好政策衔接和计划生育特殊家庭的帮扶等，目的在于完善公共卫生服务，加强生育保障，以不断完善人口政策（王培安，2016）。但就生育水平下降的根本原因来看，仅仅完善这些政策的成效仍然较低（魏益华、迟明，2015）。目前全国出生人口数量和人口出生率双双下降这一信号显示：中国人口变化正在逼近某个敏感的临界点。也就是说，不出数年，中国将迎来具有历史性意义的人口负增长（穆光宗，2018）。面对我国"生育意愿降低—育龄人口数量下降—老龄化预期加剧"的人口发展态势，本章在借鉴已有研究成果的基础上，就1949—2020 年中国的生育水平变动情况进行系统研究。

（二）研究目的与意义

1. 研究目的

生育水平既是理论研究的热点问题，也是社会和公众的关注点。一般来说，随着自然环境和社会环境的改善、科学技术的进步，生育水平呈持续下降的变动趋势。从 1949—2020 年中国不同时期生育水平的变化过程来看，由于生活环境改善、经济社会发展、客观生育需求降低和抚养孩子成本提高等多种因素的综合作用，中国人口生育水平正持续降低，少子化现象正在进一步加剧。从目前的人口发展趋势来看，即使是完善公共服务政策，短期内也难以有效提高生育水平，中国人口发展中的低生育率甚至负增长现象难以避免。因此，本章旨在通过对新中国成立以来的人口生育水平变动情况进行梳理和研究，找出我国生育水平的变化规律及影响因素，探寻我国人口发展中存在的问题，提出鼓励人口按政策生育、促进人口长期均衡发展的建议。

2. 研究意义

（1）理论意义

一是完善生育理论研究。在梳理相关人口生育行为和生育水平的过程中，本章发现：已有的生育水平变动研究主要集中在人口转变理论，以人口出生率、人口死亡率和人口自然增长率的变迁过程为主；或者针对人口生育需要来研究如何增强或降低人口生育意愿，推动不同生育政策的实施；或者从生物学的角度，探究生育水平变动是否类似于其他动物是一种无意识的策略上的生育行为。总体来说，从变动状况和发展趋势角度来系统研究中国人口生育水平的研究较少，缺乏全面的分析研究。

二是拓宽生育研究角度。本章基于马克思主义人口理论，在综合不同理论框架对人口生育水平的理论分析基础上，根据中国人口生育水平的变动过程，分析影响生育的不同因素，并对中国的人口生育水平变动情况进行定量研究，丰富现有的理论框架。

（2）现实意义

一是鼓励人口适度生育。中国人口生育水平有一个变化发展的过程，人口生育政策需要不断调整以适应变动的生育水平。本章探索并分析中国人口在不同时期的生育水平变动过程，研究影响人口生育水平的各项因素。通过对这些影响因素的分析，提出具体的完善全面两孩政策、鼓励人口适度生育的政策建议。

二是推动人口均衡发展。研究 1949—2020 年中国不同阶段的人口生育变动状况，有助于深刻把握中国人口生育水平变化规律，防止陷入"低生育率陷阱"，实现中国人口可持续发展，为中华民族的繁衍和发展奠定坚实的基础。此外，本章在深入分析中国人口生育水平变化规律的基础上，还对未来中国人口生育水平进行预测，研究促进中国人口均衡发展的路径。

（三）研究思路、内容与方法

1. 研究思路

本章主要研究中国人口生育水平变动状况和影响生育水平变动的主要因素，着重分析社会、个人、教育、环境等不同因素对人口生育水平变动的影响情况。首先是介绍本章的研究背景与意义，梳理国内外研究成果，对有关生育水平的关键概念进行阐释，提出本研究的理论基础——马克思主义人口理论、人口转变理论及生育率的相关微观经济学理论；其次是综合运用各种理论对新中国成立以来不同历史阶段的人口生育水平变动情况进行研究；再次是在梳理中国人口生育水平变动状况的基础上，选取时间序列数据对中国人口生育水平变动情况进行实证研究；最后是根据实证研究结果总结人口生育水平变动规律，从而得出本章的研究结论，并提出解决方案。

本章研究框架见图 6-1。

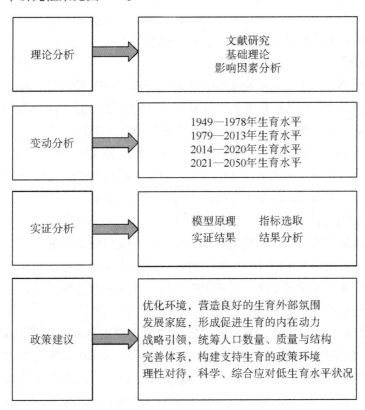

图 6-1　中国生育水平变动及影响因素研究框架

2. 研究内容

本章共分为六部分，主要内容如下：

第一部分：导论。首先，介绍研究背景，说明研究目的，阐释研究的理论意义与现实意义；其次，提出研究思路、研究框架，介绍研究方法；再次，从国外和国内研究两方面对现有生育行为和生育水平的相关研究进行回顾，对已有文献进行总结和评论；最后，指出本研究可能存在的创新之处。

第二部分：基础理论与影响因素分析。首先，对有关生育水平的核心概念进行界定；其次，对马克思主义人口理论、人口转变理论以及生育率的微观经济学分析等经典理论进行阐释；最后，对影响生育水平的经济、教育、医疗技术、生育政策、生育文化等因素进行综合剖析。

第三部分：生育水平变动状况分析。首先，对中国人口生育水平变动过程分阶段地进行详细梳理，深入探讨不同阶段、不同主导影响因素下人口生育水平变动状况及呈现出的特征；其次，对中国东、中、西部地区生育水平的区域差异性进行分析；最后，对中国未来人口生育水平变动趋势做出研判。

第四部分：生育水平变动影响因素实证研究。主要利用时间序列数据和回归模型对中国人口生育水平变动状况进行实证分析，科学探究生育水平变动的影响因素，为提出可行的政策建议提供科学依据。

第五部分：研究结论与政策建议。主要基于前文的分析，对新中国成立以来中国人口生育水平变动状况及影响因素做出总结，提出应对低生育水平状况、鼓励适时适度生育的政策建议。

3. 研究方法

文献研究法。文献研究法是社会科学研究采用的主要方法。主要对国内外生育水平相关文献进行梳理，通过广泛阅读人口生育水平和人口转变的相关书籍以及学术论文，了解影响人口生育水平的各种因素，并对已有文献进行述评。

比较研究法。首先，对不同时期的中国人口生育水平进行纵向比较，具体是对 1949—1978 年、1979—2013 年和 2014—2020 年等三个阶段的中国人口生育水平进行对比分析。在此基础上，总结中国人口生育水平的变动规律。其次，对中国东、中、西部地区生育水平的区域进行横向对比分析，探索不同地区的人口生育水平差异。最后，通过纵向和横向分析全面把握中国人口生育水平的变动状况。

定量与定性相结合的研究方法。首先，对影响中国生育水平变动状况的经济水平、教育水平、医疗卫生水平和生育政策等因素进行定性分析。其次，在定性分析的基础上，采取逐步回归法和误差修正模型对中国人口生育水平变动的影响因素进行实证研究。最后，通过定性和定量的研究方法，证明这些因素对于生育水平的影响作用。

（四）研究综述

1. 国外研究

国外学者对人口生育水平的研究较多，主要从经济学角度对生育行为进行分析。马尔萨斯最早对人口生育进行经济分析。他认为在资本超过劳动供给时，工资的提高会刺激人口生育，较高的生育率又将降低人均收入水平。Myrskylä（2009）在其对微观个体生育行为的实证研究中发现，文化、制度和社会经济状况和生育行为随着人类发展指数（human development index）的提升，重新呈现出正向关系（反"J"形）。Davalos（2017）基于对哥伦比亚的研究，发现经济危机会促进贫困地区的妇女减少0.002个孩子，促进富裕地区的妇女增加0.007个孩子。

从其他影响因素而言，Kohler等（2004）认为1990年以来欧洲保持1.3以下总和生育率的原因是人口数量减少及人口结构失衡，社会经济发生改变，年轻家庭经济不稳定，人力资本回报增加共同造成晚育成为家庭选择。此外，国家制度、社会环境带来的社会互动效应使得这种行为调整加强，平均初育年龄增大，促使生育率下降。Murphy等（2008）利用1800—2000年美国生育率、受教育程度和儿童存活率等数据对美国生育情况进行研究，他们发现儿童死亡率的下降、父母受教育水平的提高和人口密度的增加都与生育率的下降有关。根据Van Bavel等（2018）的研究，在欧洲和美国地区女性受教育程度的提升使得生育两个孩子的父母的比例稳步上升，但生育三孩的比例都在下降。

有的国家，如伊朗的生育政策则是影响本国生育水平的重要因素。根据Djavad（2005）的研究，伊朗政府于1989年推行的计划生育政策使得伊朗在10年后的生育率下降了1/3，年龄结构发生显著变化。

除此之外，一些学者还借鉴生物学的研究方法来研究人口生育水平，如道金斯借鉴爱德华兹的"种群调节"（population regulation）理论来研究人类个体的生育行为。他认为个体动物为了群体的整体利益，会有意地降低其出生率，这种真正的利他性生育控制行为是存在的（道金斯，2012）。生物一旦感知到自身种群密度过高便会降低生育，整个社会生活遵循一种人口调节的机制，如许多群居动物的两个主要特征，即地域性（territoriality）和统治集团（dominance hierarchies）。

2. 国内研究

20世纪90年代，国内学者重点从生育文化的角度来分析生育水平变动情况。董辉（1992）认为生育文化是一定社会中人们共同的生育行为规范体系、生育行为模式的总和。李涌平（1995）认为，传统生育文化主要包括在传统社会背景和环境下，长期历史形成的世代相传的关于生育的思想观念体系、社会和家庭制度及风俗习惯，它们共同促进人口生育水平的提升。李竞能（1991）经研究发现长期以来中国人一直倾向于早婚早育、"早生贵子"，以多育为荣，以多子为福。"传宗接代"的思想长期以来起着促进人口增殖的作用。李银河和陈俊杰（1993）认为在中国农村这个以家为本位的社会中，人口生育遵循一种不以经济为主的生育逻辑。他们重视生育带来的收益，没有考虑过其他的生育行为。穆滢潭和原新（2018）则认为传统利他主义的社会文化已经发生改变，人们不再崇尚多子多福的观念。要想提高生育水平应重视生育文化因素的影响，树立孩子是公共产品的观念，国家、社会和家庭应当共同承担孩子的养育成本。

社会保障的完善也会促使生育水平变动。彭希哲和戴星翼（1993）发现在没有社会保障或社会保障处于非常低级状态的部分中国农村地区，生育子女是父母面临风险时寻求保障的最传统、最方便和最可靠的途径，相较于"效用最大化"原则，他们生育的依据是"风险最小化"原则。养老问题、幼儿夭折、家庭遭受重大病灾打击和经济损失，以及社会治安状况、邻里矛盾和干群关系，甚至包括因没有男孩而产生的地位下降感等是生育的主要原因（彭希哲、戴星翼，1993）。随着社会养老保险的发展，刘一伟（2017）基于中国综合社会调查数据，发现养老保险显著降低了人口生育水平，使得生育水平出现下降趋势。

家庭的生育选择改变影响生育水平变动。陈俊杰（1995）认为生育选择与夫妻面对生命任务与价值的伦理化评判有关，在中国更是深受以家族和亲属为核心的社会关系的影响，使得影响生育选择的人其实不止夫妻二人。刘爽（1994）根据1990年中国市、县15～64岁妇女按存活子女数的孩子性别结构、妇女活产及存活子女性别比，研究发现中国妇女的生育选择逐渐由多育向晚育少生转变，在孩子性别选择上体现为男孩优先，但并不局限于追求生一个男孩，生男不止和儿女双全的生育选择者依然众多。城乡之间的生育选择差异明显，而且不断扩大并带来了诸多问题。随着生育政策经历从独生子女政策到全面两孩政策的改变，穆滢潭和原新（2018）利用2016年南开大学对宁波市生育决策的调查数据，基于家庭资源、文化规范和第一个子女性别来分析女性二孩生育决策的影响因素，发现不同育龄妇女人群在做二孩生育决策时所面临的障碍与阻力大致相同，因此选择生育较少孩子，政府应在育儿津贴、照料服务等方面给予差异性的政策支持。

社会经济因素影响人口生育水平。陈卫和史梅（2002）首次运用伊斯特林模型分析居住地（城乡）、民族、教育程度、收入和地区等社会经济因素对生育率的影响。蒙克（2017）认为任何社会政策的制定都建立在社会经济变量间的某种因果关系之上。他通过使用工具变量对22个经合组织（OECD）国家的面板数据（1969—2010年）进行因果识别，发现妇女劳动参与率与总和生育率之间存在反"J"形关系。这对变量由负相关向正相关转变，使得促进女性就业的双薪型家庭政策取代鼓励妇女居家看护的通用型家庭政策成为主流。但周长洪（2015）持相反观点。他根据109个超过500万人口的国家2010年数据进行研究，发现人类发展指数（HDI）和总和生育率（TFR）之间存在高度显著的反向关系，经济发展和社会进步将会通过环环相扣的作用最终抑制生育意愿，生育率下降是必然的结果。

关于人口生育的研究角度和方法。陈俊杰和穆光宗（1996）认为我们应从一种长期被忽略的理论基点，即对人的理解，从人口自身的角度去研究人口生育需求上的层次结构，即主位研究法（Emic Approach）。郭志刚和巫锡炜（2006）认为利用泊松回归可以深入地测量、比较与分析生育率。泊松回归模型具有能够容纳很多自变量、既能分析虚拟变量也能分析定距的连续变量、可以运用到群组数据、可用以计算其他方面的事件发生概率等优势。

此外，学界普遍认为中国计划生育政策对生育水平具有重要的直接作用。顾宝昌（1987）根据省级数据分析中国生育率变化情况，认为社会经济发展和计划生育政策的影响较大。李建民（2004）的研究与顾宝昌的结论大致相同，他认为中国的低生育水平是社会和经济的发展结果。陈卫

（2005）总结了他们的研究，认为 1970 年的计划生育政策起了主导作用，1980 年的计划生育政策与经济社会的作用持平，1990 年的社会经济起主导作用。

3. 研究述评及可能存在的创新点

关于人口生育水平的研究较多。总体来看，学者们对于生育理论和实践的研究分析都已经比较成熟，但大多数成果在研究生育水平变动及影响因素时仅从单一方面研究，对于影响因素的研究也局限于生育文化、经济社会发展等单因素，未能对人口生育水平变动过程进行全面研究和多因素综合分析。从新中国成立以来的人口生育水平变动情况来看，虽然整体上呈现出"由高到低"的特征，但在不同阶段、不同地区，影响生育水平的因素有所不同。对此，本章在已有研究的基础上，分析不同阶段的人口生育水平，总结人口生育水平的变动规律，全面、系统地分析中国人口生育水平的变动状况及不同时期的影响因素，为未来中国人口可持续发展提供政策建议。

从研究内容来看，可能存在一定创新或探索。

其一，此前的研究大多从理论上分析生育水平变动的影响因素，或者使用微观数据分析一个区域的人口生育水平。本研究不仅从理论上对新中国成立以来的生育水平及其影响因素，目前中国东、中、西部地区生育水平的区域差异等进行定性分析，还使用了大跨度时间序列数据对经济水平、教育水平和医疗卫生水平等因素和生育水平之间的影响关系进行定量分析。

其二，以往学者主要从如何降低生育率的角度研究生育水平，或者从生育政策角度研究政策调整带来的生育水平变化情况，而缺少系统地对 1949—2020 年中国的人口生育水平变动情况进行研究。本研究试图尝试更加全面、更加清晰地把握人口生育变动趋势，掌握人口生育水平的变动规律。

其三，由于东、中、西部地区经济社会发展存在差异性，东、中、西部地区生育水平也存在一定的差异性，而以往的成果较少关注生育水平变动的区域差异。本研究对生育水平区域差异给予了关注，对东部地区及省际差异、中部地区及省际差异和西部地区及省际差异进行了描述分析。

二、基础理论与影响因素分析

（一）核心概念界定

1. 生育水平及生育水平变动

（1）生育水平

生育水平是个体生育行为的集合（顾宝昌，2011）。个体的生育行为经历"生育意愿/偏好/理想子女数—生育打算—生育抉择—生育行为—生育水平"的过程。从生育最理想的子女数到最终实际生育的子女数量（即生育意愿转化为生育行为的过程），认为理想的孩子数量（和什么样的孩子），打算生多少孩子，决定生多少孩子，实际生多少孩子，将这些个体的生育行为集合起来就是总体的生育水平。在生育水平的衡量标准上，目前主要从总和生育率、人口出生率、人口自然增长率和出生人口数量四个方面进行衡量。

（2）生育水平变动

生育水平变动是指在不同时期，人口根据当时的自然条件、社会经济结构和国家政策等因素，呈现出的生育趋势。顾宝昌（1994）论述了中国在 20 世纪 70 至 90 年代期间生育趋势的变化情况。他认为该趋势经历了三个阶段，即 70 年代的社会经济结构与计划生育活动阶段、80 年代的队列效应与时期效应阶段、90 年代的人口规律与起飞阶段。这三个阶段或者说三个年代的生育趋势一起构成人口生育变迁。因此，生育水平变动应视为一个时期所存在的共同现象，如在原始社会和农业社会，人口生育水平一般较高。随着经济的发展、女性地位的提高和工业化的发展，生育水平呈现出由高到低的变动特征。

2. 生育更替水平及低生育水平

总和生育率是指一个妇女一生生育的孩子数（Total Fertility Rate，TFR）。人口出生率是指某地在一个时期（通常是一年）之内出生的人数与平均人口之比。人口自然增长率可用出生率与死亡率之差表示。出生人口数量指某地在一个时期（通常是一年）之内出生的人口数量。目前国际上普遍认为，总和生育率为 2.1 即达到生育更替水平。一般来说，当达到生育更替水平时，出生和死亡将逐渐趋于均衡，在没有迁入与迁出的情况下，人口最终将停止增长，并保持稳定状态。

低生育水平的分类。目前国际上存在两种划分方法：一是极低生育率（lowest-low fertility），即总和生育率等于或低于 1.3（Kohler 等，2004）；二是很低生育率（very low fertility），即总和生育率低于 1.5（Caldwell & Schindlmayr，2003）。一般认为，生育率一旦下降到一定水平（TFR = 1.5）以下，由于价值观转变、生存压力增加等多方面因素的共同作用，生育率会持续不断下降，很难甚至不可能逆转。这一假设被称为"低生育率陷阱"。杨宜勇等（2016）认为目前我国总和生育率已经接近"低生育率陷阱"边缘，如果不能保持合理、适度的人口生育水平，人口总量将在达到峰值后快速下降，即便到时采取鼓励生育的政策，也难以扭转人口数量萎缩的大趋势。

（二）经典理论阐释

1. 马克思主义人口理论

马克思主义人口理论将人口现象、人口发展过程和人口规律放到生产力和生产关系、经济基础和上层建筑中来考虑。人口现象本质上属于社会现象，人口的发展变化以人的生理条件和其他自然条件为基础，人口发展规律是受到生产方式制约的。人口的增加或者减少不是社会发展的主要力量，而是由社会生产方式的发展来说明的。马克思主义"两种生产理论"指出，社会生产有两种：一是物质资料的生产，二是人类自身的生产。两种生产的对立统一是社会发展的前提。两种生产理论说明社会的均衡发展应该是物质资料生产与人类自身生产的统一，两种生产不平衡将对人口生育水平产生较大的影响。

本研究依据马克思主义人口理论对人口的生物属性和社会属性进行了阐释。首先，由于人类的生物属性，人口必然需要消费生活资料，以此维持和延续自身的生产和再生产；由于需要稳定的环境和充足的食物，人口再生产会受自然环境的影响。其次，人不只是作为纯生物界的人，还是劳动的产物、社会关系的产物和历史的产物，具有改造自然的能力，还能够对社会进行改造。最后，人口能够统筹社会生产和消费，人口生育水平变化是社会生产力和生产关系变化的产物，在生育水平变动过程中，社会生产力的提高将促使人口生育水平持续降低。

2. 人口转变理论

人口转变理论将人口再生产分为三个主要阶段：原始型社会的"高出生率、高死亡率和低自然增长率"阶段，传统型社会的"高出生率、低死亡率和高自然增长率"阶段，现代型社会的"低出生率、低死亡率和低自然增长率"阶段。其分别与社会生产发展的不同阶段相适应：以高出生率、高死亡率和低自然增长率为特征的原始人口发展类型，与原始人口当时的狩猎—采集的经济时代相适应；高出生率、低死亡率和高自然增长率，与以手工劳动为基础的农业生产经济时代相适应；低出生率、低死亡率和低自然增长率，与以现代科学技术为基础的社会生产方式相适应。一般而言，生产力不会直接导致出生率和死亡率的变化，而是通过生产力发展带来的社会、经济及文化等一系列条件的作用促使人们的婚姻、生育观念和行为发生改变，逐渐使得人口再生产类型由低级向高级进行转变。

在本研究中，人口转变理论是分析中国人口生育水平变动的主要理论，囊括了人口生育水平变动过程。不同时期的不同环境促使人们做出不同的生育行为，生育水平变动过程的根源是人口转变过程。现代人口转变逐渐完成并不代表中国人口问题的消失（邬沧萍、穆光宗，1995），中国的人口转变与西方发达国家相比历史更短、速度更快，主要是科学技术的发展、医疗保健技术的进一步普及和发展，使得人口死亡率快速降低；经济发展水平得到快速提高，城乡差距逐渐缩小，由此带来人口生育观念、生育行为发生转变。因此，本研究基于人口转变理论，对中国生育水平的变动状况进行定性分析。

3. 生育率的微观经济学分析

莱宾斯坦（Harvey Leibenstein）（1957）首先提出孩子的成本—效用理论。他认为生育孩子的成本包括父母生育和抚养孩子的全部花费和父母投入时间的影子价格，父母做出生育选择时会比较这些成本以及能够给自己带来的收益。考德威尔（John C. Caldwell）（1982）概述了生育率下降的"财富流"理论，强调家庭内部社会经济关系的基本性质，指出家庭内部细微的变化对家庭内部社会经济关系的影响。他认为生育率下降是家庭内部经济结构变化的结果，高生育率本身并不是世界大部分国家历史上的经济劣势。贝克尔（Gary S. Becker）等（1988）第一个运用消费者行为理论分析家庭生育决策，提出了家庭劳动—闲暇选择理论和消费者选择理论，认为父母对孩子的质量和数量的选择是影响家庭生育选择的决定性因素。父母从利益最大化角度出发来选择生育和消费，平衡多生一个孩子的收益与养育成本。而人均消费的增长与否取决于养育子女成本的变化情况，而不是取决于利率或时间偏好。伊斯特林（Richard A. Easterlin）等（1985）对莱宾斯坦和贝克尔的理论进行补充，认为公共卫生、医疗水平、义务教育和家庭计划是影响生育水平的主要因素。本研究将依据这些有关生育率的经济学理论对人口生育水平进行定量分析。

（三）影响因素分析

1. 经济水平对生育水平的影响

（1）经济水平的影响

一般来说，在经济水平较低的国家或地区，经济水平的提高对生育水平的影响较弱。经济水平只有提高到一定的程度后，才会对生育水平有较为明显的制约作用，因而经济水平对于中等收入的国家或地区的生育水平影响较大。在经济发达的高收入国家或地区，经济水平本身对生育水平的影响变小，更多是通过改变其他因素来间接影响人口生育水平。比如，经济发达能够促进社会现代化的转变，带来城镇化率的普遍提高，影响人口生活方式，从而改变生育观念和生育行为。相较于中间收入群体，高收入和低收入群体的收入增长能够更有效地提高生育水平。李子联（2016）的研究表明：收入对于生育水平的影响呈"U"形，在人均收入超过 19 500元后，收入更高的家庭的生育水平也会相应提升。

（2）养育成本的影响

养育成本抑制生育水平提高。从当今社会来看，生育率的进一步下降不是因为意愿生育数的减少，而主要是养育成本提高以致人们的生育意愿不能完全实现。实际生育水平与意愿生育水平的差距取决于养育成本的高低，高昂的孩子养育成本和当前倒金字塔形的家庭结构成为制约人口生育水平提高的主要因素。目前中国生育水平下降的原因之一是家庭收入增长放缓。现在的家庭普遍更加关注子女的质量和培养，子女费用支出在家庭支出中所占比例较高，间接导致家庭收入相对下降。因此，"421"家庭结构模式的夫妇上有老人需要照顾，下有子女需要抚养，家庭经济负担增加，虽然生育意愿较高，但实际生育行为减少。目前，"90后"虽然是新的生育政策下的适龄人群并处于生育旺盛期，但独生子女比例极高。由于成长环境因素的影响，他们的生育意愿普遍更低。加之高生育成本、高教育成本、高房价等因素，比起生育子女，他们更倾向于追求自我价值的实现。

2. 教育水平对生育水平的影响

由于受教育年限不断提高，初婚初育年龄推迟，生育水平下降。根据民政部发布的《2017年社会服务发展统计公报》数据，全国大学生和研究生入学人数的迅速增加使得高等学历的男女性别结构也发生了重大变化，女性在高等教育群体中的地位开始凸显。人口在接受高等教育后，进入婚姻市场的年龄推迟，婚姻匹配的难度提高。初婚年龄延迟现象在受教育条件较好、经济发达地区的人群中更为明显。江苏省民政厅数据显示：2022年结婚登记平均年龄为31.04岁，其中男性31.68岁、女性30.4岁；初婚平均年龄为27.49岁，其中男性28.19岁、女性26.74岁。同时，受教育水平提高还使得"剩男剩女"现象增多。根据《中国生育报告2019》数据，30岁及以上未婚女性中具有大学及以上学历的人数占比为21.5%。其中，虽然30岁及以上未婚女性中，具有研究生学历的人数占比仅为1.9%，但30岁及以上研究生学历女性未婚率高达11%，远高于本科学历及以下女性未婚率5%。2010年中国有大约60万户的丁克家庭，且增加趋势明显（刘家强，2018）。

3. 技术、医疗卫生对生育水平的影响

（1）技术的影响

根据麦肯锡全球研究院2017年建立的情景预测模型，自动化每年能提高全球生产力0.8~1.4个百分点。随着智能化技术的发展，人类的工作质量和工作效率将会显著提高，自动化能为许多适龄劳动力人口减少的国家提供劳动力，以保障经济增长和社会的繁荣。经济发展和社会进步将会通过环环相扣的作用最终抑制生育意愿，故随着经济社会的发展，人口生育率下降是必然的结果（周长洪，2015）。智能化下的社会竞争力取决于人的知识和技能，为了在智能化时代占得一席之地，人们势必需要加大对自身的再教育投入和对子女的教育投入，这会增加家庭负担，加大家庭的生育机会成本，特别是职业女性生育机会成本将会急剧上升。更多的人将会寻求更高学历以降低自己被智能化替代的可能性，从而造成生育率持续走低。

同时，避孕节育技术的发展使得生育水平下降。长期以来中国为推动计划生育政策的实施，大力普及避孕节育技术。从1953年中国明文提倡避孕，供应避孕药具开始，到 2010 年全国总计约有 2.4 亿名已婚育龄妇女采用了避孕措施，占全部已婚育龄妇女的 89.2%；约有 159 万名已婚育龄妇女接受了人工流产术，占全部育龄妇女的 19.1%。在 2011 年时，中国能够选择的避孕方法已经有 80 多种（王存同，2011）。

（2）医疗卫生的影响

医疗卫生的发展不仅使人类能够控制生育，而且使得人口生育数量和时间得到控制，由此提高了人口质量，对生育水平具有双重影响。一方面，它能推动生育水平的降低，如降低婴幼儿死亡率、提高人口健康水平、延长人口预期寿命、发展避孕节育技术等。另一方面，它能推动生育水平的提高，如降低育龄妇女的生育风险，减轻人口生育医疗方面的负担，发展辅助生殖技术帮助不孕不育人群进行生育。

4. 生育政策、生育文化对生育水平的影响

（1）生育政策的影响

回顾中国人口生育水平变动历程，我们发现，在计划生育政策实施期间，人口生育水平受强有力的国家生育政策的制约急剧下降。在政策执行过程中，严格的生育政策与人口生育偏好一定程度上出现了背离的情况，总体而言生育政策的作用显著。根据 2007 年《中共中央 国务院关于全面加强人口和计划生育工作统筹解决人口问题的决定》，自计划生育政策实施以来，中国少生 4 亿多人口，促进了中国人口再生产类型的快速转变。

（2）生育文化的影响

生育文化的内容包括含义、本质、内容、形式、特征、作用和研究任务，相关生育观念、生育模式、婚育风俗、婚育和家庭生育等社会形式发展是影响生育水平的重要因素（齐晓安，2005）。在生育文化和社会经济文化的发展中，生育水平不断改变。从生育文化的角度来说，婚姻状态因素影响了人口生育水平，传统生育和婚姻观念有益于提高生育水平，受教育程度的普遍提高使得生育文化发生改变。除此以外，生育文化和社会经济文化存在互为前提和基础的相互作用关系，生育文化会受到社会经济、政治文化发展水平的影响。一定条件下，经济越发达的地区的低生育文化越盛行，对人口生育观念和生育行为的影响也越大。

（四）小结

这一部分首先对生育水平及具体内容进行了介绍，重点阐释了生育水

平、生育水平变动、生育更替水平及低生育水平等核心概念；其次介绍了研究依据的基础理论——马克思主义人口理论、人口转变理论和生育率的微观经济学相关理论，阐释了这些理论对于本研究的作用与意义；最后对影响生育水平的各项因素进行了综合分析，具体从经济水平（生育观念转变、生活方式改变、养育成本提高）、教育水平（初婚初育年龄推迟、生育观念转变）、技术和医疗卫生水平（社会生产力提高、生育机会成本提高、避孕节育技术发展、辅助生殖技术发展）、生育政策和生育文化（生育政策改变、生育文化发展）四个方面展开论述。

三、生育水平变动状况分析

（一）生育水平阶段划分

其一，受经济社会发展和政策因素的影响，生育水平在一定历史时期表现出阶段性变动特征。从国际来看，一般以总和生育率的变动来衡量生育水平所处的阶段。联合国在 1995 年将生育率转变过程划分为四个阶段：一是转变前阶段，即总和生育率在 6.5 以上或长期保持在高生育水平且没有下降趋势的阶段；二是早期转变阶段，即总和生育率保持在 4.5~6.5 的阶段；三是后期转变阶段，即总和生育率保持在 2.5~4.5 的阶段；四是低生育率阶段，即总和生育率在 2.5 甚至在更替水平以下的阶段。从我国来看，对生育水平变动的阶段划分并没有统一的看法。例如，杨发祥（2003）依据计划生育政策的实施，将计划生育政策划分成五个阶段：1949—1961 年计划生育提出与论争时期；1962—1970 年计划生育再起与停顿时期；1971—1978 年计划生育的兴起和普及时期；1979—1991 年计划生育开拓和发展时期；1992 年以来计划生育的新探索时期。与杨发祥的划分相似，张弥和周天勇（2015）根据计划生育政策的强制效果将 1950—2014 年中国人口生育和增长变迁划分为1949—1978 年生育自主决策与人口增长转型阶段和 1978 年以后的生育管制及其人口增长阶段。穆光宗和张团（2011）从人口增长速度角度出发将 1949年以来中国人口生育水平变动划分为三个阶段：一是 1949—1973 年人口高速增长阶段，出生率长期在 30‰以上；二是 1974—1990 年人口减速增长阶段，人口自然增长率下降到 20‰以下；三是 1991 年至今人口低速增长阶段，人口自然增长率逐步下降到 10‰以下。诸如此类，还有多种划分，都有其依据和道理。

本研究依据国家相关法律法规和政策文件，结合中国人口生育水平变动状况和生育影响因素，将生育水平变动大致分为三个阶段：

第一阶段：1949—1978 年，主要是人口自主选择生育阶段。从 1954 年起党和政府虽然开始倡导避孕节育，但对于生育的数量一直没有硬性限制。总体来看，生育水平较高。

第二阶段：1979—2013 年，主要是政策限制和经济社会因素共同主导的生育选择阶段。1978 年"计划生育"首次写入《中华人民共和国宪法》，1980 年中共中央明确提倡"一对夫妇只生育一个孩子"，标志着中国人口生育由自主选择为主转变到国家政策调控的轨道上来。但从 1999 年左右中国完成人口数量转变开始，经济社会因素成为中国生育水平的主要影响因素，计划生育政策的生育调控效应大大减弱，中国持续处于低生育水平状态。

第三阶段：2014—2020 年，受经济社会发展和国家生育政策调整完善影响的阶段。2013 年中共十八届三中全会通过《中共中央关于全面深化改革若干重大问题的决定》，中国开始推行"单独二孩"政策，并在 2016 年迎来"全面两孩"政策。但实际生育水平低于预期，经济社会发展影响的低生育水平效应仍然显著。

其二，由于受经济社会发展水平及地域差异的影响，东、中、西部地区的生育水平存在一定的区域差异。本研究拟通过人口出生率、人口自然增长率来整体反映东、中、西部地区的生育水平差异；同时，也反映生育水平在东、中、西部地区的内部差异和其在区域及全国所处的水平。在时间上，主要考察 2008—2017 年的区域生育水平状况。

其三，为了更好把握中国未来生育水平的变动趋势，本研究对 2021 年至 2050 年（每 5 年一个时间单元）的生育水平进行预测，研判我国生育水平的未来走向。

（二）不同阶段及影响因素下的生育水平变动状况

1. 1949—1978 年生育水平变动状况分析

新中国成立初期到 1958 年的生育水平主要受自然与社会环境因素的影响。新中国成立初期人民群众摆脱了长期战乱，医疗卫生条件得到快速改善，经济发展欣欣向荣，人民生活水平相较之前得到明显提升，人口死亡率大大降低，生育水平迅速上升到高水平阶段。这个阶段中国年均出生人口 2 090.90 万人。从生育文化的角度来看，人们普遍持有"人多力量大"的观点，多子多福、养儿防老的生育观念深入人心。同时，新中国成立初期国家经济建设急需大量劳动人口，促使人口增加生育数量，出现了 1949 年出生人口 1 919 万人，总和生育率高达 6.14 的现象。在 1949—1953 年，全国净增人口 4 600 多万人，人口增长过快的势头显著，自然增长率基本处于 30‰ 以上。第一次全国人口普查结果显示，1954 年全国总人口数为 60 183 万人，约占世界总人口的 1/4，人口出生率高达 37.97‰，自然增长率高达 24.79‰。此外，人口受教育水平较低，婚育行为、婚育观念处于传统阶段，早婚早育是当时人口婚育的普遍现象。在生育政策方面，1952 年中国实行《限制节育及人工流产暂行办法》，人口增长快速，1949—1954 年全国总人口从 5.42 亿人增加到 6 亿人，总和生育率在 6 上下波动。

1959—1961 年，生育水平主要受自然环境因素的影响。国家经历"大跃进"后进入"三年困难时期"，经济社会发展受到巨大冲击，对人口数量、子女延续等造成了一定的影响，生育水平急剧下降，年均出生人口仅 1 328.67 万人。1959 年中国总和生育率下降到 4.30，出生人口 1 635 万人，造成这种情况的原因不仅有较多的冰雹、洪涝、旱灾，还有大量的鼠灾、蝗灾等。1960 年发生了新中国成立以来最严重的自然灾害，受灾面积高达 6 546 万公顷（国家统计局综合司，1999），人口自然增长率为新中国成立以来的最低值，为-4.57‰。1959—1961 年发生的严重自然灾害，成为出现三年经济困难的一个直接原因（陈东林，2004），带来了人口生育水平的"塌陷式"下降。受自然灾害的影响，食物资源大量减少，造成人口生育水平的急剧降低，全国出生人口数量在此期间迅速减少。1961 年人口出生率甚至一度降至 18.13‰，全年出生人口数量仅为 949 万人，成为新中国成立以来生育水平最低的年份。

1962—1964 年，中国生育水平快速上升，总体上处于高水平。在经历"三年困难时期"后，社会经济发展状况逐渐好转，人口开始补偿性生育。人口出生率迅速由 1961 年的 18.13‰ 上升到 1962 的 37.22‰。在这个时期，家庭的生育力几乎发挥到了极致，这种高生育率在我国历史上是空前绝后的（原新，2016）。1963 年全国人口出生率为 43.60‰，全年出生人口 2 934 万人，成为新中国成立以来生育水平最高的年份。

1965—1978 年，影响生育水平的因素中依旧是自然与社会环境因素占主导。在经济社会方面，较多的孩子数量不仅使得家庭负担增加，还影响了家庭成员的工作、学习和生活。这一阶段，人口生育水平逐步下降，由1965年的38.00‰下降到1978年的18.25‰。较重的生育负担使一部分人口开始期望减少生育，但由于避孕节育技术和知识的缺乏，生育水平依然较高，1965—1971年出生率持续保持在30‰以上。在生育政策方面，我国在20世纪70年代开始推行的"晚稀少"生育政策也起到了一定的作用，一些地区开展了群众性的宣传活动，生育水平有所下降。因此，1972年以后人口出生率稳定在30‰以下，总和生育率稳定在5以下。随着经济社会的发展，总和生育率在1977年下降到3以下，出生人口数量也由1965年的2 679万人下降到1978年1 733万人，生育水平进一步降低，但总体而言中国人口生育水平总体依然较高。总体来说，受自然和经济社会环境的影响，这个阶段的人口生育水平呈现出"高水平、波动大"的特征。

2. 1979—2013年生育水平变动状况分析

20世纪70年代末，针对我国人口多、底子薄、耕地少的特点，为了使人口与经济社会、资源环境协调发展，我国开始把人口问题放到国民经济与社会发展的全局中来考察和处理。从1978年开始，国家通过提倡实行计划生育政策干预生育行为，控制人口过快增长。这个时期，生育水平主要受生育政策的限制。

1979—1990年计划生育政策推行初期时的生育水平主要受生育政策的影响。在生育政策方面，全面计划生育政策的开端是向"一孩"紧缩。1978年3月，《中华人民共和国宪法》第五十三条规定"国家提倡和推行计划生育"在第五届全国人民代表大会第一次会议得到通过，计划生育第一次以法律形式载入宪法。这个阶段生育水平总体上经历了"下降—上升—下降—上升—下降"的波动过程，其原因是政策实施过程中个别基层干部方式方法不当，使得一些农村地区出现一定程度的不稳定现象，客观上造成生育政策与人口自身生育选择的冲突，导致了生育水平在高压之下下降后急剧上升的现象（陈江生 等，2017）。随后，计划生育政策进一步加强，1980年中共中央在《关于控制我国人口增长问题致全体共产党员、共青团员的公开信》中明确提倡"一对夫妇只生育一个孩子"，总和生育率下降到2.739。1984年4月，中共中央转发了国家计划生育委员会《关于计划生育工作情况的汇报》，修正和完善"一孩"政策，形成了"开小口""堵大口""刹歪口"的生育政策。"口子"政策主要针对农村实施，目的是有效控制农村人口过快增长。这一政策标志着对以"一对夫妇只生育一个孩子"为中心的生育政策的调整和完善。这一阶段生育水平的波动性虽然较高，但仍呈下降趋势，总和生育率由 1978 年的 2.716 下降到 1990 年的 2.514，年均出生人口 2 147.15 万人。

1991—2005 年，稳定低生育水平时的生育水平主要受生育政策和经济社会的共同影响。在生育政策方面，1991 年中共中央、国务院发出了《关于加强计划生育工作严格控制人口增长的决定》，继续实行计划生育，稳定低生育水平。1992 年国家计划生育委员会对 38 万人的抽样调查显示，中国晚婚率为 36.5%，已婚育龄妇女避孕率为 83.4%，8 400 万名育龄妇女未婚。由于计划生育政策的实施，避孕节育技术在当时得到了大规模普及和发展，人们逐渐掌握了生育的主动权，不断发展的科学技术使得生殖生理规律逐渐为育龄夫妇所掌握，性的需要不再是影响人口生育的主要因素，人口生育的生理需要降低（高向东，1997）。在经济社会方面，由于改革开放的深化拓展，经济社会快速发展，人口老龄化开始显现。1998 年城市和农村人均可支配收入分别提高到 5 425 元和 2 162 元。2005 年全国婴儿死亡率由 1991 年的 50.2‰下降到 19‰，孕产妇死亡率由 1998 年的 56.2/10 万人降到 47.7/10 万人，人口平均预期寿命达到 71.95 岁。全国总人口达到 13 亿人。在生育文化方面，传统的"不孝有三，无后为大""多子多福，养儿防老"等观念受到冲击。人口受教育水平的提高促使现代生育观念形成，使得人口生育水平降低。总体来说，这一阶段生育水平稳步降低。在 1991 年以后，中国总和生育率下降到更替水平 2.1 以下，年均出生人口 1 891.67 万人。

2006—2013 年，统筹解决人口问题时的生育水平主要受生育政策和经济社会等因素的共同影响。在生育政策方面，2006 年党中央、国务院发布《关于全面加强人口和计划生育工作统筹解决人口问题的决定》，进一步稳定低生育水平，提高人口质量。在经济社会方面，稳定的经济社会环境使得人口不再需要通过提高生育水平来规避无法延续自己生命的风险。人口生育一方面由于激烈的社会竞争和经济社会发展自愿减少，另一方面受生育政策的影响维持在较低水平。在此阶段，中国年均出生率稳定在 12‰，年均自然增长率稳定在 5.5‰，平均总和生育率为 1.699，年均出生人口 1 603.25 万人，稳定在低生育水平阶段。

总体来说，1979—1990 年，中国人口生育水平主要受计划生育政策的影响而下降；而 1991—2013 年，经济社会因素的作用开始凸显，使得生育水平呈现出"先升后降"的态势。

3. 2014—2020 年生育水平变动状况分析

2014—2015 年，"单独二孩"政策时的生育水平主要受生育政策和经济社会等多因素的共同影响。在生育政策方面，长期的低生育水平使得国家意识到需要重新调整生育政策。2013 年 11 月，中国共产党第十八届中央委员会第三次全体会议通过了《中共中央关于全面深化改革若干重大问题的决定》，启动一方是独生子女的夫妇可以生育两个孩子的政策，以期提高中国人口生育水平，改善人口结构，促进人口均衡发展。但总体而言这一阶段生育水平变化不大，年均出生人口 1 660.67 万人。在经济社会方面，"单独二孩"政策主要针对低生育水平稳中趋降、人口老龄化现象严重、家庭规模持续缩减、人口性别比例失调和劳动年龄人口减少等状况。由于我国社会结婚年龄普遍延后和人口预期寿命提高，许多家庭面临"上有老下有小"的双重照料风险，高昂的孩子教育、抚养、就业成本使得部分家庭不愿选择生育二孩。而经济相对宽裕的家庭往往侧重于自身发展，较少选择生育更多孩子。同时，公共服务供给不足，育儿配套设施并不完善。一些地区的医疗、教育、卫生等公共服务资源比较缺少，经济越发达的地区人口数量越多，人口密度越大，人口竞争越激烈，导致人口生育水平很难有较大的上升。在生育文化方面，受生育政策和受教育程度提高的影响，生育观念已经转变，社会对于个人少生、独生和不生的接受程度显著提高。

2016—2020 年，"全面两孩"政策时期的生育水平主要受经济社会、生育环境等多因素的综合影响。由于 2015 年总和生育率与 2013 年对比只提高了 0.02，说明 2013—2015 年的生育水平变动幅度较小，"单独二孩"政策效果不显著。在生育政策方面，2015 年 12 月 27 日，全国人大常委会通过了《人口与计划生育法修正案》，决定于 2016 年 1 月 1 日开始实施"全面两孩"政策。这个时期，人口生育水平的政策限制因素减少，自主生育选择的因素增多，生育潜能得到一定释放，中国人口生育水平快速上升。2016 年全国人口出生率达 13.57‰，出生人口 1 786 万人，成为 2000 年以来生育水平最高的年份。在经济社会方面，此时多数人口的生育选择已从追求孩子数量转变为追求孩子质量，越来越多的年轻夫妻选择提高自己的生活水平，甚至出现了生育选择的极端情况，如丁克家庭等。在生育文化方面，生育观念进一步转变，生育意愿降低，生育行为减少。2017 年中国人口出生率下降到 12.64‰，出生人口下降到 1 723 万人；2020 年中国出生人口数再次下降为 1 200 万人，成为 1962—2020 年我国出生人口数量最少的年份。

从"单独二孩"到"全面两孩"的政策调整，其目的是解决与经济社会发展不匹配的生育水平和人口结构性问题。但从出生人口数量来看，完善生育政策有一定成效，但成效并没有预期的那样显著。人口出生率和自然增长率变化不大，仅总和生育率有微弱提升，全国出生人口数量在 2016 年以后呈现下降趋势，这说明完善生育政策对生育水平的实际影响有限，这主要是由于生育观念的改变、养育成本提高以及生育相关经济社会配套政策配套不到位。

总体来看，这一阶段政策效果虽然较为明显，但政策效应快速释放后生育水平再次降低，2020 年出生率下降到 8.52‰，出生人口数下降到 1 200 万人；生育水平呈现出"先升后降"的特征，年均出生人口 1 539.4 万人。从人口出生率、自然增长率的变化趋势来看，未来中国人口生育水平正持续降低。

（三）我国东、中、西部地区生育水平差异性分析

由于我国东、中、西部地区经济社会发展存在差异性，受这种差异性的影响，东、中、西部地区生育水平也存在一定的差异性。本研究应用 2008—2017 年数据，对东、中、西部地区生育水平变动状况及现状进行描述性分析。2017 年，西部地区出生率最高，为 13.16‰，其后依次是东部地区、中部地区，分别为 11.55‰、11.34‰（见图 6-2）。西部地区自然增长率也最高，为 7.09‰，其后依次是东部地区、中部地区，分别为 5.56‰、4.89‰（见图 6-3）。

由图 6-2 和图 6-3 可知，西部地区的人口出生率和人口自然增长率均高于东、中部地区。但东、中部地区之间差异较小，且东部地区的人口出生率和人口自然增长率几乎均低于中部地区。这种情况在 2015 年以后发生转变，东部地区人口出生率和人口自然增长率在 2016 年反超中部地区，仅次于西部地区。这些差异一方面是经济水平、教育水平和生育文化等因素共同作用的结果，如西部地区经济和教育水平普遍较低，生育文化较为传统；另一方面是生育政策改变的影响，如 2016 年实施"全面两孩"政策以后，东部地区的生育潜能得到快速释放，因而出现西部地区最高、东部

地区次之、中部地区最低的情况。

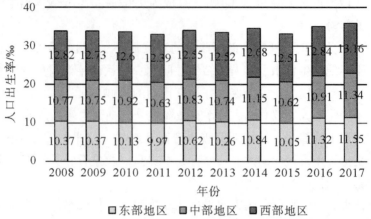

图 6-2　东、中、西部地区人口出生率

（数据来源：《2018 年中国统计年鉴》）

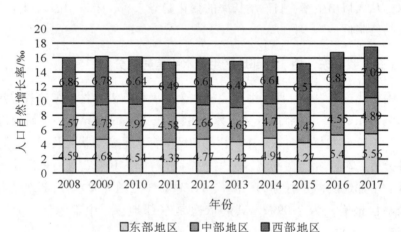

图 6-3　东、中、西部地区人口自然增长率

（数据来源：《2018 年中国统计年鉴》）

1. 东部地区及省际差异

2017 年，东部地区出生率为 11.55‰，比上年提高了 0.23 个千分点，排名第 2，与上年排位相同；东部地区自然增长率为 5.56‰，比上年提高了 0.16 个千分点，排名第 2，也与上年排位相同。其中，出生率 2011 年最低，为 9.97‰；自然增长率 2015 年最低，为 4.27‰。2008—2017 年，出生率、自然增长率年均增长率为 1.18%、0.97%。

其一，东部地区省际人口出生率。从数量来看，2017年山东出生率最高，为17.54‰，其后依次是福建、海南、广东，分别为15‰、14.73‰、13.68‰，辽宁最低，为6.49‰。从增幅来看，2017年广东出生率增幅最大，为1.83‰，其后依次是河北、浙江、福建，分别为0.78‰、0.70‰、0.50‰，上海最小，为-0.90‰（见图6-4）。

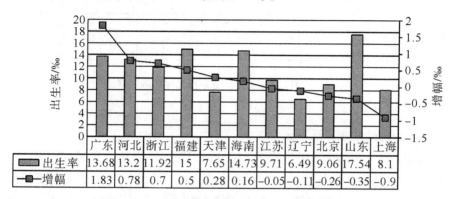

	广东	河北	浙江	福建	天津	海南	江苏	辽宁	北京	山东	上海
出生率	13.68	13.2	11.92	15	7.65	14.73	9.71	6.49	9.06	17.54	8.1
增幅	1.83	0.78	0.7	0.5	0.28	0.16	-0.05	-0.11	-0.26	-0.35	-0.9

图6-4　2017年东部地区省际出生率和增幅

（数据来源：《2018年中国统计年鉴》）

从排名来看，2017年山东排名最高，居全国第1位，与上年排名相同，其后依次是福建、海南、广东、河北、浙江、北京、上海、天津，分别排名第5、6、11、15、19、26、27、28位，辽宁最低，排名全国第30位。

其二，东部地区省际人口自然增长率。从数量来看，2017年山东自然增长率最高，为10.14‰，其后依次是广东、福建、海南，分别为9.16‰、8.80‰、8.72‰，辽宁最低，为-0.44‰。从增幅来看，2017年广东自然增长率增幅最大，为1.72‰，其后依次是天津、浙江、河北，分别为0.77‰、0.66‰、0.54‰，上海最小，为-1.20‰（见图6-5）。

从排名来看，2017年山东排名最高，居全国第3位，比上年下降1位，其后依次是广东、福建、海南、河北、浙江、北京、上海、天津，分别排名第4、6、7、14、15、24、26、28位，辽宁最低，排名全国第31位。

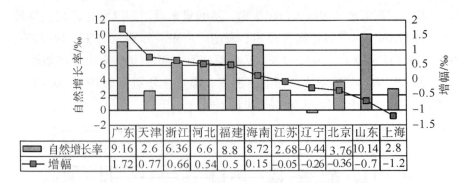

	广东	天津	浙江	河北	福建	海南	江苏	辽宁	北京	山东	上海
■自然增长率	9.16	2.6	6.36	6.6	8.8	8.72	2.68	-0.44	3.76	10.14	2.8
—■增幅	1.72	0.77	0.66	0.54	0.5	0.15	-0.05	-0.26	-0.36	-0.7	-1.2

图6-5　2017年东部地区省际自然增长率和增幅

（数据来源：《2018年中国统计年鉴》）

2. 中部地区及省际差异

2017年，中部地区出生率为11.34‰，比上年提高了0.43个千分点，排名第3，与上年排位相同；中部地区自然增长率为4.89‰，比上年提高了0.34个千分点，排名第3，与上年排位相同。其中，2015年出生率、自然增长率都最低，分别为10.62‰、4.42‰。2008—2017年的年均增长率为0.57%、0.32%。

其一，中部地区省际人口出生率。从数量来看，2017年安徽出生率最高，为14.07‰，其后依次是江西、湖南、河南，分别为13.79‰、13.27‰、12.95‰，黑龙江最低，为6.22‰。从增幅来看，2017年吉林出生率增幅最大，为1.21‰，其后依次是安徽、山西、湖北，分别为1.05‰、0.77‰、0.56‰，河南最小，为-0.31‰（见图6-6）。

从排名来看，2017年安徽排名最高，居全国第8位，比上年上升6位，其后依次是江西、湖南、河南、湖北、山西、吉林，分别排名第10、14、16、17、23、29位，黑龙江最低，排名全国第31位。

其二，中部地区省际人口自然增长率。从数量来看，2017年安徽自然增长率最高，为8.17‰，其后依次是江西、湖南、河南，分别为7.71‰、6.19‰、5.98‰，黑龙江最低，为-0.41‰。从增幅来看，2017年安徽自然增长率增幅最大，为1.11‰，其后依次是山西、湖北、江西，分别为0.84‰、0.52‰、0.42‰，湖南最小，为-0.37‰（见图6-7）。

从排名来看，2017年安徽排名最高，居全国第10位，比上年上升1位，其后依次是江西、湖南、河南、山西、湖北、吉林，分别排名第11、16、18、19、20、29位，黑龙江最低，排名全国第30位。

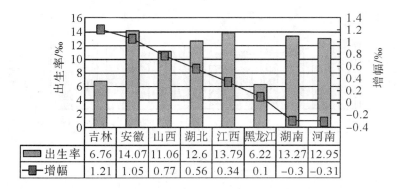

	吉林	安徽	山西	湖北	江西	黑龙江	湖南	河南
出生率	6.76	14.07	11.06	12.6	13.79	6.22	13.27	12.95
增幅	1.21	1.05	0.77	0.56	0.34	0.1	-0.3	-0.31

图 6-6　2017 年中部地区省际出生率和增幅

（数据来源：《2018 年中国统计年鉴》）

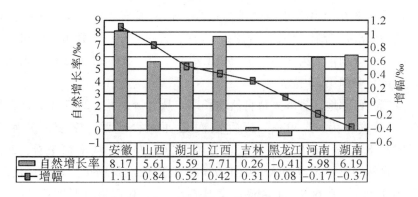

	安徽	山西	湖北	江西	吉林	黑龙江	河南	湖南
自然增长率	8.17	5.61	5.59	7.71	0.26	-0.41	5.98	6.19
增幅	1.11	0.84	0.52	0.42	0.31	0.08	-0.17	-0.37

图 6-7　2017 年中部地区省际自然增长率和增幅

（数据来源：《2018 年中国统计年鉴》）

3. 西部地区及省际差异

2017 年，西部地区出生率为 13.16‰，比上年提高了 0.32 个千分点，连续 10 年排名第 1，自然增长率为 7.09‰，比上年提高了 0.26 个千分点，都是连续 10 年排名第 1。其中，2011 年出生率最低，为 12.39‰；2013 年、2011 年自然增长率最低，都为 6.49‰。2008—2017 年的年均增长率为 0.34%、0.23%。

其一，西部地区省际人口出生率。从数量来看，2017 年西藏出生率最高，为 16‰，其后依次是新疆、广西、青海，分别为 15.88‰、15.14‰、14.42‰，内蒙古最低，为 9.47‰。从增幅来看，2017 年广西出生率增幅最大，为 1.32‰，其后依次是四川、贵州、新疆，分别为 0.78‰、0.55‰、0.54‰，重庆最小，为-0.59‰（见图 6-8）。

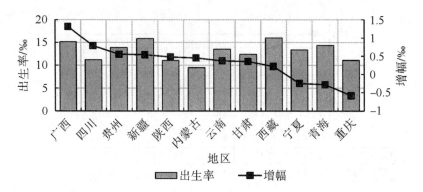

图 6-8　2017 年西部地区省际出生率和增幅

（数据来源：《2018 年中国统计年鉴》）

从排名来看，2017 年西藏排名最高，居全国第 2 位，与上年排位相同，其后依次是新疆、广西、青海、贵州、云南、宁夏、甘肃、四川、重庆、陕西，分别排名第 3、4、7、9、12、13、18、20、21、22 位，内蒙古最低，排名全国第 25 位。

其二，西部地区省际人口自然增长率。从数量来看，2017 年新疆自然增长率最高，为 11.40‰，其后依次是西藏、广西、宁夏，分别为 11.05‰、8.92‰、8.69‰，内蒙古最低，为 3.73‰。从增幅来看，2017 年广西自然增长率增幅最大，为 1.05‰，其后依次是四川、贵州、陕西，分别为 0.74‰、0.60‰、0.46‰，重庆最小，为 -0.62‰（见图 6-9）。

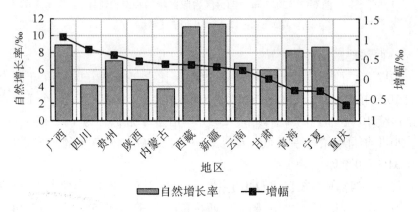

图 6-9　2017 年西部地区省际自然增长率和增幅

（数据来源：《2018 年中国统计年鉴》）

从排名来看，2017 年新疆排名最高，居全国第 1 位，与上年排位相同，其后依次是西藏、广西、宁夏、青海、贵州、云南、甘肃、陕西、四川、重庆，分别排名第 2、5、8、9、12、13、17、21、22、23 位，内蒙古最低，排名全国第 25 位。

　　总体来看，一方面，中国人口出生率和自然增长率省份之间差异较为显著，呈现出"西高东低""南高北低"的特征。另一方面，各省份人口出生率和人口自然增长率均处于低水平状态（见图 6-10、图 6-11）。

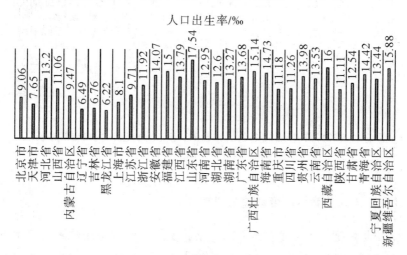

图 6-10　2017 年中国 31 省份（未含港、澳、台地区）人口出生率

（数据来源：《2018 年中国统计年鉴》）

　　根据以上研究，形成这种省际差异特征的根本原因是经济文化、教育医疗和人口的发展等。东部省份经济和物质基础普遍更高，生育二孩的承担能力更强，所以"全面两孩"政策实施以后人口出生率和人口自然增长率反超中部省份，且主要体现在山东、福建、广东、海南和河北等省份，人口出生率均在 15‰ 左右。而中部省份虽然也受到"全面两孩"政策的影响，人口出生率和人口自然增长率得到了一定提高，但对生育二孩的承担能力普遍低于东部省份，所以人口出生率和人口自然增长率水平较低，主要体现在黑龙江、吉林和山西等省份，人口出生率均在 10‰ 左右。西部省份人口出生率和人口自然增长率普遍较高，主要是受生育文化和传统的影响。这些省份多为少数民族聚集区域，如新疆、西藏、青海和广西，虽然其基础设施、教育文化和经济水平较为落后，但由于特定的社会文化环境，生育水平高于全国多数地区。

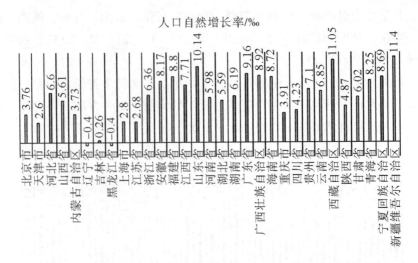

图 6-11 2017 年中国 31 省份（未含港、澳、台地区）人口自然增长率

（数据来源：《2018 年中国统计年鉴》）

（四）未来生育水平变动趋势研判

为了更好把握中国生育水平的变动状况，本研究选用国际人口预测软件（PADIS-INT），运用队列要素预测模型，设定低、中、高三种方案对未来中国人口生育水平变动趋势进行预判。

目前 PADIS-INT 软件已经达到了国际主流人口预测软件所应具有的预测水准，且具有功能设置更加丰富、参数导入更加灵活、结果呈现更加细致等优势（翟振武 等，2017），更加适用于预测出生人口数量。在设定 PADIS-INT 软件基础数据方面按 5 岁年龄的组距进行分组，并预测以下数据：未来人口预期寿命及人口生育水平（TFR 值）。预测假设未来社会环境较为稳定，无重大人口变动；忽略人口迁移影响；死亡模式保持不变。

预测所需数据，主要以 2017 年中国统计年鉴的 0.824‰抽样调查为基础数据。在项目设置中设置起止年份为 2021—2050 年，参数调整间隔为 5 年，最高年龄为 95 岁，预期寿命内插方法为线性，总和生育率内插方法为线性，模型生命表使用寇尔德曼生命表。起始人口数据来源于《2017 年中国统计年鉴》、人口预期寿命数据来源于国家卫健委发布的《2017 年我国卫生健康事业发展统计公报》《"健康中国 2030"规划纲要》和 Hay 等（2017）相关研究的预测结果。生育水平分为高、中、低三个方案：高生育水平方案（总和生育率达到并保持在更替水平 2.1）、中生育水平方案（总和生育率保持在 1.8）、低生育水平方案（总和生育率保持在 1.5）。最终预测结果见表 6-1。

表 6-1　2021—2050 年中国出生人口预测数据　　单位：万人

年份	低方案	中方案	高方案	年份	低方案	中方案	高方案
2021	1 003.86	1 477.39	1 950.91	2036	861.16	1 242.98	1 636.63
2022	993.01	1 457.03	1 921.06	2037	855.51	1 241.77	1 645.57
2023	981.76	1 436.29	1 890.81	2038	849.61	1 241.74	1 657.88
2024	961.37	1 406.45	1 851.54	2039	835.43	1 234.93	1 666.18
2025	949.94	1 385.69	1 821.44	2040	828.16	1 236.35	1 684.51
2026	938.50	1 365.09	1 791.68	2041	820.79	1 238.67	1 705.25
2027	927.53	1 345.34	1 763.15	2042	813.24	1 241.80	1 728.21
2028	917.26	1 326.76	1 736.25	2043	798.83	1 238.21	1 745.00
2029	908.06	1 309.85	1 711.65	2044	790.75	1 241.90	1 770.12
2030	900.07	1 294.84	1 689.61	2045	776.20	1 238.24	1 786.90
2031	893.51	1 282.00	1 670.49	2046	767.55	1 241.16	1 810.81
2032	888.68	1 271.73	1 654.79	2047	758.36	1 243.36	1 833.69
2033	885.57	1 264.02	1 642.47	2048	742.69	1 237.73	1 847.25
2034	872.16	1 250.01	1 630.94	2049	732.92	1 238.44	1 867.12
2035	866.58	1 245.55	1 631.55	2050	717.35	1 231.34	1 876.70

数据来源：PADIS-INT 预测结果。

按照高方案，未来中国总和生育率长期保持在 2.1。中国人口生育水平将先低后高，预计在 2034 年达到最低生育水平，出生人口 1 630.94 万人；随后生育水平上升，在 2050 年提升到 1 876.7 万人。

按照中方案，未来中国总和生育率长期保持在 1.8。出生人口数量预计在 2039 年达到低值 1 234.93 万人，此后小幅上升并持续波动，维持在 1 238 万人左右。到 2050 年下降到 1 231.34 万人。

按照低方案，未来中国总和生育率长期保持在 1.5。与中国实际水平可能更为接近，预计未来中国人口生育水平呈持续下降趋势，最终在 2050 年出生人口数量下降到 717.35 万人.

综上所述，除高方案中国总和生育率保持在更替水平以外，中、低方案都显示未来中国人口生育水平将持续下降（见图6-12）。

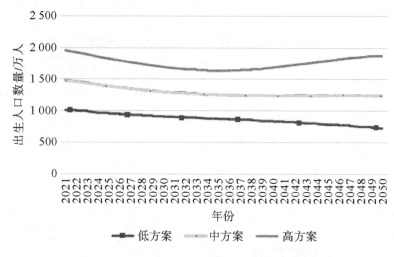

图6-12　2021—2050年中国出生人口数量预测结果

（数据来源：PADIS-INT预测结果）

（五）小结

这一部分首先对中国人口生育水平变动过程的划分、地区差异和变动趋势进行了相关的说明，重点介绍了国内外的生育水平划分标准以及本研究对中国人口生育水平变动过程的划分方式及划分依据。其次，根据中国人口生育水平的具体特征，对1949—1978年、1979—2013年、2014—2020年生育水平的变动状况进行了系统分析。再次，分省份对我国东部、中部和西部人口生育水平进行对比研究，分析了各区域、各省份之间的生育水平差异。最后，本研究选用国际人口预测软件（PADIS-INT），设定了低、中、高三个方案，预测未来中国人口生育水平变动趋势。结果显示：除高方案的未来人口生育水平外，中、低方案的未来人口生育水平都将持续降低。

四、生育水平变动影响因素实证研究

（一）模型原理

主要运用 Johansen 协整检验和向量误差修正模型方法对中国总和生育率水平的影响因素进行实证研究。

根据传统计量模型，对于时间序列数量的分析可以通过计量模型描述出来，其形式为

$$Y_t = \beta_0 + \beta_1 x_1 + \beta_2 x_2 + \beta_3 x_3 + \mu \tag{6-1}$$

式 6-1 中 μ 为扰动项，β_i 为模型参数。

但由于大多数的时间序列数据很有可能是非平稳的，所以直接将其用于回归分析可能会导致"伪回归"现象的出现，因而需要用到协整理论处理非平稳经济变量的关系。协整理论认为若干个一阶非平稳的变量如果存在长期的稳定的协整关系，那么它们就会存在短期向长期调整的误差修正模型。目前，Johansen（也称 Johansen-Juselius）协整是运用最多的协整方法，具体来说，这是一种以 VAR 模型为基础的检验回归系数的协整检验。对式 6-2

$$Y_t = A_1 Y_{t-1} + \cdots + A_p Y_{t-p} + BX_t + \varepsilon_t \tag{6-2}$$

进行差分变化可得

$$\Delta Y_t = \prod Y_{t-1} + \sum_{i=1}^{p-1} \Gamma_i \Delta Y_{t-i} + BX_t + \varepsilon_t \tag{6-3}$$

设 $\prod$ 的秩为 r，只有 $0<r<k$ 时才讨论协整关系。分解 $k \times r$ 阶矩阵 α 和 β 的乘积，带入式 6-2 得

$$\Delta Y_t = \alpha \beta^T Y_{t-1} + \sum_{i=1}^{p-1} \Gamma_i \Delta Y_{t-i} + BX_t + \varepsilon_t \tag{6-4}$$

在矩阵 β^T 中，$y_{1,t-1}, \cdots, y_{k,t-1}$ 是协整向量矩阵，r 是协整向量的个数。对于任何非奇异 $r \times r$ 阶矩阵 L，乘积 $\alpha\beta'$ 和 αL（$L^{-1}\beta^T$）等于 $\prod$。因此，对于 Y_t 的协整分析就成了对矩阵的分析。

在得出协整关系的基础上，为研究长期均衡关系和趋势，验证变量之间的关系，一般还会对变量加入误差修正项，计算残差序列 ε_t。

$$Y_t = \alpha + \beta_0 X_t + \varepsilon_t \qquad \varepsilon_t = Y_t - \hat{\alpha} - \hat{\beta}_0 X_t \tag{6-5}$$

将 ε_{t-1} 作为解释变量,估计误差修正模型为

$$\Delta Y_t = \beta_0 \Delta X_t + \gamma \varepsilon_{t-1} + V_t \tag{6-6}$$

(二)指标与数据

从现有的研究来看,经济水平、健康水平、医疗水平和教育水平四方面是影响中国人口生育水平变动的主要因素。因此,在对中国人口生育水平的数据分析中,主要选取了1950—2017年的总和生育率作为因变量,从世界银行数据库收集到1950—2017年主要影响总和生育率的数据,包括人均国内生产总值(GDP)、人口抚养比、普通高等学校数、每万人床位数和预期寿命等作为自变量。我们最终用于回归的数据有以下六项。

1.总和生育率

考虑到人口出生率的波动易使数据产生非平稳性问题,因此选择总和生育率作为因变量。总和生育率是衡量妇女生育水平的综合指标,通常是将某地的育龄妇女(15~49岁)在一定时间(如1年)内的各年龄组别生育率相加而得的合计值。具体来说就是平均每个妇女假定按照某一年的年龄组别生育水平来度过一生,其育龄期间所能生育的小孩数。其计算方式为 $\mathrm{TFR} = f_{15} + f_{16} + \cdots + f_{49} = \sum_{15}^{49} f_x$。在人口分析和决策中,总和生育率是十分重要的指标。它可以直接用来比较不同时期妇女的生育水平,因为它已经考虑到了妇女在不同年龄结构的生育率,同时又可对女性终身生育水平进行估计,对人口的长期宏观决策具有重要的参考意义。

2.人均国内生产总值

选择人均国内生产总值作为衡量中国经济发展水平的变量。经济水平的提高,不仅能够改善人们的生活条件,而且能改变人们的生育观念和生育行为。一般认为,经济发展水平与生育水平存在负相关关系,人均国内生产总值越高的国家或地区,其生育水平通常越低。

3.人口抚养比

抚养比用于度量人口负担。比值越大,表明社会的抚养负担越重。当比值增大时,人们为了减轻自身负担、维持当前的生活水平,更倾向于减少生育。

4.普通高等学校数

普通高等学校数反映了一个国家或地区的教育水平。普通高等学校数

量越多，从事高等教育的教师、学生数量就越多，教育水平也越高。

5. 每万人床位数

每万人床位数可用以衡量医疗水平状况。每万人床位数反映了人口获得生殖健康服务的可能性，健全完善的医疗保障体系可能促进生育水平提高。

6. 预期寿命

预期寿命可用以衡量人口素质水平。预期寿命反映一个社会生活质量的高低：预期寿命越长，表明人口生活质量越高。

各变量的描述性分析及模型检验如表6-2所示。

表6-2　各变量的名称、符号、定义及描述性分析

变量名称	符号	定义	选取原因	观测值	均值	标准差	最小值	最大值
生育率	Intfr	总和生育率	衡量人口生育水平	68	6.626	0.221	0.401	1.051
人均国内生产总值	Inrjgdp	国内生产总值/总人口	衡量经济水平	68	2.942	1.588	5.953	10.896
人口抚养比	Fyb	非劳动人口/劳动人口	衡量负担水平	68	60.566	15.995	36.040	81.787
普通高等学校数	Ingds	普通高等学校数量	衡量教育水平	68	6.625	0.781	5.198	7.861
每万人床位数	Inwrcw	平均每万人拥有的医疗床位	衡量医疗水平	68	2.942	0.651	0.768	4.045
预期寿命	Inrkyq	人口预期寿命	衡量人口发展水平	68	4.127	0.199	3.777	4.339

（三）实证与检验

主要利用 Stata 13.0 软件对数据进行回归分析。经过逐步回归剔除变量后，我们得到了4个对于总和生育率有显著影响的变量，分别为高等学校数、人均国内生产总值、每万人床位数和预期寿命。该模型的检验结果如表6-3所示。拟合优度 R^2 检验的值为0.9259，修正拟合优度 R^2 检验的值为0.9212，P 值小于0.001，说明该模型拟合效果显著，也说明该模型能够通过高等学校数、人均国内生产总值、每万人床位数和预期寿命这4个参数较好地估计 1950—2017 年的人口总和生育率。Durbin-Watson 检验值为0.166，说明模型误差基本不存在相关性。

表 6-3　模型检验表

模型	拟合优度 R^2	修正拟合优度 R^2	F (5, 41)	Prob>F	Durbin-Watson	VIF
1	0.925 9	0.921 2	809.51	0.000	0.166	7.38

根据自变量和回归系数的相关数据，回归系数 P 值都小于 0.05，说明这 4 个变量都是显著的，即它们在 5% 显著水平上对总和生育率都有显著的影响作用。模型的 VIF 为 7.38 小于 10，说明模型不存在多重共线性问题，符合建立回归模型的要求（见表 6-4）。

表 6-4　自变量检验和回归系数表

模型	回归系数		T 检验	p
	系数值	标准差		
常数项	10.628 ***	0.943	11.27	0.000
人均国内生产总值	−0.109 ***	0.026	−4.19	0.000
每万人床位数	0.323 ***	0.084	3.85	0.000
高等学校数	−0.191 **	0.073	−2.60	0.011
人口预期寿命	−2.047 ***	0.242	−8.44	0.000

资料来源：根据 Stata 13.0 软件输出结果整理。

为了进一步了解变量之间的相互关系，我们利用 Johansen 的 MLE 方法构建该系统的向量误差修正模型（VECM），各变量单位根检验结果如表 6-5 所示。

表 6-5　各变量单位根检验结果

Test statistic 检验方法	Intfr	Inrjgdp	Inwrcw	Ingds	Inrkyq
ADF 检验	−0.685 (−2.916)	1.277 (−2.916)	−5.203 (−2.916)	−1.101 (−2.916)	−2.403 (−2.916)
PP 检验	−0.673 (−2.916)	1.692 (−2.916)	−4.415 (−2.916)	−1.240 (−2.916)	−1.594 (−2.916)
DF-GLS 检验	−1.980 (−3.131)	−0.567 (−3.131)	−3.039 (−3.131)	−3.472 (−3.131)	−4.560 (−3.131)
KPSS 检验	0.375 (0.146)	0.805 (0.146)	0.463 (0.146)	0.114 (0.146)	0.728 (0.146)

表6-5(续)

Test statistic 检验方法	Intfr	Inrjgdp	Inwrcw	Ingds	Inrkyq
结论	拒绝原假设,即存在单位根	拒绝原假设,即存在单位根	拒绝原假设,即存在单位根	拒绝原假设,即存在单位根	拒绝原假设,即存在单位根

通过 ADF 检验、PP 检验、DF-GLS 检验和 KPSS 检验进行单位根检验发现,总和生育率、人均国内生产总值、每万人床位数、高等学校数和人口预期寿命都无法在 5% 的水平上拒绝"存在单位根"的原假设,验证了总和生育率、人均国内生产总值、每万人床位数、高等学校数和预期寿命为非平稳过程。

针对这种多个非平稳时间序列变量的情况,主要运用 Johansen 协整检验方法的 MLE 方法来估计该系统的向量误差并借助其修正模型来分析各变量之间的关系(见表6-6)。

表 6-6　VECM 模型系数表

模型	回归系数		z	p
	系数值	标准差		
常数项	−9.038 ***	—	—	—
人均国内生产总值	0.153 ***	0.024	6.19	0.000
每万人床位数	−0.487 ***	0.124	−3.87	0.000
高等学校数	0.125 *	0.096	1.31	0.091
人口预期寿命	1.815 ***	0.324	5.60	0.000
总和生育率	1	—	—	—

资料来源:根据 Stata 13.0 软件输出结果整理。

在得出 VECM 模型后,还需要对模型的残差和稳定性进行检验。主要利用 Stata 13.0 软件进行 VECM 模型残差检验,检验结果如表6-7 所示。

表 6-7　残差检验结果

残差检验	Lagrange Multiplier 检验		Jarque-Bera 检验	Skewness 检验	Kurtosis 检验
t 值	Lag(1)	0.000 0	0.000 0	0.877	0.000 0
	Lag(2)	0.003 1			

数据来源:根据 Stata 13.0 软件整理。

通过以上检验，可以证明 VECM 模型各项变量"无自相关"的原假设。Lagrange Multiplier 检验显示可以接受无自相关的原假设，Jarque-Bera 检验、Skewness 检验和 Kurtosis 检验均表示模型符合正态分布。VECM 系统稳定检验如图 6-13 所示。

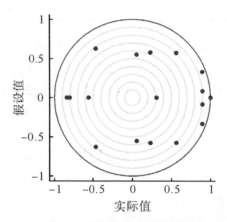

图 6-13　VECM 系统稳定性判别

（资料来源：根据 Stata 13.0 软件整理）

结果显示，除了 VECM 模型本身假设的单位根之外，伴随矩阵的所有特征值都在单位圆之内，说明 VECM 模型是稳定的。

（四）结果分析

通过上述研究发现，该误差修正项的表达式与协整方程基本一致。由于在 OLS 回归的基础上进行了向量误差修正，变量的系数值发生了改变。从理论上来说，MLE 估计结果比 OLS 系数估计值更有效率（陈强，2014）。通过 OLS 回归模型和向量误差修正模型，可以发现总和生育率和人均国内生产总值、预期寿命和高等学校数之间存在负相关的长期均衡关系，总和生育率和每万人床位数之间存在正相关长期均衡关系。

其一，总和生育率和人均国内生产总值。人均国内生产总值每上升 1%，总和生育率会对应减少 0.153%，这也印证了"发展才是最好的避孕药"。随着中国改革开放不断深化和拓展，中国经济水平得到快速提升。经济增长改变人口生活方式，促进社会保障制度完善，缓解养老压力等，致使人口生育水平持续降低。当然，经济因素是生育水平降低的主导力量，但在一定时期，经济与生育政策调控的双重效应对生育水平的影响更为强劲。

其二，总和生育率和预期寿命。预期寿命增加使得中国老龄化现象快速增加、人口抚养比不断提高、"421"家庭逐渐增多、人口照料负担不断加重，促进生育水平降低。预期寿命每提高1%，总和生育率将下降1.815%。这说明随着预期寿命的提高，养老抚养比加重对生育水平的影响作用显著。

其三，总和生育率和每万人床位数。医疗水平的提高有利于总和生育率的提升。每万人床位数每增加1%，总和生育率将上升0.487%，提高医疗水平和完善医疗保障会有利于提升生育水平。医疗水平提高会使生育风险降低，人口不再需要提高生育数量来确保子女顺利延续，从而促进生育水平降低。但不断发展的医疗技术大大降低了妇女的生育风险，也让人们能够获得生殖健康服务。总体而言，医疗水平提高能够推动生育水平提升。

其四，总和生育率和高等学校数。高等教学校数每增加1%，总和生育率将下降0.125%。这符合相关研究和经验判断。伴随文盲率降低和基础教育、中高等教育水平提升，生育水平将下降。在我国，尤其是妇女受教育水平的提升，对于转变妇女生育观念具有非常深刻的影响。育龄人群往往将生育行为与就业、发展机会、生活品质等结合起来考虑，平衡生育数量与自身发展诉求的关系，从而做出不生或少生的选择。

（五）小结

这一部分主要利用 Johansen 协整检验和 VECM 模型研究了经济水平、教育水平、医疗水平、社会负担水平和生育水平之间的影响关系。结果表明总和生育率、人均国民生产总值、预期寿命、每万人床位数和高等学校数之间存在一种基于 Johansen 协整检验的均衡关系。在这种均衡关系之中，总和生育率和人均国民生产总值、预期寿命、高等学校数之间存在负相关关系。这些结论印证了目前的相关研究和假设，表明经济水平提高、人口综合发展和教育水平提高对于生育水平提高有显著的阻碍作用。除此以外，医疗水平和生育水平之间存在正相关关系。在 OLS 模型和 Johansen 协整检验的基础上，本研究引入误差修正项得出了 VECM 模型，进一步论证了人均国民生产总值、社会抚养比和每万人床位数等对总和生育率的影响。实证研究还发现，经济水平越高会使得生育水平越低，符合发展中国家经济水平与生育水平的负相关现象。这也说明目前中国的经济水平还不够高，没有进入经济水平和生育水平呈正相关关系的阶段。

五、研究结论与政策建议

（一）研究结论

1. 人口生育水平变动呈现阶段性特征和区域性差异

纵向来看，由于经济社会发展与生育观念转变，中国人口生育水平呈现出不同的阶段性特征。在新中国成立初期，较高的人口死亡率意味着如果生育较少数量的子女，子女夭折导致的无子女风险将会增加，而这与中国传统"多子多福"的生育文化相悖。改革开放前，虽然中国经济得到一定发展，但生产力水平依旧较低，提高生育数量、增加劳动供给成为当时人口生育的普遍选择。改革开放后，中国经济水平快速提升，医疗卫生、教育文化事业得到巨大发展，人口生育观念缓慢转变。更关键的是，这一阶段计划生育政策的实施使得生育政策对生育水平的影响一度占据主导地位。2013—2020年，中国开始对计划生育政策进行完善，逐步放开生育数量限制，以期改善未来人口结构。但受经济社会因素与政策的共同影响，生育水平依旧很低，并呈现出进一步下降的趋势。根据本研究对中国未来人口生育水平的预测分析，生育政策影响力将进一步减弱，经济社会因素将成为影响人口生育的主要因素。

横向来看，由于不同地区社会和经济发展的差异，中国人口生育水平存在着区域性差异。具体来说，西部地区的生育水平普遍高于其他地区，东部地区生育水平次之，中部地区生育水平最低。在西部地区，以新疆的人口出生率最高，为11.40‰；内蒙古最低，为3.73‰。在东部地区，以山东的人口出生率最高，为10.14‰；辽宁最低，为-0.44‰。在中部地区，以安徽的人口出生率最高，为14.07‰，黑龙江最低，为6.22‰。

2. 多重因素影响下人口生育水平下降是人口发展基本态势

从新中国成立以来的生育变动历程来看，人口生育水平呈现出"先高后低"特征，人口总量经历高速增长后进入增速趋缓时期。中国人口生育率从1963年的43.37‰下降到2020年的8.52‰；总和生育率也从1958年的6.68下降到1990年的2.1，随后开始逐渐下降，2000年以来一直保持在 1.5～1.6。生育水平下降的根本原因是经济社会发展，如收入和教育水平提高等。从人口发展的态势来看，生育文化观念改变、生育成本上升、受教育水平提高等因素将导致未来生育水平下降。

随着经济社会发展水平的提高，如何提高孩子的质量和竞争力是目前中国人口的主流生育考量，生育数量变为次要矛盾。一方面，医疗水平提升，使得婴儿死亡率降低，除非发生意外事故，人口生命安全已经得到保障，人们不再需要靠生育更多孩子规避孩子夭折的风险，进而促使人口生育水平降低。另一方面，人们需求层次进一步上升，人们开始追求满足自身的尊重需要，而尊重需要的满足需要人们投入较多的时间和精力。因此，养育子女的时间受到挤压。人们会追求个人理想、最大化发挥自己的能力，实现自我价值，促使自己成为自己所期望的人物（Maslow，1943）。与此同时，人们的生活压力不断加大，育龄人口普遍面临家庭成员养老压力和子女养育成本上升等问题。为了满足自我实现需要和应对生活压力，人们将主要精力和时间投入到学习、工作之中，提高自身综合能力，以实现自身价值为人生目标，对生育的现实需要程度大大降低。现实中，可以解读为这是生育意愿与生育行为发生偏离的价值根源之所在。

本研究表明，总和生育率和人均国内生产总值、预期寿命和高等学校数之间存在负相关关系。人均国内生产总值提升意味着社会经济水平和社会生产力得到了提高，这种变化使得社会现代化进一步发展，人口生育行为也因此向低生育转变。与经济水平影响相似，教育水平提高也降低了生育水平。从直接影响来看，受教育年限的延长推迟了人口初次结婚时间。从间接影响来看，受教育水平提高改变了人口婚育观念，不婚和丁克等现象增加。除此以外，预期寿命提高也会降低生育水平。由于预期寿命提高，家庭养老负担加重，可以用于生育子女的资源减少。不同于以上因素，医疗水平与生育水平呈现长期的正相关关系。因此，完善医疗服务保障体系，有利于提高生育水平。

从对人口生育水平的预测来看，中国未来将继续保持低生育率水平。根据比较接近实际的低方案（总和生育率保持在 1.5），预计 2050 年全国出生人口数量为 700 万人左右，在 2020 年的 1 200 万人的基础上减少约 500 万人。

3. 影响人口生育水平变动的生育政策效应减弱

中国人口生育水平受生育政策因素的影响，生育政策经历了从无到有并逐渐减少的过程。1949—1978 年人口生育主要处于自主选择状态，人口按照传统生育观念和生育行为进行再生产。1952 年颁布了《限制节育及人工流产暂行办法》，1953 年全国第一次人口普查结果表明中国人口增长较快。在此阶段人口生育政策主要体现在减少生育数量的宣传教育上，以期从观念上改变人口生育水平。这些宣传主要建立在人们自愿的基础上，没有强制性。其后人口持续过快增加激化了社会矛盾，物质资料生产和人类自身生产的矛盾凸显，中国开始酝酿计划生育政策。1980 年中共中央发表《关于控制我国人口增长问题致全体共产党员共青团员的公开信》，明确"提倡一对夫妇只生一个孩子"，人口生育受政策因素影响的程度逐渐提高，违反计划生育条例的除了要交罚款以外，还要开除党籍，开除公职。因此，生育水平主要取决于国家要求，政策因素的影响作用逐步达到顶峰。

20 世纪 90 年代以后，由于计划生育政策的实施和经济社会的发展，低生育水平出现，带来人口自身生育需求和生育观念的转变，这一阶段政策因素对生育水平的影响开始减弱。进入 21 世纪以来，由于我国人口形势发生了转折性变化，人口总量增长的势头减弱，劳动年龄人口开始减少，老龄化程度加深，人口均衡发展压力增大，国家逐渐意识到过低生育水平的不利影响，开始尝试调整生育政策。2013 年 11 月全国启动实施一方是独生子女的夫妇可生育两个孩子的政策，即"单独二孩"政策；2015 年 10 月全面实施一对夫妇可生育两个孩子的政策，即"全面两孩"政策。从生育政策的效果来看，低于预期。有关研究表明，目前影响中国人口生育水平的主要因素是养育成本高、托育服务短缺、女性职业发展压力大等，生育水平受政策影响的程度进一步减弱。

4. 构建鼓励适度生育的经济社会配套政策势在必行

相关调查显示，收入水平、生活和抚养成本、孩子照料、住房、生育政策等是影响生育水平的主要因素，应围绕如下问题探寻解决之道。一是收入增速缓慢问题。这直接导致能够用于生育孩子的资源减少。二是生活和抚养成本过高问题。目前生育孩子的医疗和教育成本较高，据估算，从备孕到抚养子女并让其接受完整的大学教育最少需要花费 50 万元，对于许多家庭而言，他们难以承担生育多孩的生育成本。三是孩子照料问题。无人照料是阻碍生育水平提高的主要因素之一，适龄夫妇既是生育主体，又是社会生产的主要劳动力，这种双重身份使得无人照料孩子的现象加剧。

四是生育政策依然存在限制。既有经济实力，又有照料精力的家庭依然受到生育政策的限制，生育三个及以上孩子如何界定？五是房价过高阻碍了婚姻匹配，从而影响生育水平。在中国，拥有房产是结婚的前提条件，但年轻人经济实力普遍较弱，难以支付高额的房价，因此婚姻匹配难度加剧，生育水平下降。

中国目前的生育意愿已经很弱，但生育成本的增速超过家庭收入的增速，使得人口生育意愿和实际生育行为之间出现了背离的情况。因此，应尽快构建鼓励适度生育的相关经济社会配套政策，降低家庭的生育成本，提高家庭的经济收入。

（二）政策建议

1. 优化环境，营造良好的生育外部氛围

一是优化政策环境。从"全面两孩"政策实施的实践以及相关生育意愿调研情况来看，高生育成本是制约人们生育行为的最主要因素。为此，可以逐步制定一些完善生育服务的措施，如通过加快公共服务能力建设来提升生育水平。随着经济社会的快速发展、生育观念的转变，为避免人口发展过于滞后，应加快调整和完善生育政策，尽快考虑推进"全面三孩"向"全面放开"逐步过渡，保证潜在人群的生育权利。

二是优化文化环境。文化是一种精神力量，深刻影响人们的生育观念；教育是塑造文化的途径与方法，应将人口发展中出现的"人口负增长"新态势纳入中国的教育体系，提高人们的人口国情意识。从1999年我国步入老龄化社会后，人口结构出现老龄化与少子化并存的特征，劳动年龄人口占总人口的比重逐步降低。在人口惯性的作用下，人口发展不均衡问题突出，需要适当促进人口生育以弥补人口结构缺陷。应鼓励人口适度生育，营造有利于生育的文化环境。

三是优化社会环境。应加强妇幼健康服务体系建设，建立新生人口的医疗保障体系，完善妇幼儿童医疗保障政策，减少养育儿童的医疗负担。除此以外，医疗卫生服务应当涵盖个人健康的预防、保健、治疗、康复和健康教育等方面，政府应提供全面、连续、有效、及时的针对不孕不育的医疗服务。在鼓励人口适度生育的同时不应以牺牲人的身体健康为代价，应继续扩大家庭医生签约服务覆盖面，落实分级诊疗，推动医疗卫生服务从特殊人群到全覆盖，最终实现均等化供给。推动人口树立健康、积极的心理观念,增加不同群体心理健康服务供给,维持个体正向的自我认知。坚持身体健康和心理健康并重,实现健康中国的战略目标。同时,要营造积极的婚姻环境。生育行为主要以婚姻为前提,应推动婚姻市场的匹配,减少"剩男剩女"现象,促进人口质量和人口数量均衡发展。

2. 发展家庭,形成促进生育的内在动力

一是完善家庭发展政策体系。家庭作为社会的基本单位在提供社会支持网络中扮演着重要角色。为此,应通过完善家庭计划为生育选择发展提供更多社会支持。从社会支持理论来看,正态的社会支持有利于优化人口生育水平。应以家庭发展为核心,制定鼓励生育的配套政策和措施,建立生育奖励补贴、购房优惠、税收减免等家庭福利政策,促进家庭成员充分就业和创业。完善家庭相关教育政策,提供充足的教育资源,减免教育费用。促进家庭成员整体健康,包括孕产妇筛查、婴幼儿体检、医疗保险等,建立生育家庭临时困难救助的长效机制。

二是完善婴幼儿照料政策体系。从某种意义上说,低生育率只是当前生活成本在终端呈现的结果,提高生育率不能只盯着生育本身。如教育资源均等化、母婴设施普遍化等,都应纳入视野、统筹考虑。微观层面的关键措施是探索建立家庭津贴制度,解除家庭的经济顾虑,这是一个比较直接的办法。目前我国生育保障中的生育津贴较低、保障水平低、覆盖面窄,无法产生实质性效果。因此,要真正缓解妇女生育和就业的矛盾,家庭津贴至少要能补偿幼儿学龄前的照料费用,直接降低家庭的生育成本。

三是完善养老服务政策体系。在人口老龄化快速发展的现在,劳动年龄人口占总人口的比例下降使得人口负担,特别是照料老人的负担加重。完善养老服务体系能够减轻育龄人群的总体负担,降低家庭的生育成本。因此,应推进医疗卫生与养老服务相结合,加快社区养老服务体系建设,完善长期护理保险制度。探索实施鼓励年轻人赡养父母的税收、房屋租赁等优惠政策,实现既减轻年轻人照顾老年人的成本压力又促进家庭和谐幸福的目的。

3. 战略引领,统筹人口数量、质量与结构

一是维持适度人口数量。人口既是物质资料的生产者,又是物质资料的消费者。从可持续角度来说,生产和消费形成了良性循环,社会经济才能稳定发展。与此相应,维持适度人口数量就是要统筹各种与人口数量相关的关系和利益,动态维持人口数量的持续优化和均衡发展。当前,应进

一步放开生育数量限制，挖掘生育潜力。从短期来看，这有利于实现对少儿人口比的调节；从中期来看，这可以增加未来劳动人口数量；从长期来看，这可以改善人口结构，有利于人口长期均衡发展。

二是提升人口质量。首先，要提高人口的身体健康水平，从教育阶段增加有关身体健康的课程和考核，营造全民健身的社会氛围。较高的健康水平可以减少不孕不育的现象，提高孩子的健康水平，促进优生优育。其次，要提高人口的知识文化水平。以人工智能为代表的新兴技术的发展将带来社会生产力的发展，对于人口的知识文化的要求程度也会更高。最后，要提高人口的思想素质水平。引导人们形成正确的生育观，培养人口的国家荣辱观，增强人口响应国家政策的意愿，推动生育政策的有效落实。

三是优化人口结构。从人类社会层面来看，人口结构和谐包括人口结构与经济发展和谐、人口结构与社会进步和谐以及人口结构与资源环境和谐。人口结构系统包含人口自身结构、人口与社会经济自然等层面的系统。在这个系统中，只有各要素之间保持协调才会促进人口发展；如果要素之间不协调就会产生消极效应，阻碍人口发展。因此，优化人口结构就是要综合考虑人口构成的各个方面和系统，充分协调好系统内各要素之间的各种关系。在人口结构优化过程中既要考虑人口的自然属性，又要考虑人口的社会属性。通过人口结构优化来构建科学的人口结构，其核心就在于实现人的全面发展。此外，从人口区域结构来讲，需要政府统筹协调，通过政策引导平衡生育水平的区域差异，促进人口区域结构的优化。

4. 完善体系，制定生育友好的配套政策

一是完善经济支持体系。首先是降低生育成本。生育成本包括生育前准备成本、生育时期成本和产后护理成本，生育和养育成本高是当前影响生育水平的重要因素，应尽快完善相关医疗政策，健全妇幼保健和卫生服务体系，有效缓解家庭在生育方面的经济压力，使家庭在没有后顾之忧的前提下积极生育。其次是降低间接成本。生育孩子需要家庭付出一定的成本。从间接成本来看，年轻夫妇要上班，带小孩缺乏经验，家庭成员付出增加，有的家庭不得不请保姆帮助照顾孩子，这些无疑都增加了家庭的生活成本。因此，应以政府为主导、社区为平台，通过完善家庭功能，在经济上减轻家庭生育带来的负担，使适育年龄人群增强生育意愿。

二是完善妇女生育的就业支持体系。首先是保障妇女平等就业权利，确保《关于进一步规范招聘行为促进妇女就业的通知》落到实处。在各类招聘中禁止限定性别或性别优先（国家明文规定妇女不宜参与的劳动除外），在录用过程中不能询问妇女婚姻和生育情况。其次是健全处理、应对性别歧视的法律法规。人力资源保障部门和司法部门应积极合作，对违反规定的机构、单位进行及时有效的处理。最后是营造性别平等的社会氛围。妇女在生育过程中必然会从工作中脱离，使得一些单位和企业更加偏好男性求职者。因此，应加强尊重爱护女性的社会宣传，培养用人单位的社会责任感，消除妇女在生育时面临的后顾之忧。

三是完善教育支持体系。首先是加大义务教育的投入力度，免费义务教育向学前教育延伸 3 年，并由政府补贴建立更多面向幼儿的育儿中心，提供小学、幼儿园放学后托管服务，支持新建社区托儿服务机构建设。其次是义务教育阶段全面推行普惠制。全面实行城乡义务教育全免费，保障公民平等接受义务教育的权利。缩小民办义务教育规模，均衡优质教育资源。保障经济困难家庭、进城务工人员子女平等接受义务教育，使每一名适龄儿童、少年平等接受义务教育的权利得到保障，使免费义务教育落到实处。最后是降低高等教育的个人分摊成本。目前高等教育收费较高，如果不及时采取措施解决个人为高等教育付费过高的问题，这势必增加家庭的教育成本，并使经济条件成为个人能否进入高等学校的决定因素。

四是完善法律支持体系。首先是尽快修订现行人口法律法规，废除不利于生育的相关规定。在尊重公民生育权利和家庭权利的前提下，以公民的生殖健康权保障为核心，形成生育的利益导向机制，引导公民自由而适度地生育。加快形成鼓励两孩、优生优育的积极人口政策。其次是构建有利于生育的法律制度。完善生育政策的工作机制，待条件成熟时，由国家干预转变为家庭和公民个体自由决定，公民有权自主决定生与不生，有权自主决定生育数量、生育时间和生育间隔。最后是完善产假制度，保障女性的就业权利。以法律形式加强政府指导与服务职能，为公众提供在教育、医疗卫生、就业、保险等领域的优质服务，实现从人口大国走向人口强国的目标。

5. 理性对待，科学、综合应对低生育水平状况

一是科学研判低生育。低生育率是许多国家与地区面临的共同性问题。从世界范围来看，所有的发达国家都进入了低生育时代，一些发展中国家也相继进入了低生育状态。因此，应理性认识低生育水平，低生育水

平既是人口发展的内在规律，也是经济社会发展的必然结果。目前中国的低生育水平以及未来可能持续的低生育是发展趋势，应清晰把握这一特征，客观看待中国未来低生育水平发展。虽然未来少子化现象可能增加，但是应辩证分析这种现象给中国带来的影响：一方面儿童数量的减少可能会使未来人口抚养比进一步提高，但另一方面也有利于社会重新整合相关卫生教育资源，提高儿童医疗教育质量。因此，应科学研究和评判当前及未来的生育水平，首要任务是防止出现超低生育率阻碍人口均衡发展。

二是对低生育综合施策。低生育水平的形成是各种因素叠加的结果，既有生育环境等基础因素，又有经济发展因素，更有社会文化因素。纵观世界各国生育政策，日本出台了完善保育服务的"天使计划"和"新天使计划"，解决儿童托育困难。韩国出台《婴幼儿保育法案》等相关政策皆减轻了家庭养育负担。但对生育水平的影响依旧收效甚微，2022年日本总和生育率只有1.27，韩国为0.78。这说明未来中国要实现适度生育水平单靠生育政策是完全不够的，完善生育保障体系不一定带来生育水平的提高，其本质是生育观念发生转变，而生育观念变化是由生育文化和环境等因素长期作用的结果。因此，社会各界特别是新闻媒体应积极推动适度生育的宣传推广，帮助人们更好地认识生育的社会价值。

三是积极应对低生育。低生育水平现象带来的社会发展问题既不应当过分夸大，也不能期望生育率能够快速回升。我们应采用积极的态度应对未来将长期保持的低生育水平状况，加大积极应对少子化的研究；加快完善社会保障体系、养老服务体系，特别是消除制约人口生育的阻碍因素，不能因为生育观念已经转变就放弃完善生育保障的制度建设；不能仅靠生育奖励政策来提高生育率，因为社会支持具有两重性，这种生育率提升对经济社会与文明不仅没有好处，还有一定的弊端。从一些发达国家的奖励生育政策来看，总体效果极其有限。生育是家事，更是国事，全社会都应积极行动起来，不断改善生育的政治环境、社会环境、经济环境和生态环境，构建同经济社会发展水平相适应的生育支持体系，积极探索鼓励适度生育的策略，才能营造良好的生育氛围。

总体来看，本章在分析研究中，可能存在以下不足与缺陷。首先，本研究以人口生育水平为研究对象，主要以已有文献资料作为基础进行分析。由于人口生育水平变动是长期的、动态的，对一些文献、历史真相及数据的处理难以做到面面俱到；在数据选取中，对人口生育水平变动中的一些细节问题可能缺乏深入的研究。其次，本研究致力于将多种影响人口再生产的理论融入人口生育水平，试图通过马克思主义人口理论、人口转变理论和生育率的微观经济学理论来分析人口生育水平变动情况，并根据观察所得到的经验来对未来人口生育进行验证和分析。尽管已经尽力整合这些理论，但未来的科技和文化的变迁等无法用数据量化的指标，可能使得无法对未来人口生育水平和人口转变进行准确的分析。最后，本研究运用的一些经济学理论，可能由于人口生育研究的复杂性以致适用性降低，对于一些理论需要更多注意适用范围，进行更深入的研究。此外，本研究多停留在不同理论独立对人口生育水平造成的影响上，缺乏多理论归纳提炼后对人口生育水平的综合分析，希望未来能够对生育水平的变动和发展方面进行更加广泛、深入的研究。

第七章　中国第二次人口转变深化特征与生育行为研究

【核心提示】本章主要从理论上阐释并实证研究我国第二次人口转变背景下的生育行为。生育一直是全社会关注和理论研究的重点。20世纪80年代我国第一次人口转变完成，目前已经进入第二次人口转变深化时期，主要呈现出初婚年龄推迟离婚率上升、受教育水平提高、生育意愿降低等新特征，这些将对生育行为（生还是不生、生多生少等）产生深刻影响。本章首先对人口转变与生育行为进行理论阐释，厘清生育行为与人口转变之间的逻辑联系；其次在分析我国第一次人口转变的基础上，重点对第二次人口转变状况和深化特征进行探究；再次对第二次人口转变背景下我国生育行为进行实证研究；最后基于研究结论提出中国第二次人口转变背景下实现人口可持续发展的政策主张。同时，还通过广义泊松模型实证，探析我国生育意愿与生育行为偏离的深层次原因，进而提出生育政策优化、保持适度生育水平的实现路径。

一、导论

（一）研究背景

我国已于21世纪初步入人口少子化和第二次人口转变阶段，目前国内对于第二次人口转变的研究多为宏观角度的理论研究，而基于微观角度的生育行为研究较为缺乏。总体来说，与第二次人口转变紧密相关的老龄化问题得到学界广泛关注，形成"积极应对人口老龄化"的核心观点。当前，第二次人口转变带来的少子化现象是否也同样需要全社会共同积极应对是摆在我们面前的重大现实问题。为深入探究中国的第二次人口转变与生育行为，本研究运用 2016 年中国家庭追踪调查数据综合分析，认为人口少子化现象已经较为显著，且将不断加深，需要全社会正确认识，并从人口供给侧角度出发进行积极应对。

第二次人口转变理论是解释现代人口生育率水平下降的主要理论，主要用以解释一些经济社会发达地区日益明显的少子化现象。从人口学角度来说，少子化是新一代人口数量增加的速度低于老一代人口死亡的速度，从而导致总人口数量不断减少，同时呈现出总人口中高龄人口比重逐渐上升而年轻人口比重逐渐下降的人口发展态势。国家统计局数据显示，全国 0~14 岁少儿人口占比由 2000 年的 24.79% 下降到 2020 年的 17.95%，已经处于严重少子化阶段并且持续向超少子化阶段进行转变①。这种发展速度显著超过预期，可能是因为在原有生育政策、低迷的生育意愿和高昂的生育成本的制约下，"晚生少生"逐渐成为中国年轻家庭的普遍选择（穆光宗，2016）。与此同时，全球生育率也同样在经历由高向低的转变过程。在几十年里世界各国的家庭规模普遍呈现出缩小的发展趋势，加之工作模式、经济发展、更健康的生活方式和更多的受教育机会等因素的影响，生育水平持续降低，一些学者将之称为"第二次人口转变"。

实际上，目前中国人口发展的困难主要是经济社会相关因素所致，但人口发展同样面临着第二次人口转变的一系列问题，从而造成少儿人口占比持续下降的现实状况。因此，本研究将基于第二次人口转变理论，分析中国第二次人口转变特征与生育行为的影响因素，以探究人口发展状况和未来发展趋势。

（二）研究目的与意义

1. 研究目的

本研究通过对第二次人口转变的深化特征与生育行为相关研究的归纳，构建理论分析框架，对影响生育行为的因素进行深入讨论和分析，试图基于第二次人口转变的特征、新的理论视角对生育行为研究进行扩展，在研究中实现以下目的：其一，深入了解第二次人口转变的特征；其二，探讨这些特征与生育行为的关系；其三，基于这些特征提出新的生育行为

---

① 0~14 岁人口占总人口的比重在 15% 以下为超少子化，15%~18% 为严重少子化，18%~20% 为少子化。

理论框架。

2. 研究意义

人口生育行为历来都是社会关注的重点。2020 年中国出生人口数下降到 1 200 万人，成为 1962—2020 年我国出生人口数量最少的年份。与此同时，中国社会呈现出初婚年龄推迟、同居率和离婚率上升、个人主义兴起、受教育水平提高等新的特征，第二次人口转变理论能够回答中国人口低生育水平的原因。在第二次人口转变背景下，家庭的集体决策行为（collective behavior）对人口生育水平的影响程度减弱，而个体自主选择（primacy of individual choice）的影响程度提高。本研究有利于弄清中国人口生育水平状况及其影响因素，为实现中共十九届四中全会提出的"优化生育政策，提高人口质量"助力，并推动全社会积极应对人口少子化问题成为共识。

（三）研究内容与方法

1. 研究内容

本章主要从以下四个方面展开论述：

其一，第一次人口转变理论、第二次人口转变理论与人口生育水平的理论阐释。主要以国内外第二次人口转变理论为指导，系统梳理国内外第二次人口转变的内容及影响人口生育水平的机制，探寻、厘清人口生育水平与第二次人口转变之间的逻辑联系，构建起第二次人口转变背景下人口生育水平研究的理论体系。

其二，第二次人口转变背景下中国人口生育水平状况研究。首先，结合构建的理论体系，梳理中国第二次人口转变的状况和特征。其次，探究在中国第二次人口转变背景下人口生育水平受到的影响，主要对婚姻状态、性别差异、迁移因素和区域差异等方面进行分析。最后，探究当今中国人口生育水平状况，研判未来人口发展形势。

其三，第二次人口转变背景下中国人口生育水平实证研究。首先，根据郭志刚和巫锡炜（2006）的方法，选取泊松回归模型（Poisson Regression Model），结合第二次人口转变理论中核心因素对人口生育水平进行梳理分析，泊松回归模型使用的前提条件需要均值和方差相等，实际中计数数据往往容易出现过离散（over-dispersed）现象。其次，参考徐昕（2017）的广义泊松模型（Generalized Poisson Regression Model）克服均值与方差相等的局限性，对影响人口生育的因素进行实证分析，反映第二次人口转变背景下不同年龄、职业、地区、婚姻状况、健康水平等因素对人口生育水平的影响，计算出发生率比（IRR），具体分析不同因素影响下的人口生育水平。

其四，第二次人口转变背景下中国人口生育水平政策建议。主要基于第二次人口转变理论对人口生育水平进行解析和理论研究，提出应"积极应对少子化"，促进中国第二次人口转变实现可持续性发展。

2. 研究方法

（1）文献研究法。系统梳理国内外相关文献，厘清中国第二次人口转变与人口生育水平的内在关系，构建分析框架，形成与以往研究有所区别的创新模式。

（2）规范的理论研究与实证研究相结合。综合人口转变理论和第二次人口转变理论，收集整理相关数据，运用广义泊松模型对中国人口生育水平进行实证分析（见图7-1）。

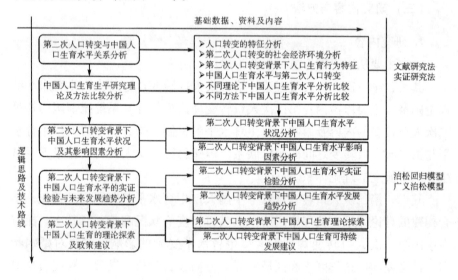

图7-1 第二次人口转变背景下中国人口生育水平研究的技术路线

（四）研究创新与特色

第二次人口转变与生育行为研究长期以来备受学界关注，但从本研究出发考察，已有文献尚存不足。本研究具有以下方面的创新：

其一，弥补第二次人口转变理论存在的一些不足，在原有框架上加入性别差异、区域差异等分析视角。

其二，受经济和文化发展的影响，中国人口转变正经历由第一次向第二次的转变，呈现出诸如妇女受教育程度提高、城市化发展、初婚年龄推迟、结婚率下降、同居率上升、离婚率上升、个人主义兴起等新的特点，原有理论和研究主要针对西方国家或地区，而对于解释当下中国低生育率原因力度不够。

其三，尚未出现基于第二次人口转变理论研究框架的中国人口生育行为现状及其影响因素微观研究；基于第二次人口转变理论对中国人口生育水平的现状及其影响因素的研究还不够全面、清晰，在方法上以描述为主，实证研究相对较少。

其四，已有中国人口生育水平实证研究成果偏技术层面，而根据实证研究提供可转化的政策措施偏少，对于"优化生育政策，促进人口长期均衡发展"所能提供的理论支撑和政策建议有限。

二、文献回顾与理论基础

（一）文献回顾

1. 第一次人口转变

人口转变涉及经济增长、储蓄利率变动、消费结构转变和社会发展多个方面，是人文社会科学研究的重点之一。人口转变理论（Demographic Transition）是研究人口转变的重要理论，其萌芽于 20 世纪初的朗德里（Adolphe Landry）对欧洲人口变化过程的描述，后来经汤普森（Warren Thompson）和诺特思坦（Frank Notestein）得到逐步完善，核心在于描述一个国家从高出生率、高死亡率，走向低出生率、低死亡率的人口变动过程。陈卫和黄小燕（1999）认为，在第一次人口转变背景下科学技术的进步带来充足的食物供给、生活水平的提高和健康状况的改善，使得孩子存活水平提高、个人主义文化增长、消费愿望上升、流动人口增加及生育孩子的成本增加，客观上造成生育水平的快速下降。总体而言，由于人口死亡率已经持续稳定在低水平上，所以人口转变主要取决于人口生育水平的变动，生育行为成为人口转变的重要研究对象。

2. 第二次人口转变

（1）国外研究

"第二次转变"一词最早由 Lesthaeghe 和 Van de Kaa 在 1986 年提出；此后，Van de Kaa（1987）发表《欧洲第二次人口转变》一文，正式提出"第二次人口转变"。在这篇文章中，他研究了 30 个欧洲国家的人口变化情况，认为"第二次转变的主要人口特征是，总和生育率从 2.1 的水平以上下降到更替水平以下"。这一转变背后的驱动力是人们观念上的改变，即从无私主义到个人主义的转变（Van de Kaa，1987；2002）。

第二次人口转变是在第二次世界大战之后在欧洲开始的。战争导致婚前性行为增加，二战后第一次性行为年龄提前。社会态度变化较慢，婚姻仍然是合法和可接受性行为的前提条件。这导致在此期间的人口结婚年龄提前。二战后社会经济状况的改善使得家庭能够负担生育子女的经济社会成本，生育率也一直上升，直到 20 世纪 60 年代。此后，早婚削弱了婚姻与生育之间的时间联系。随着避孕药和宫内避孕器的引入，避孕技术的进步进一步削弱了两者之间的联系。离婚和分居的增加，加上性行为和生育的分离，导致结婚率下降和未婚同居率上升。初育时结婚的压力也有所减轻（即非婚姻生育率上升）。婚姻（包括自愿婚姻）不再主要反映出对儿童的渴望，生育率大大低于替代水平。

以上是第二次人口转变的"标准"顺序，但就各个国家或地区具体而言，家庭变化不会按照这种"标准"顺序演变。它们都将呈现向低于替代生育率过渡的四个基本特征，在序列中的位置如表 7-1 所示。

表 7-1　第二次人口转变的关键阶段及最新阐述

第二次人口转变的基本特征（Van de Kaa，1987）	第二次人口转变的阶段（Lesthaeghe，1995）	应对第二次人口转变的经验证据（Lesthaeghe，2010）
离婚率高，同居率上升，导致婚姻观念淡漠	第一阶段（1955—1970 年）：离婚现象增加；生育力下降；避孕革命，停止将结婚年龄提前	变化的变化率
家庭重心从"以孩子为主"向"以夫妻为主"转变	第二阶段（1971—1985 年）：婚前同居现象增加；非婚生育能力上升	可变的发展道路
从预防性避孕向自我实现性避孕的转变	第三阶段（1986 年起）：离婚率保持稳定；再婚率下降；30 岁以上人口生育能力增强，从而提高了该时期的生育率	最终阶段有些异质性

表7-1(续)

第二次人口转变的 基本特征 （Van de Kaa，1987）	第二次人口转变的阶段 （Lesthaeghe，1995）	应对第二次人口转变的 经验证据 （Lesthaeghe，2010）
统一家庭（夫妻家庭）开始让位于更加多元化的家庭形式	—	—

资料来源：ZAIDI B，MORGAN S P. The second demographic transition theory：a review and appraisal［J］. Annu Rev Sociol，2017，43（1）：473-492.

  其中三个特征与家庭形成和结构的变化有关，其中一个特征反映了避孕药具使用的变化情况（从预防到自我实现）。尽管第二次人口转变的时序和速度可能有很大差异，但仍存在"逻辑排序"的证据。

  但这种新的人口转变情况对于北美和亚洲国家的适用性还存在争议（Zaidi & Morgan，2017），不同文化环境下家庭行为变化没有定论（Raymo等，2015）。为此，国外学者基于第二次人口转变理论框架，利用实证数据对低生育行为进行研究（Kertzer 等，2009），发现两种人口转变可能在同一社会发生（Lesthaegher & Neidert，2006）。图7-2（右轴）显示，社会科学期刊中经同行评审的文章中提及"第二次人口转变"的文章有所增加。Google 学术搜索数据（左轴）包括书籍和报告，提供了更多引用，并显示出快速攀升趋势（见图7-2）。

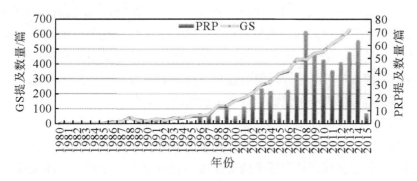

图7-2 引用第二次人口转变理论文章情况

（数据来源：ZAIDI B，MORGAN S P. The second demographic transition theory：a review and appraisal［J］. Annu Rev Sociol，2017，43（1）：473-492.）

  总体而言，第二次人口转变在西方已经是一个较为成熟的话题，大量研究都在揭示第二次人口转变在不同社会的表现。

（2）国内研究

第二次人口转变主要是指 20 世纪 60 年代，欧洲特别是西欧人口婚姻、家庭和生育行为发生的革命性转变。吴帆和林川（2013）将之总结为超低生育率、生育与婚姻的断裂、不婚和离婚现象增加和同居现象的增加四种主要变化。刘爽等（2012）和石人炳（2012）认为，长期以来，中国对第二次人口转变的研究主要停留在理论层面。而第二次人口转变作为解释低生育水平现象的最主要理论框架，并未得到充分运用，学界甚至对中国低生育率水平存在一定的争议。王金营等（2019）基于全国生育状况调查数据研究，认为我国实际生育水平明显高于国家统计局数据，在收入提高、住房改善等多因素的作用下不必过分担忧当前和未来我国超低水平的生育率，近期我国不会落入"低生育率陷阱"。而穆光宗（2016）认为中国已经陷入"低生育率陷阱"，低生育、少子化和人口衰退形成中国人口的新常态。茆长宝和穆光宗（2018）认为我国人口少子化问题较人口老龄化问题更加突出。

事实上，中国于 20 世纪 80 年代基本完成第一次人口转变，于 90 年代末开始进入第二次人口转变时期（谢宇，2019）。第二次人口转变中的个人、家庭因素日益成为决定女性生育行为的主要因素（赵梦晗、计迎春，2019）。欧洲第二次人口转变对世界未来家庭及人口发展的影响开始引起学界关注（蒋耒文，2002），也有学者考察第二次人口转变在中国家庭与人口领域的变化（郭志刚，2008；於嘉、谢宇，2017）。从已有研究来看，於嘉和谢宇（2019）较为完整地阐述了第二次人口转变与中国人口与家庭领域发生的新变化。值得注意的是，第二次人口转变理论在解释后生育率转变时期很低和极低生育现象的过程中扮演着重要角色，虽然存在一些不足，但仍是分析当今中国低生育水平现象的重要理论。

3. 第一、二次人口转变的关系

两次人口转变的本质在于人口和社会转变、对生殖的控制，其使得女性进一步接受教育，从而更多的女性参与到社会工作中来。总体来说，第一次人口转变是第二次人口转变的必要条件，但两者之间存在着人口和社会性质的重大差异。根据 Lesthaeghe（2014）的归纳总结，两次人口转变之间的对比见表 7-2。

表 7-2 第一次人口转变与第二次人口转变的对比

特征	第一次人口转变	第二次人口转变
婚姻	结婚比例上升，初婚年龄提前	已婚比例下降，初婚年龄推迟
	同居率低或下降	婚前和婚后同居的现象不断增加
	离婚率低	离婚率高，离婚率上升
	丧偶或离婚后的高再婚率	再婚率下降
生育	第一次生育时的平均年龄提前	推迟生育，平均生育年龄推迟
	避孕不足	高效避孕
	非法生育率较低	非婚生育率上升，婚外生育增加（同居夫妇，单身母亲）
	已婚夫妇基本都有子女	丁克现象增多
社会背景	对基本物质需求的关注：收入，工作条件，住房，儿童和成人健康，教育，社会保障等是重要因素	"更高层次"需求的兴起：个人自治，表达性工作和社会化价值观，自我实现，自我认可等
	政治、公民和社区导向网络的成员数量不断增加	脱离公民和社区网络
	教会和国家的强有力规范性监管，第一次世俗化浪潮，政治和社会的"支柱化"	第二次世俗化浪潮，拒绝权威
	隔离的性别角色，家族政策，以养家糊口的家庭模型为核心的家庭	性别角色的对称性凸显，女性受教育水平上升，女性经济自主权增强
	一个单核家庭模型的有序生命历程转变及优势	灵活的人生历程组织，多种生活方式，开放的未来

注：表格引自 Lesthaeghe（2014）的"The second demographic transition：a concise overview of its development"一文。

4. 第二次人口转变的主要特征

通过对第二次人口转变理论进行分析，本研究认为第二次人口转变与生育行为的关系主要有四个方面，即婚姻差异、性别差异、迁移差异和区域差异。

一是婚姻差异。第二次人口转变强调婚姻类型的多样化，即结婚比例下降、离婚率上升、同居现象增加等。

二是性别差异。一些学者认为第二次人口转变理论忽视了对性别的考虑（McDonald，2000），而性别趋于平等是生育水平下降的客观因素之一，因此应将性别因素纳入第二次人口转变理论。

三是迁移差异。在西方，国际移民是第二次人口转变的主要特征之一；而在中国，流动人口是中国第二次人口转变的主要特征之一。

四是区域差异。第二次人口转变理论主要讨论西方，特别是西欧人口转变的新现象；对于欧洲、全球差异探讨有待深入。就中国而言，第二次人口转变的发生在中国不同区域群体之间的差别也值得未来更多关注。

5. 第二次人口转变主要特征与生育行为关系的相关文献

（1）婚姻状况方面

第二次人口转变中婚姻状况对子女数量的影响出现了两个新的特征：婚姻状况的多样化和生育与婚姻家庭的分离。从国外来看，这一趋势在日本、韩国等国尤为明显。从 20 世纪中叶以来持续出现的传统家庭比例下降、单身和无子女家庭增加的现象可以看出，大约一半婚前同居家庭和35%的同居且无法结婚的家庭有孩子，推测 40%的单亲家庭实际上过着同居生活（张素蓉，2001）。从我国来看，婚姻和生育的关系经历了一个从"统一"到"分离"的过程，西方婚姻家庭观念的传播使得东方文化传统婚姻家庭观念发生转变，丁克、不婚等减少生育的现象增加的同时，还伴随着同居、未婚先孕等推动生育的现象的增加。

比较两次人口转变，可以看出，现代婚姻与生育关系逐渐淡化，导致婚姻状况呈现出多样化趋势。价值观念变化导致平均结婚年龄推迟、初婚率下降、离婚率上升、同居普遍化和非婚生育比例上升。目前婚姻方面的变化与第二次人口转变的预期符合，呈现出"婚姻非制度化"（Cherlin，2004）。全世界的结婚年龄都在推迟（Ortega，2014）；日本、韩国等亚洲国家现在是世界上结婚最晚的国家（Raymo 等，2015），甚至非洲国家的结婚年龄也在迅速推迟（Shapiro & Gebreselassie，2014）。此外，西方国家永不结婚的比例比 20 世纪初的水平有所提高（Van de Kaa，2002；Cherlin，2014）。在经济增长与西方国家相匹配的东亚国家，初婚率的下降更为显著，但社会经济阶层的差异依然存在，离婚率与受教育水平具有正相关性。第二次人口转变预测的同居现象增加也得到了证实，但各国的同居率存在着巨大差异。即使在欧洲，同居率也从法国和芬兰的 75%以上到意大利和波兰的不到 10%不等（Heuveline & Timberlake，2004）。在美国，同居现象在所有社会阶层中都有所增加，然而，持续时间仍然比其他大多数西方国家要短，而且这些同居行为中的很大一部分因婚姻而结束（Cherlin，

2010)。此外，在许多同居行为较为常见的地方，同居仍然是婚姻的前奏，而不是替代。

从国内婚姻状况与子女数量研究来看，由于生育水平受地区、文化程度与职业、城市人口比例与非农业部门经济活动人口比例、收入水平和收入分配等因素的影响（蒋正华，1986），其成果多以定性研究为主。吴帆和林川（2013）总结欧洲人口变化趋势，认为超低生育率、生育与婚姻的断裂、不婚和离婚的增加、同居行为的流行使得生育模式发生了结构性改变，导致生育率持续降低。於嘉和谢宇（2019）认为我国第二次人口转变的关键指标包括初婚年龄、同居率、离婚率以及生育方面：①我国男性与女性婚姻时间明显延迟；②婚前同居行为愈发普遍；③离婚率小幅上升；④生育率低于更替水平，不生育家庭比例极低。基于不同的婚姻状况、价值观、个人态度和行为选择可以将婚姻分为随心所欲和循规蹈矩两种模式。

上述研究主要基于某种特定婚姻类型对生育行为的影响展开，虽然较为全面地解释了不同婚姻类型下影响人们生育数量的主要因素，但需要注意的是这些现象内含的深层次原因是区域经济文化水平差异、受教育程度、工作类型等经济社会因素。由此带来的第二次人口转变，又进一步促使婚姻状况多样化速度加快。总体来说，不同婚姻状况对子女数量的影响因素主要体现在：女性逐步走入社会，高等教育的持续普及使得受教育时间显著延长，以及人口初婚时间持续推迟。

（2）性别视角方面

对性别的关注不够是第二次人口转变理论的主要缺点之一（Bruno 等，2015）。个人自主权和自我实现并不是性别中立的概念，对男女具有不同的含义。因此，与男性转向高阶偏好相比，女性越来越多的自我实现和个人主义的行为后果对家庭的改变更为重要（Bernhardt，2004）。尽管第二次人口转变理论在很大程度上低估了性别的作用，但竞争理论已将其指定为生育力和家庭变化的解释模型中的关键角色（Goldscheider & Bernhardt，2015）。McDonald（2000）对以家庭为导向的机构和以个人为导向的机构中的性别平等进行了区分，认为从高生育率向低生育率的转变主要是由于面向家庭的机构中性别平等的缓慢实现，随后是诸如教育和劳动力市场体系之类的面向个人的机构中性别平等的快速实现，特别是在西方国家。但是，以个人为中心的观念迅速发展，而家庭机构的互补和持续变化发展缓慢，导致生育率降低。

（3）迁移因素方面

Van de Kaa（2002）在讨论预期寿命延长以及西欧国家启动客籍工人计划时，将死亡率和人口迁移纳入其中，认为移民的作用显著。在第一次人口转变中，移民起到了维持平衡的作用；在第二次人口转变中，移民在维持国家层面的人口平衡中起到了关键作用。这些移民模式的变化造成了20世纪中叶欧洲人口发展的重要分化。Lesthaeghe（2014）认为"替代性移民"对于第二次人口转变的作用相当于替代性生育率对于第一次人口转变的作用。

一方面，人口迁移会降低人口生育数量。在人类早期，对于四处迁移的采集者来说，婴幼童行动缓慢，会对外出狩猎、采集造成负担，所以只有女性24小时照顾婴幼童。而当时较低的人口密度与较高的流动性使得传染性疾病无法扩散（Kunitz & Cohen，1989），因此传染病致死率较低，人们只要能够活过意外频发的生命早期，预期寿命就能达到60岁，所以育龄期延长（Jones等，2002），人们有条件选择延长生产间隔，形成了早期人口生育观念。在前一个孩子能够照顾自己之后再继续生育，一般为每个子女至少会相隔3~4岁。为了控制生育，人们采取了禁欲、人工流产等方式（Spielmann，1989）。在迁移频繁的狩猎—采集社会中，这种生育数量较少的选择既是对自己生存的保护又是对孩子生存的保障。此外，国外研究表明人口迁移能降低人口出生率。在经济发展水平较高的地区，迁移人口文化素质一般高于本地居民，因此迁入妇女生育水平会明显低于非迁移妇女；从郊区迁移到市区的女性，由于就业、居住、生活困难度更高，其生育水平也低于郊区妇女（周祖根，1993）。就城乡二元结构而言，推动农村人口到城镇的迁移，可以发挥迁移流动的经济社会机制，对农村迁移人口产生渗透作用，促使其生育率进一步下降（王平权，1996）。

另一方面，人口迁移也可能会提高人口生育数量。梁秋生（2004）认为外来人口提高了城市人口的"分母"，从而使得京、津、沪总和生育率下降。郭志刚（2005）得出了相反的结果，认为本地育龄妇女生育水平低于有过迁移经历的育龄妇女。陈卫（2005）的观点与郭志刚相似，认为以青壮年为主的外来人口对于城市低生育率有提升作用。

（4）区域因素方面

第二次人口转变在发达国家之间以及发达国家内部存在着很大差异

（Hiekel & Castro-Martin，2014；Hayford 等，2014），美国的非婚生育率在过去的 50 年里急剧上升，然而主要与贫困和低教育程度密切相关，是结构性而不是文化性的意识形态变化动机行为（Cherlin，2010）。考虑到美国与欧洲在许多方面呈现出相同的第二次人口转变行为模式和变化趋势，空间分析显示非西班牙裔白人（总体水平）仅在少数几个州表现出高于替代水平的生育力：犹他州、阿拉斯加州、爱达荷州和堪萨斯州。这表明可能有非西班牙裔白人的亚组对这种差异做出了不成比例的贡献（Lesthaeghe & Neidert，2006）。在俄罗斯，非婚生育的主要原因也是贫困和低教育水平（Perelli-Harris & Gerber，2011）。在南欧许多地方，非婚生育率仍然很低，正在经历第二次人口结构转型的亚洲国家也很少见，同居、离婚等现象增加缓慢（Ravaneral 等，1999）。

中国区域人口生育数量差异研究主要有三类划分标准：其一，按省份划分。一些学者对各省之间生育行为差异进行比较（王学义、王春蕊，2011），或侧重研究某一省份的人口生育行为（穆光宗 等，2008），或采用最大 P 区域问题的区划方法对我国 31 个省、自治区、直辖市的生育水平进行划分（向华丽、舒施妙，2018），或利用我国 29 个省、自治区、直辖市的数据对计划生育政策、社会保障与人口出生率的区域差异进行研究（王国军 等，2016）。受世界各国和中国国内省际经济社会差异的影响，两者之间的生育率差异经历了一个由小变大、又由大变小的过程（陈友华，2010）。基于双重差分模型对我国 31 个省、自治区、直辖市的"二孩"政策效果和区域异质性进行研究（陈海龙、马长发，2019）。利用分解方法对中国各省、自治区、直辖市的出生人口数量变化进行研究（姜全保 等，2018）。其二，按城乡划分。一些学者从城乡两区域角度出发，基于多胎次比较人口生育差异（朱建平 等，2017），或认为城镇化的推进与生育水平之间存在一个"U"形关系（杨华磊 等，2018），人口转变的城乡差异必然导致人口问题复杂化（王学义，2002）。除此之外，城乡和省级之间的人口流动也会降低生育水平（周皓，2016）。其三，按东、中、西部划分。我国东、中、西部地区中，中、西部地区特别是西部地区生育率增长最快，需要协调人口与经济之间的关系（何金定，1997）。中国人口转变区域分类与东、中、西部地区大致相同，形成了东部地区先行逐渐向西部递进的局势（王学义，2002）。从东部、中部到西部，生育率呈现出递增趋势（彭真善，2009）。

6. 对已有研究的评价

首先，尽管第二次人口转变理论还存在不少缺陷，但不可否认它是解释人口低生育行为、探索未来人口发展趋势的重要理论框架。总体而言，第二次人口转变理论的研究，特别是中国的第二次人口转变理论的研究还不够深入。现有理论主要基于欧洲白人家庭的经验，其最先进的形式被认为是在最接受后现代价值观的西方人群（例如北欧国家）中兴起的。对于进入低生育水平阶段的中国而言，这种经验判断是否适合尚无法确定。因此，以习近平新时代中国特色社会主义思想为指导，深化中国第二次人口转变理论与实证研究显得尤为必要。

其次，目前学界对中国第二次人口转变的特征的界定不够清晰，主要存在以下四个方面的问题：①现有研究强调了婚姻的多样性，而对不同婚姻状况的生育行为的研究不够深入。就类型而言，婚姻大致可以分为未婚、在婚有配偶、离婚、同居和丧偶五种类型，但未就这些方面进行更加深入的研究。②第二次人口转变理论在分析国家内部差异方面存在不足，主要将区域差异视为"文化滞后"而不是区域不平等或者差异（Zaidi & Morgan，2017）。未来中国的第二次人口转变研究应从区域角度进行。③第二次人口转变理论对性别变化如何影响生育行为的解释不够清晰，性别变化应成为解释家庭生育行为的重要部分。④国际上开始关注移民因素对第二次人口转变的影响，就中国而言，人口流动则是中国第二次人口转变的主要特征，而现有研究还不多。

再次，实证研究明显薄弱。国外文献采用了诸如泊松回归、逻辑回归和交叉滞后的结构方程模型，衡量第二次人口转变对生育率趋势的影响（Jennifer，2013）。而现有国内研究则多以描述性分析为主。

最后，实践价值有待深入发掘。研究中国第二次人口转变特征，是科学研判未来中国经济社会发展的重要前提，对于科学制定发展规划、避免陷入"低生育率陷阱"、实现人口长期均衡发展和中华民族繁荣具有重要作用，是社会科学的基础性研究。

鉴于已有的不足，需要在以下几个方面做出努力：

第一，完善第二次人口转变理论。本研究综合已有的文献资料，基于中国国情和社会特征，研究具有中国特色的第二次人口转变理论。

第二，构建研究第二次人口转变理论的理论体系，寻求合适的实证工具，明确研究角度，为实证研究打下坚实的基础。

第三，对第二次人口转变特征进行实证研究，充分挖掘第二次人口转变的理论价值，促进人口长期均衡发展。

（二）相关概念

1. 中国第二次人口转变

中国第二次人口转变主要是指当前我国已进入男女婚配的时间明显推迟、婚前同居现象愈发普遍、离婚率小幅上升这一具有鲜明特点的生育行为的阶段（於嘉、谢宇，2019）。在中国，这一词最早由刘秀莲（1991）提出，但是她所提出的第二次人口转变与第二次人口转变理论存在差异，只是对中国人口转变的一种形容。

本研究认为，中国第二次人口转变是基于中国特色社会主义，以社会经济水平稳步提高、人民生活幸福安康为背景，中国人口生育行为发生的新变化。其重点体现在婚姻状况多样化、区域差异多样化、性别差异多样化和迁移差异多样化四种新的特征对生育行为的影响。中国由此步入总和生育率持续低于更替水平 2.1、面临"低生育率陷阱"和出生率难以提高的人口发展新阶段。

2. 中国第二次人口转变的深化特征

基于上述因素，本研究认为中国第二次人口转变的深化特征，主要体现在以下四个方面：

其一，婚姻状况多样化。民政部发布的《31 年中国人婚姻数据》显示，全国结婚登记率连续 4 年下降，登记结婚年龄发生变化，晚婚现象明显，25~29 岁登记结婚的公民人群最多。中国人口离婚率逐渐从 1987 年的 0.55‰上升到 2017 年的 3.2‰，离婚数量从 1987 年的 58.1 万对增长到 2017 年的 437.4 万对，增长了约 6.53 倍。同居现象逐渐增加。中国家庭追踪调查数据显示，1970 年以前结婚的夫妇婚前同居的比例为 1.8%，而 2000 年以后这一比例提高到 32.6%。

其二，性别差异缩小化。性别因素对生育行为具有显著的影响作用，重点体现在婚姻家庭、性别平等和性别偏好上。本研究主要体现在城市男性、城市女性、农村男性和农村女性的生育行为差异上。

其三，人口迁移频繁化。本研究主要体现在不断增加的人口流动行为对生育行为的正向或负向影响上。

其四，区域差异多样化。新中国成立以来，人口生育率经历了高生育率时期、生育率快速下降时期和低生育率时期三个阶段，人口转变基本完成，一些学者认为这种急剧的人口转变的决定性因素是生育政策和人口控制，由此出现了区域生育水平的极大差异。

（三）理论基础

1. 第二次人口转变理论

第二次人口转变理论由 Lesthaeghe 和 Van de Kaa 于 1986 年提出，主要描述了自 20 世纪 60 年代后期以来在西欧和北欧的家庭变化和生育行为，生育率下降到更替水平是该理论的主要特征。除了较低的出生率外，他们还发现离婚、同居和使用避孕药具的现象增加。文化方面个性化和世俗化兴起，福利国家增多，现代避孕和辅助生殖技术得到发展（Van de Kaa,1996）。第二次人口转变框架是用来解释人口变化的主要途径（Sobotka,2008）。第二次人口转变视角有几个定义特征，使其与其他理论有所区别。

第一个特征是关注观念和文化变革。人口行为不仅受经济因素的制约，而且自我实现、选择、个人发展也成为决定性的因素。家庭的形成在很大程度上受到个人和夫妻观念转变的影响，他们为了适应自己的私人需求而过渡到父母身份。这些需求包括个人发展等因素，还包括父母身份作为自我的表达和延伸（Lesthaeghe & Dominique, 1987）。

第二个特征是技术，尤其是避孕革命的作用。有效的避孕措施切断了性与生殖之间的联系，一些社会学家后来将其称为"可塑性"。在许多西方社会中，有效避孕已变得非常普遍。避孕不仅为夫妻特别是妇女提供了更多的选择，而且还可以推迟生育。但是，这种生育延迟的另一面是大龄高龄父母的增加、辅助生殖技术的发展和辅助生殖情况的增加。

第三个关键特征是儿童在家庭中的作用和地位。儿童需要父母提供经济和劳动支持，因此儿童是家庭情感和财政投资的中心。第二次人口转变过程中出生率的下降与孩子在夫妻生活中的地位下降有关。正如所显示的那样，孩子的出生是作为一种需要仔细计划的东西出现的，它可能会影响父母的伙伴关系、生活方式和进一步的经济福利（Liefbroer, 2005）。

第四个关键特征是生活安排的变化和同居关系的兴起。国际社会调查机构调查数据表明，在 20 个不同国家的 18~35 岁的年轻受访者中，大多数人认为没有结婚意图的同居是可以接受的行为。虽然人们对未婚同居的态度是友好的，但在某些国家，同居的实际水平仍然很低。

2. r-K 种群繁殖理论

r-K 策略是由 MacArthur（1962）提出的关于"种群繁殖"的一种生态学研究理论，阐述了生物在自然环境下为维持种群繁衍做出的不同策略选择，是生物对它所处生存环境的不同适应方式。在气候环境稳定、自然灾害较为罕见的情况下，动物的繁衍有可能达到近似于环境的容纳量，即逻辑斯谛方程的 K 值，在这种情况下谁能更好地利用环境承载力达到 K 值谁就处于更加有利的位置。而在环境不稳定的地方，自然灾害经常发生，只有较高的繁殖能力才能补偿因为突然灾害发生的损失，通常用来表达繁殖力的测度工具之一是内禀增长率 r，所以居住不稳定环境中的物种，具有较高的 r 是有利的。因此，有利于提升内禀增长率的选择称为 r 选择，有利于竞争能力增强的选择称为 K 选择。从物种的适应性出发，把 r 选择的物种称为 r 策略者，把 K 选择的物种称为 K 策略者。r 策略者的防御能力不强，死亡率高，种群很不稳定，但由于其迅速增殖的能力，r 策略者不易灭绝；相反，K 策略者的较低生育力使得其防御和保护幼体的能力较强，幼体存活率通常较高，个体较大，寿命较长，具有竞争力，保证了种族的延续（Bogaert et al，1989）。物种总是面临两个相互对立的进化途径，各自只能选择其中一个才能在竞争中生存下去，大多数物种以一个或者多个特征居于这两个类型之间，将其视为连续变化的两个极端（见表7-3）。

表 7-3　自然环境 r 策略和 K 策略的特征

特征	r 策略	K 策略
气候	不可预测的	可预测的
种群大小	随时间改变	稳定不变
竞争	松散	强烈
选择优势	快速生长 繁殖较早 较小个体	生长缓慢 延迟繁殖 较大个体
生命周期	短（小于1年）	长（大于1年）
演替阶段	早期	晚期（顶级）
结果	多产	高效

资料来源：PIANKA E R. On r- and K-selection [J]. The American naturalist, 1970, 104 (940): 592-597.

人类发展过程中的生育选择与之类似，人口增长受约束力量和选择力量的制约，表现为人口的生育选择在 r-K 策略之间相互转换。简单来说，

r 策略代表生育更多以规避风险，K 策略代表生育较少以提高个体质量和竞争力。人口基于其生物属性和自然环境的不断变化，在 r 策略中和 K 策略中不断调整改变，以维持种群繁衍。人类的 K 策略特征包括长远的思考与规划、对长期关系的承诺、对孩子的广义投资、社会支持网络的存在、对社会规则（例如利他主义和合作）的遵守以及对风险的考虑等。随着人类社会的发展，自然环境制约人口发展的因素逐渐减少，人口的社会属性逐渐增加，社会环境对人口的影响逐渐成为人口生育的主要决定因素。除此之外，r 策略和 K 策略相互影响和作用，使得人口的增长期和人口的减少期交替出现（见表7-4）。

表7-4 社会环境下人口生育行为 r-K 策略

	r 策略	K 策略
特征	以数量换取优势	以质量换取优势
人口变动	波动较大，变化剧烈	波动较小，趋于稳定
人口出生	新生儿出生率高	新生儿出生率低
人口规模	规模增大	规模缩小
竞争	松散，不紧张	强烈，紧张
生育特点	生育年龄较早、生育数量较多	生育年龄延迟、生育数量较少
结果	多产	高效

（四）研究框架

基于 r-K 种群繁殖理论和第二次人口转变相关特征，本研究构建了第二次人口转变对生育行为的影响研究理论框架。纵向来看，婚姻、区域、性别以及迁移因素是总结完善第二次人口转变理论后适应中国第二次人口转变的主要特征；横向来看，随着经济社会的发展，婚姻、区域、性别以及迁移因素的特征不断发生改变，导致生育行为由 r 策略向 K 策略发生转变，即第二次人口转变的"深化特征"（见表7-5）。

表7-5 第二次人口转变深化特征与生育行为的 r-K 策略

特征	r 策略	K 策略
婚姻状况	婚姻状况稳定，以在婚有配偶为主	婚姻状况不稳定，婚姻类型多样化，同居、不婚现象增加

表7-5（续）

特征	r策略	K策略
区域差异	以欠发达地区为主	以发达地区为主
性别因素	性别不平等，男尊女卑或女尊男卑	性别趋于平等
迁移因素	人口流动少	人口流动频繁

三、中国第二次人口转变影响生育行为的机理研究

一是中国第二次人口转变特征内涵，具体包括婚姻、区域、性别和迁移四个特征。

二是中国第二次人口转变特征深化情况，具体包括婚姻状况由稳定到不稳定、区域经济社会不断发展、性别趋于平等和人口流动频繁四种情况。

三是中国第二次人口转变特征对生育行为的影响，具体包括婚姻状况、区域差异、性别因素和迁移因素对生育行为的影响，本研究将分别对四个深化特征对生育行为的影响机理进行阐释。

（一）婚姻状况对生育行为的影响机理

界定婚姻状况是研究生育行为的重要前提。目前学界主要将婚姻状况分为未婚、已婚有配偶、丧偶和离婚四种类型（邵宁，1983；陆杰华、王笑非，2013）。而20世纪90年代以来，中国同居现象不断增加，并转变为如今受到默许的一种爱情与婚姻模式（罗媛、张海钟，2007）。此外，第二次人口转变中同居现象的增加也是家庭结构转变的标志性因素之一。杨静利（2004）梳理我国台湾地区2000年户口普查数据，估计同居人数达37.98万人，认为在婚姻状况选项上应将"有偶"与"同居"分开。综合以上研究，本研究认为应将婚姻状况划分为在婚有配偶、未婚、离婚、丧偶和同居五种类型。目前我国婚姻状况主要体现在在婚有配偶减少、离婚增加、同居增加和未婚增加。婚姻状况对生育行为的影响机理主要有五点：

其一，在婚有配偶与生育行为。第一次人口转变主要体现在婚姻的广泛性和生育与婚姻的紧密性两个方面。首先，婚姻的广泛性。基于婚姻形成的家庭是人类社会中最基本、最持久的社会组织形式，无论是在原始社

会、传统农业社会还是农业社会向工业社会转型阶段，婚姻都作为人类由动物性结合向文化性结合转化的结果（齐晓安，2009）。其次，生育与婚姻的紧密性。由于婚姻家庭与生育行为有着很强的约束关系，对于生育数量的研究主要以在婚有配偶人群为主。在早期人口转变过程中，婚姻行为与生育行为紧密相关，传统婚姻行为也特指结婚行为，普遍认为结婚是生育的前提（查瑞传、刘金塘，1991）。育龄妇女一直是生育行为的主要研究对象，而育龄妇女生育意愿数量与实际子女数量、年龄正相关，与受教育程度和收入负相关（周长洪、黄宝凤，2001）。生育行为是在婚家庭基于生育意愿所做出的生育选择，是将意愿转化为行为的生育过程。此外，洪秀敏和朱文婷（2017）从家庭角度研究生育二孩，特别是从独生子女家庭角度研究生育二孩的问题。在过去，家庭生育的决定性影响因素一度是计划生育政策，但随着经济社会的发展，计划生育政策的影响正在消失，生育政策逐渐向完善公共服务和给予社会支持转变（任远，2017）。以上研究主要以在婚有配偶为前提，结合生育政策等因素，从生育时间选择、性别选择和数量选择方面对家庭生育行为进行论述。

其二，未婚与生育行为。在婚姻类型与生育问题上，20世纪80年代，我国在考虑育龄妇女生育率时一般将未婚生育视为个别现象而不加以计算（李伯华，1983）；21世纪初，卜玉梅（2008）通过访谈和个案研究对湖南某村未婚生育现象进行定性研究，发现他们在制度、文化等因素的综合作用下，出现先生育再结婚的现象。从定义而言，一般认为未婚生育是指没有按照法定程序登记结婚，也没有举行结婚仪式而生育孩子的行为。

其三，离婚与生育行为。对于离婚状况下子女数量的研究相对比较缺乏。邵宁（1983）认为，离婚行为会导致家庭丧失稳定，从而带来出生率下降。

其四，丧偶与生育行为。丧偶人群一般年龄较大，已经退出生育阶段，因而相关方面的研究主要基于子女数量以分析养老环境，而从丧偶状况角度分析子女数量的研究相对缺乏。

其五，同居与生育行为。在西方一些国家和地区，同居正在成为婚姻的替代物。在瑞士，同居夫妻拥有已婚夫妇的一切权利。而中国的同居不同于事实婚姻，男女双方在经济上互相独立，不生育子女（王文静、李卫红，2005）。许传新和王平（2002）将同居行为称为"试婚"，认为爱情、生育和婚姻由同一走向分离。

（二）区域差异对生育行为的影响机理

区域差异对生育行为的影响机理主要有三点：

其一，区域自然环境差异与生育行为。在人类早期，人口增长受区域可获得的生物量限制（李建德，1991）。区域气候、食物等是制约人口生育的主要因素。气候在此期间处于较长的冰期和间冰期的不断循环中，长时间的冰期使得地球环境寒冷干燥，不适宜生存。两个冰期之间会存在较短的间冰期，这时气温升高，北半球冰盖融化，欧亚大陆变得适宜人口居住，自然环境的改善促进人口向北方迁移。直到冰期再次出现，部分人口由于恶劣的气候被淘汰，人口规模再次缩小。人口需要的营养和热量完全依赖自然资源，就像许多哺乳动物一样，由荷尔蒙和遗传机制来控制生育数量。资源多的时候，女性营养充足，孩子就多生几个；反之，妇女生育能力下降。自然环境好、资源丰富的地区的生育水平更高。

其二，区域经济社会差异与生育行为。区域间不同的经济社会发展程度决定了区域人口生育水平，出现区域间生育水平高低同时存在的现象，区域差异正通过影响社会经济发展内在要素直接或间接地影响人们的生育水平和生育数量。例如不同国家和地区生育水平不一，发达国家生育水平普遍低于发展中国家。在中国，家庭经济因素对个体生育行为的影响会随着省级社会环境的不同而呈现出巨大差异（靳永爱 等，2015）。

其三，区域文化观念差异与生育行为。受区域文化氛围影响，不同国家的地区在法律制度与意识形态、价值观、风俗习惯、伦理、道德等方面有着不同的生育文化。就城乡二元结构而言，农村地区较城市地区有着更强烈的生育偏好，更加具有"多子多福"的生育观念，因此会生育更多子女（刘中一，2005）。

综上所述，选择理论、社会化理论和干扰理论阐释了人口流动与生育行为之间的关系。

（三）性别因素对生育行为的影响机理

马克思主义人口理论认为人口具有生物属性和社会属性。女性作为生育行为的主体，直接承担了怀孕、分娩和哺乳等生物性责任，以及照料、教育等社会性责任；男性在生理上提供精子，主要承担着生育的社会性责任。这种性别在生物上的差异对于孩子数量的影响有限。孩子数量主要受到人口转变过程中性别在城乡二元结构、经济社会发展中的角色分工的影响。通过梳理文献发现，相关研究主要聚焦于三个方面。

其一，婚姻、家庭、性别与生育行为。生育作为家庭性的决策行为，受到男性和女性的双重影响。不同影响因素中蕴含着性别差异。其中，女性是生育的主体和承担者，如女性受教育程度的提高、女性追求自我价值的实现、女性家庭社会地位的提高、女性在家务中的分配和女性生育成本等，都会影响生育数量（Montserrat，1998）。Goldscheider（2000）指出，从离婚率上升和同居现象的增加可以看出，婚姻数量的减少大部分归因于职责上的性别不对称（经济任务所占比例相等，而家庭任务所占比例不平等）。两性，尤其是女性对于婚姻的观念发生改变，同居和离婚现象增加而结婚率持续下降（Van de Kaa，1987）。加之社会转型，经济文化快速发展，女性受教育水平的快速提高使得"剩女"现象迅速增加，人口高度密集城市没有进入婚姻状态的适龄和大龄女性增多，阻碍了婚姻家庭的形成（龙晓添，2009）。总体来说，社会保障体制的完善改变了传统社会家庭内性别的依靠程度，持续推迟初婚初育时间而影响生育数量。

其二，性别偏好（性别不平等）与生育行为。在中国，自1985年以来出生性别比随胎次增加而升高，偏男生育意愿强烈，中国人（主要是广大农民）生育选择空间狭小（穆光宗，1995）。妇女在生存和发展中的弱势地位，会在客观上强化人们在生育行为中的男孩偏好（梁丽霞、李伟峰，2011）。基于这种男孩偏好，第一孩没有生育男孩的家庭可能会通过超生、隐瞒等方式生育更多子女以实现其生育偏好（闫玉、张竞月，2019）。需要注意的是，性别偏好在中国具有显著的区域性特色，在传统生育文化浓厚地区更甚，农村男孩偏好显著高于城市地区。

其三，性别平等与生育行为。

一种观点认为，性别平等可以促进生育水平提高。Esping-Andersen 和 Billari（2015）提供了一个以性别平等制度为中心的框架，他们在尝试理解生育力变化时提出了一个长期的发展视角。在这种框架下，生育率持续低下的原因是两性平等的发展缓慢（如工作家庭的冲突）。Miettinen 等（2011）、Goldscheider 和 Bernhardt（2015）认为在性别革命的前期，妇女在公共领域（特别是就业）的角色发生"结构性变化"，破坏了传统的性别关系，出现了"生育率降低和家庭稳定的负面趋势"；在性别革命的后期，虽然在许多国家男性角色只是发生部分变化，但这些变化将使育儿和家庭劳动的分配更加公平，反过来会增强生育能力和家庭稳定性。从公共服务政策而言，北欧国家的性别公平理念能让年轻人更加容易平衡工作与家庭的角色，更快地适应生命历程的不同阶段，从而进一步提高生育水平。目前我国受教育程度较高、性别平等观念较强的女性正推迟或者不愿意结婚生育，使得生育水平在一定时间降低到极低水平（赵梦晗，2016），但丈夫分担家务劳动能够提高女性初育风险（赵梦晗、计迎春，2019）。

另一种观点认为，性别平等阻碍生育水平提高。McDonald（2000）对以家庭为导向的家庭和以个人为导向的家庭中的性别平等进行了区分，认为从高生育率向低生育率的转变主要是由于家庭中性别平等的缓慢改善，随后是诸如教育和劳动力市场体系之类的面向个人的性别平等的迅速增加（特别是在西方国家）。以个人为中心的观念迅速发展，而家庭自身的互补和持续变化发展缓慢，导致生育率降低。在中国，可以将中国两性进一步细分为城市男性、城市女性、农村男性和农村女性。相较于城市男性和城市女性，农村男性和农村女性的家庭经济社会地位不平等性更大，因此农村人口生育水平往往高于城市。农村地区女性的初育风险明显高于城市地区（赵梦晗、计迎春，2019）。在青年人的生育观念上，男生相较于女生倾向于婚后生育子女，大学女生不愿将时间精力投入到生育子女中的人数更多一些（罗萍、封颖，2001）。从已有经验来看，无论是在"女尊男卑"的社会状态下还是在"男尊女卑"的社会状态下，生育水平都显著高于男女平等时期。此外，这种性别差异大幅增加生育数量的同时，还会对女性身体健康产生显著的负面影响，呈现女性健康水平与孩子数量的负相关关系（宋月萍、宋正亮，2016）。

以上基于性别差异的研究在一定程度上解释了不同国家和地区人口生育数量差异或影响机制，但或多或少地存在一些不足和争议。新中国成立以来，我国性别平等差距虽然逐步缩小，但基于性别差异产生的生育行为差异依然明显，研究视角和作用机制尚待进一步发掘。在研究视角方面，就女性视角研究生育数量有着显著的局限性，而基于两性视角的研究则主要关注性别平等、生育意愿等方面，缺乏对生育数量的关注。更重要的是，以往微观研究将关注重点放在生育意愿、生育偏好等生育行为的主观研究上，忽视了对生育数量的客观研究，即对人口最终生育结果研究未能产生更深刻的认识。此外，对于性别差异的划分基本以男性或女性的"二分法"为主，缺乏更进一步的划分方式。在作用机制方面，已有研究虽考虑到了性别差异下教育、经济、婚姻、健康和社会保障等某一因素对孩子数量的影响机制（杨振宇、张程，2018；张丹丹，2004；王俊，2020；王天宇、彭晓博，2015），但多为单因素相关性研究；对一些因素的正负相关性也存在争议，如性别平等提高生育水平的判定基于一个前提——假设所有女性都能找到具有平等观点和可观收入潜力的男性，在受过较高教育的群体和阶级中这种可能性更高（Cherlin，2016），而这种正相关性在中国是否具有普遍性还是一个备受争议的话题。

（四）迁移因素对生育行为的影响机理

迁移因素对生育行为的影响机理主要有三点：

其一，选择理论与生育行为。选择理论强调迁移者的迁移特征与未迁移留在当地居民的差别，基于这些迁移者不在城镇定居，其生育水平也会低于当地居民的假设。

其二，社会化理论与生育行为。社会化理论认为迁移人口在城市有一个社会化过程，会不断接受和适应城市生活、观念，改变原有生育行为，生育水平的差异主要取决于城乡之间的差异。基于社会化理论，陈卫和吴丽丽（2006）认为流动人口生育率在早期会高于城市人口生育率，但经历一代以上后，会与城市生育率逐渐吻合。

其三，干扰理论与生育行为。干扰理论认为人口在迁移中会受到迁移过程的干扰，承担了更多的压力和负担，会在迁移初期降低生育水平，在后期回到正常水平甚至有补偿性生育行为。

（五）小结

以上四大特征是中国第二次人口转变的主要表现形式，本研究具体分析了这些特征在中国的现状及发展趋势，分析其对生育行为的影响机理，为实证研究提供理论支撑。总体来说，中国第二次人口转变的主要特征对生育行为有以下影响：

其一，婚姻状况多样化会导致生育水平下降；

其二，基于性别差异产生的问题可能促进生育水平提高或者降低；

其三，迁移会降低生育水平；

其四，区域差异影响生育水平。

四、研究数据和方法

（一）数据来源

数据来源于 2016 年中国家庭追踪调查（China Family Panel Studies, CFPS）。CFPS 是一项综合性的社会跟踪调查项目，问卷涉及个体、家庭和社区三个层面，反映我国社会、人口、健康、经济和教育的变迁。该项目采用内隐分层方法进行多阶段等概率样本抽取，调查对象覆盖了全国（不含港、澳、台以及新疆、西藏、青海、内蒙古、宁夏、海南）25 个省、自治区、直辖市，具有可靠性和代表性。由于本研究旨在探讨不同因素对人口生育行为的影响，故做如下进一步处理：剔除在调查中各项数据不适用、不知道、拒绝回答或缺失的个体样本；剔除其他异常值，最终得到30 986 个有效样本。

（二）变量选取

1. 因变量的选取

使用的因变量为 2016 年 CFPS 成人调查中受访者的子女数量。问卷调查被调查者已经拥有的孩子数量，在数据处理中将其作为因变量。本研究认为，仅从生育主体的妇女角度来研究生育水平是不够科学的，家庭作为生育的基本单位，实施生育行为并承担相应的生育结果。生育是一个家庭的共同决策，应选择从家庭角度进行研究。只要达到构成生育的前提条件（无论是社会属性上还是生物属性上，因而包括在婚、离婚、丧偶和同居），其生育行为就可能因为年龄、受教育水平和生育意愿等其他因素受到阻碍。因此将目前无子女但达到生育的前提条件的人群同样加入研究观察对象，未婚人群作为婚姻状况的类型之一，则主要用于对比分析。对于目前怀孕或者有子女的人群，假设现有的子女数量也是受访者当时的生育行为的真实反映，由此得到的因变量取值为大于或等于 0 的整数。

2. 自变量的选取

在自变量的选取中，个人因素用所属城市或乡村地区、年龄、健康状况来表示，被调查者的社会经济因素包括地区差异、职业差异和是否参与保险。研究将我国分为东部、中部、西部和东北部四个区域。进行城市/

农村的划分是因为我国城乡的不同特征可能会影响人口生育生殖权利的实施。而年龄是生理上影响生育行为的重要因素，选择10岁分组能够清晰地看出我国不同时期的人口生育水平情况。在第二次人口转变背景下，婚姻不再是生育的前提条件，因此未剔除未婚状况。而根据已有研究，受教育水平越高，生育水平越低，受教育程度会对人口生育行为产生负面影响。经济越发达地区，人口充分实现生殖权利的优势越多，但阻碍生育水平的因素也越多，从而形成持续低生育水平状态。而不同职业的人口的收入水平、思想观念可能不同，由此带来生育水平的不同。

（三）分析模型

1. 泊松回归模型

由于因变量表示孩子的数量，取值为大于或等于0的整数，即为计数型的因变量。这类取非负整数值的因变量取值范围很小，即生育数量少的样本很多而生育数量多的样本很少，因此它的分布既不是连续的，也不是正态的，使用多元线性回归进行分析会得出有偏误的结果。对于这类数据的研究，在计量经济学和流行病学研究中发展出计数变量模型或事件，而计数变量的标准模型为泊松分布（Cameron & Trivedi，2013），因此普遍使用的是泊松回归模型（Poisson Regression Model）。泊松回归模型是建立在泊松分布基础上的回归模型，它构建了对计数变量进行多元量化分析的起点，特别是在因变量取值较少时，适合描述单位时间内随机事件发生的次数，是研究增生子女数最合适的模型。该模型用以对某一事件发生数的预测。假定随机变量 Y_i 等于 y_i 的概率，遵循均值为 μ_i 的泊松分布。其密度函数为

$$\Pr(Y_i = y_i \mid \mu_i) = \frac{e^{-\mu_i} y_i}{y_i!} \quad y_i = 0, 1, 2, \cdots \quad (7-1)$$

式7-1表示个体 i 某一事件发生数的观测值 y_i 遵循泊松分布，根据特征值估计得出结构方程

$$\mu_i = E(Y_i \mid X_i) = \exp(X'_i \beta') = \prod_{j=1}^{k} \exp(\beta_j x_{ji}) \quad (7-2)$$

式7-1和式7-2共同构成完整的泊松回归模型，$X'_i \beta'$ 取指数是为了保证 μ_i 为非负数，且泊松回归的关键前提之一是等离散假定，即均值和方差相等（郭志刚、巫锡炜，2006）。

2. 广义泊松回归模型

泊松模型存在因变量的期望与方差相等的要求，而实际生活中计数数据往往存在方差大于均值的过离散（over-dispersed）或者方差小于均值的欠离散（under-dispersed）的问题，均值和方差相等的情况比较少见。在本研究中，因变量的均值 1.689>方差 1.486，属于欠离散型。针对欠离散型数据，目前学界普遍使用广义泊松回归模型进行研究（梁晓琳 等，2017）。广义泊松回归分布最早由 Consul 和 Jain（1973）提出，已经在遗传学、保险、劳动力旷工和保险领域得到了广泛证实和运用（Consul，1989），并在此基础上拓展了广义泊松回归模型（Famoye，1993），应用到农业、经济、公共卫生、生物等多个领域（戴林送、林金官，2013）。根据 Consul 和 Famoye 的定义，其密度函数为

$$P(Y=y) = \begin{cases} \beta(\beta+\lambda y)^{y-1}\dfrac{e^{-\beta-\lambda y}}{y!} & y = 0, 1, 2, \cdots \\ 0 & y > m, \lambda < 0 \end{cases} \quad (7\text{-}3)$$

其中 $\max(-1, -\dfrac{\theta_i}{4}) < v_i < 1$。式 7-3 的分布均值 $E(Y_i|x_i) = \lambda_i = (1-v_i)\theta_i$，方差为 $\mathrm{Var}(Y_i|x_i) = -(1-v_i)-3\theta_i = (1-v_i)-2\lambda_i$。如果令 $v_i = (1+\lambda_i\alpha)^{-1}\alpha\lambda_i$，$\theta_i = (1+\lambda_i\alpha)^{-1}\lambda_i$，可以得到均值和方差的另一种表达式，即 $E(Y_i|X_i) = \lambda_i = \exp(x_i^{\mathrm{T}}\beta)$，$\mathrm{Var}[Y_i|x_i = (1+\alpha\lambda_i^2)\lambda_i]$（徐昕，2017）。

（四）小结

这一部分首先对使用的研究数据进行了介绍，对中国家庭追踪调查数据（2016）进行了简要分析。其次阐释了因变量和自变量的选取，将受访者子女数量作为研究对象当时的生育数量选择，是本研究的重点和核心。最后确定了实证模型，对于因变量符合泊松分布的研究使用泊松回归模型，对于因变量存在过离散和欠离散的因变量使用广义泊松回归模型。

五、第二次人口转变与生育行为的描述分析

在分析孩子数量与主要特征时，首先需要考虑年龄因素。一般来说，孩子数量与年龄呈现出一种正相关性：年龄越大，育有孩子的风险越大。

为此，基于 CFPS 2016 年数据，对中国第二次人口转变深化特征、年龄和孩子数量三者之间的耦合关系进行描述性分析（见表7-6）。

表7-6　中国第二次人口转变深化特征主要指标

变量名称	含义与测量	样本数	平均值	标准差
孩子数量	个	30 986	1.618	1.262
婚姻状况	在婚有配偶=0；未婚=1；同居=2；离婚=3；丧偶=4	30 986	0.425	1.018
年龄	岁	30 986	46.431	16.818
地区	东部=0；中部=1；西部=2；东北部=3	30 986	1.234	1.052
性别	女性=0；男性=1	30 986	0.499	0.500
迁移	未迁移=0；曾迁移=1	30 680	0.319	0.466

（一）婚姻差异与生育行为

从未婚人群孩子数量年龄分布来看，无孩子、有一孩和二孩与三孩及以上人群间年龄差异十分显著。0 个孩子的人群年龄中位数、分布情况都在 20 岁左右，且 30 岁及以上分布较少，呈现出"三角形"特征；有一孩和二孩的人群年龄中位数、分布情况在 42 岁左右，两者分布状况大致相当，呈现出"葫芦形"特征；三孩及以上人群年龄中位数在 60 岁左右，其分布状况呈现出"橄榄形"特征。需要注意的是，各个因素内部分布是相对量而非绝对量，未婚人群中没有孩子的情况占据主要地位。

从丧偶人群孩子数量年龄分布来看，有 0~3 个孩子的人群年龄中位数、分布情况都在 50~60 岁，呈现出相对对称的"橄榄形"特征，但都有朝低龄组蔓延的趋势；有 4 孩及以上的人群中位数、分布情况都在 70 岁及以上。泊松回归数据显示，丧偶人群子女数量高出在婚有配偶人群 9.5 个百分点。从小提琴图来看，丧偶人群孩子数量与年龄变动幅度较小，但低龄化趋势十分显著。

从离婚人群孩子数量年龄分布来看，没有孩子的人群年龄中位数、分布情况都接近 40 岁，呈现出上窄下宽的"橄榄形"特征；有孩子的人群年龄中位数都在 40~60 岁，但随着孩子数量的增加，离婚人群的年龄分布逐渐上移。泊松回归数据显示，离婚人群子女数量低于在婚有配偶人群 28.3 个百分点，其主要原因在于该人群从在婚状况中脱离，年龄普遍居于中年，往往独居或同子女居住。总体来说，离婚人群每提高 1 岁，孩子数量增加2.3%。受离婚率，特别是低龄人群离婚率的提高的影响，没有孩子的人群低龄化趋势十分显著，体现出第二次人口转变中离婚率对孩子数量的影响。

从同居人群孩子数量年龄分布来看，没有孩子的人群年龄中位数、分布情况是略高于20岁，而有一孩和二孩的同居者年龄中位数和分布情况主要在50岁，有三孩的同居者年龄中位数和分布情况在70岁左右，有无孩子成为影响人群年龄中位数和分布情况的分界线。其主要原因在于第二次人口转变中同居现象的两大特点：其一，低龄同居现象增加，生育率较低；其二，中老龄同居现象增加，已有子女数量较多。目前我国同居人群的两极分化现象严重。一是年轻同居人群子女数量显著较低；二是大龄同居人群子女数量显著较高。两者的共同影响形成了这一情况。分析同居生育水平偏高的原因，年轻同居人群虽然在自身观念、经济条件的共同约束下倾向于少生不生，但高龄同居人群由于年龄因素和本身子女数量较多的双重因素影响而子女数量较多。

从在婚有配偶人群孩子数量年龄分布来看，没有孩子的人群年龄中位数、分布情况都不到30岁。相比之下，随着孩子数量的增加，年龄中位数和分布情况都显著提高。需要注意的是，在婚有配偶的婚姻状况下，特别是在育龄期间，年龄的提高会增加人们的生育概率。

具体情况见图7-3。

总体来看，不同婚姻状况下子女数量越多年龄越大的现状在各个婚姻阶段都基本符合，但是不同婚姻状况之间的差异十分显著。一是在已生育0个孩子的人群中，未婚人群的年龄中位数为20岁左右，而丧偶人群的年龄中位数接近60岁，离婚人群的年龄中位数接近40岁，同居人群的年龄中位数略高于未婚人群。而在婚有配偶的年龄中位数接近30岁，虽高于同居和未婚人群，但仍说明低龄在婚有配偶人群的初育行为显著推迟；二是在已生育1个孩子的人群中，未婚、离婚和在婚有配偶三种婚姻状况的人口年龄中位数和分布密度大致相当，处于40~50岁。丧偶和同居两种婚姻状况的人口年龄中位数相对较高，均在50岁及其以上；三是在生育多孩的人群中，生育子女数量随年龄增长显著提高。各婚姻状况下随着生育数量的提高，人口年龄中位数显著提高，仅在婚有配偶人群较为特殊。在这一婚姻状况下，生育多个孩子人群的人口年龄中位数接近60岁。

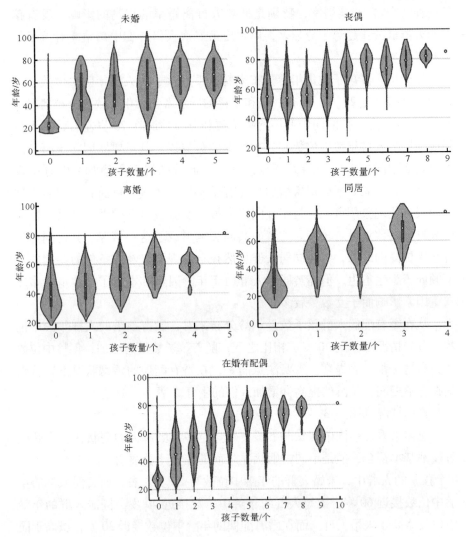

图 7-3　不同婚姻状况下年龄与孩子数量小提琴图比较

（二）性别差异与生育行为

从城市男性来看，无孩城市男性分布集中在年龄中位数 25 岁左右，整体偏低，无孩与有孩城市男性年龄中位数差异最大，达 20 岁。有 1 孩城市男性年龄中位数在 42 岁左右，主要分布在 38~53 岁，分布较为均匀。有 2 孩城市男性年龄中位数接近 50 岁，分布较为均匀，有 1 孩和 2 孩城市男性差异较小。有多孩城市男性年龄中位数均高于 60 岁，随着孩子数量增长，年龄中位数越高，分布越集中在高年龄人群。

从城市女性来看，无孩城市女性分布集中在年龄中位数 25 岁左右，整体偏低，无孩与有孩城市女性年龄中位数差异超过 20 岁。有 1 孩城市女性年龄中位数在 42 岁左右，主要分布在 37~53 岁，分布较为均匀。有 2 孩城市女性年龄中位数接近 50 岁，分布较为均匀，有 1 孩和 2 孩城市女性差异较小。有多孩城市女性年龄中位数均高于 60 岁，随着孩子数量增加，年龄中位数越高，分布越集中在高年龄人群。

从农村男性来看，无孩农村男性分布集中在年龄中位数 25 岁左右，整体偏低，无孩与有孩农村男性年龄中位数差异最大，达 20 岁。有 1 孩农村男性年龄中位数在 41 岁左右，略低于城市男性，主要分布在 35~52 岁，分布偏低。有 2 孩农村男性年龄中位数在 50 岁左右，分布较为均匀，有 1 孩比有 2 孩的农村男性年龄分布趋势更低。有多孩农村男性年龄中位数均高于 60 岁，随着孩子数量增加，年龄中位数越高，分布越集中在高年龄人群。

从农村女性来看，无孩农村女性分布集中在年龄中位数 21 岁左右，显著低于其他人群，无孩与有孩农村女性年龄中位数差异显著高于其他人群。有 1 孩农村女性年龄中位数在 42 岁左右，略低于城市女性，主要分布在 30~52 岁，分布偏低。有 2 孩农村女性年龄中位数在 50 岁左右，分布较为均匀，有 1 孩比有 2 孩的农村女性年龄分布趋势更低。有多孩农村女性年龄中位数在 58 岁左右，随着孩子数量增长，年龄中位数越高，分布越集中在高年龄人群（见图 7-4）。

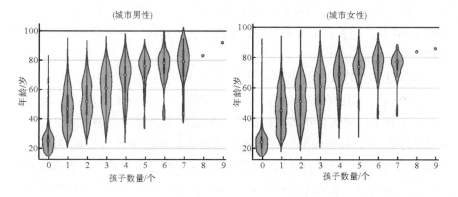

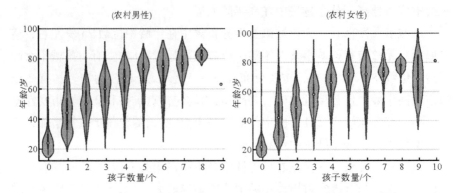

图7-4　城乡男女年龄与孩子数量差异小提琴图对比

　　总体来看，城市男性与农村男性年龄与孩子数量存在差异，主要体现在农村男性在孩子数量上的极值高于城市男性；城市女性与农村女性存在差异，主要体现在农村女性在孩子数量上的极值高于城市女性；城市男性与城市女性之间差异较小；农村男性与农村女性差异明显，主要体现在农村女性在孩子数量上的极值高于农村男性。

（三）迁移差异与生育行为

　　从迁移人群来看，无孩迁移人口分布集中在年龄中位数25岁左右，整体偏低，无孩与有孩迁移人口年龄中位数差异最大，达15岁以上。有1孩迁移人口年龄中位数接近40岁，大大低于未迁移人口，主要分布在30~50岁，分布偏低。有2孩迁移人口年龄中位数接近50岁，分布较为均匀，有1孩比有2孩的迁移人口年龄分布趋势更低。有多孩迁移人口年龄中位数均高于60岁，随着孩子数量增加，年龄中位数越高，分布越集中在高年龄人群。

　　从未迁移人群来看，无孩未迁移人口分布集中在年龄中位数24岁左右，整体偏低，无孩与有孩未迁移人口年龄中位数差异最大，达20岁以上。有1孩未迁移人口年龄中位数接近50岁，大大高于迁移人口，主要分布在38~55岁，分布偏低。有2孩未迁移人口年龄中位数接近50岁，分布较为均匀，有1孩比有2孩的未迁移人口年龄分布均衡。有多孩未迁移人口年龄中位数主要在60岁及以上，随着孩子数量增加，年龄中位数越高，分布越集中在高年龄人群（见图7-5）。

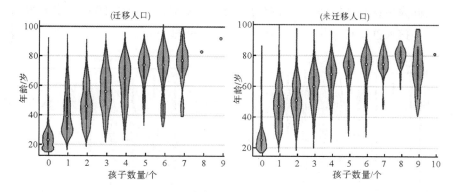

图 7-5　迁移人口年龄与孩子数量差异小提琴图对比

总体来看，迁移人口有孩子的人口年龄低于未迁移人口；未迁移人口在孩子数量的极值上高于迁移人口。

（四）区域差异与生育行为

从东部地区来看，无孩主要以 20~30 岁人群为主，其年龄中位数在 25 岁左右，有无孩子人群差距显著，整体来说人群随着年龄的增长孩子数量更多。有 1 孩的人群年龄中位数达 42 岁左右，年龄分布较广，以 35~58 岁人群为主；有 2 孩的人群年龄中位数达 50 岁，主要以 42~62 岁人群为主；多孩人群年龄中位数基本高于 60 岁。

从中部地区来看，无孩同样以 20~30 岁人群为主，其年龄中位数在 22 岁左右，有无孩子人群差距显著，整体来说人群随着年龄的增长孩子数量更多。有 1 孩的人群年龄中位数达 41 岁左右，年龄分布较广，以 30~50 岁人群为主；有 2 孩的人群年龄中位数接近 50 岁，以 41~58 岁人群为主；多孩人群年龄中位数基本高于 59 岁。

从西部地区来看，无孩主要以 19~28 岁人群为主，其年龄中位数在 22 岁左右，有无孩子人群差距显著，整体来说人群随着年龄的增长孩子数量更多。有 1 孩的人群年龄中位数达 41 岁左右，年龄分布较广，以 30~53 岁人群为主；有 2 孩的人群年龄中位数接近 50 岁，主要以 40~55 岁人群为主；多孩人群年龄中位数高于 57 岁。

从东北部地区来看，无孩主要以 20~30 岁人群为主，其年龄中位数在 23 岁左右，有无孩子人群差距显著，整体来说人群随着年龄的增长孩子数量更多。有 1 孩的人群年龄中位数达 48 岁左右，年龄分布较广，以 40~55

岁人群为主；有 2 孩的人群年龄中位数达 58 岁，主要以 50~62 岁人群为主；多孩人群年龄中位数基本高于 65 岁（见图 7-6）。

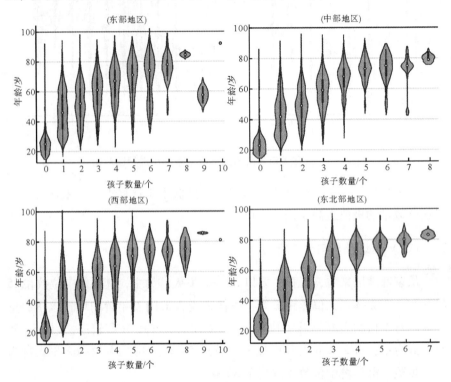

图 7-6　不同区域城乡人口年龄与孩子数量差异小提琴图对比

总体来看，以上四个区域人口年龄与孩子数量关系具有不同的特征。从年龄角度来看，四个区域 0 孩人群年龄接近，都以 20 岁以上群体为主；东、西部 1 孩人群年龄分布特征接近，东北部高于东、西部，中部略低于东、西部；东、西部地区 2 孩及多孩人口年龄趋势接近，东北部和中部接近。

（五）小结

这一部分运用小提琴图，对中国第二次人口转变的婚姻、性别、迁移和区域四种特征下，人口年龄与孩子数量的关系进行描述性分析。研究发现不同婚姻状态下，人口年龄与孩子数量的分布差异较大；城市男女、农村男女人口年龄与孩子数量的分布差异较大；迁移人口与未迁移人口年龄与孩子数量的分布差异较大；我国东、中、西、东北部人口年龄与孩子数量的分布差异较大。

六、第二次人口转变与生育行为的实证研究

为进一步分析第二次人口转变的深化特征与生育行为的影响关系，本研究从婚姻、性别、迁移和区域视角进行实证分析。

（一）婚姻差异对生育行为的影响

1. 泊松回归模型

（1）描述性统计

通过回归得出了本研究被解释变量子女数量的平均值和标准差，而方差等于标准差1.262的平方，即1.593，大致与生育数的平均值1.618接近，因此被解释变量分布可以认为基本满足泊松分布①（见表7-7）。

表7-7　变量测量的相关说明及描述性统计

变量名称	含义与测量	样本数	平均值	标准差
被解释变量				
孩子数量	个	30 986	1.618	1.262
解释变量				
婚姻状况	在婚有配偶=0；未婚=1；同居=2；离婚=3；丧偶=4	30 986	0.425	1.018
控制变量				
年龄	16~24岁=0；25~34岁=1；35~44岁=2；45~54岁=3；55~64岁=4；65及以上=5	30 986	2.637	1.596
受教育程度	幼儿园、托儿所=0；小学=1；初中=2；高中=3；大学及以上=4	30 986	0.827	1.046
地区	东部=0；中部=1；西部=2；东北部=3	30 986	1.234	1.052
居住地类型	农村=0；城镇=1	30 986	0.493	0.499
工作类型	务农=0；私企、外企=1；个人家庭=2；政府、事业单位、国企=3	30 986	0.645	0.945

资料来源：根据CFPS 2016整理。

---

① 本研究以0.03为标准，方差与平均值差值超过0.03为离散或欠离散。

（2）模型实证

模型一只考虑婚姻状况对子女数量的影响，构建一个基线模型，重点在于分析不同婚姻状况之间的差异；模型二在模型一的基础上增加了年龄、受教育程度和性别三个影响因素，整体上模型二具有较强的解释力；模型三在模型二的基础上再增加了地区、居住地类型和工作类型等因素作为控制变量。整体而言，婚姻状况对子女数量的影响模型得到了进一步优化，解释力和说服力更强（见表7-8）。

表7-8　婚姻状况与子女数量泊松回归结果

解释变量	模型一		模型二		模型三	
	$\hat{\beta}$	$\exp\hat{\beta}$	$\hat{\beta}$	$\exp\hat{\beta}$	$\hat{\beta}$	$\exp\hat{\beta}$
常数项	0.603	—	-0.059	—	-0.981	—
婚姻状况						
在婚有配偶（参照类）						
未婚	-4.589	0.010***	-4.057	0.017***	-4.060	0.017***
同居	-0.603	0.547***	-0.506	0.603***	-0.474	0.622***
离婚	-0.482	0.617***	-0.381	0.683***	-0.341	0.711***
丧偶	0.439	1.551***	0.085	1.089***	0.088	1.092***
年龄			控制	控制	控制	控制
受教育程度			控制	控制	控制	控制
性别			控制	控制	控制	控制
地区					控制	控制
居住地类型					控制	控制
工作类型					控制	控制
样本量	30 986		30 986		30 986	
Log likelihood	-41 239.957		-38 645.487		-38 413.525	

注：*** 表示在 0.01 水平上显著，** 表示在 0.05 水平上显著，* 表示在 0.1 水平上显著。

（3）模型分析

在模型一中，常数项系数的幂 exp（0.603）= 1.827 表示参照组在婚有配偶人群的生育率，未婚人群的生育率为 0.018，同居人群的生育率为 0.999，离婚人群的生育率为 1.127，丧偶人群的生育率为 2.834。以在婚有配偶人群为参照类，未婚人群子女数量是其 1%，同居人群子女数量是其54.7%，离婚人群子女数量是其 61.7%，丧偶人群子女数量是其155.1%。

在模型二中，增加年龄、受教育程度和性别三个变量后，在其他条件相同的情况下，未婚人群子女数量从在婚有配偶人群的1%上升到1.7%；同居人群子女数量从在婚有配偶人群的54.7%上升到60.3%；离婚人群子女数量从在婚有配偶人群的61.7%上升到68.3%；丧偶人群子女数量从在婚有配偶人群的155.1%下降到108.9%。五种婚姻状况下子女数量差异进一步缩小。

在模型三中，继续增加地区、居住地类型和工作类型三个变量后，模型解释力进一步增强。未婚、同居和离婚三种婚姻状况下孩子数量同在婚有配偶人群相比进一步提高，但均低于在婚有配偶人群；丧偶人群子女数量同在婚有配偶人群相比多出9.2个百分点，相较模型一进一步下降。分析结果显示，在控制了更多自变量后，不同婚姻状况对子女数量的影响发生改变。对比三个模型，模型一中五种婚姻状况对子女数量的影响算到了其他差别之上，夸大了五种婚姻状况下生育数量的差别。在模型三中，由于纳入了更多变量，不同婚姻状态下生育数量差别显著缩小。

第一，丧偶状态下人口子女数量最多，同比在婚有配偶者高出9.2个百分点，主要原因在于丧偶人群较为特殊，多为高龄老年人。他们作为新中国成立以来生育水平最高的人群，具有显著的时代特征。

第二，虽然第二次人口转变的新特征之一是婚姻与生育的分离，但是在婚有配偶的婚姻状况下，人口生育数量仍然高出未婚人群、同居人群和离婚人群子女数量的98.3、29.7和21.7个百分点。究其原因，婚姻状况虽然趋于多样化，但是婚姻和婚后生育仍是影响人们实施生育行为的首要因素。

第三，离婚人群子女数量与同居人群大致相当，仅0.89个百分点差距，但均低于在婚有配偶人群。其原因在于离婚人群不仅从传统生育的社会前提（在婚状况）中脱离，还从构成生育的生物前提（异性配偶）中脱离，因此生育数量总体低于在婚有配偶状态；而同居则达成了生育的生物前提——有异性配偶，但同居者往往倾向于不生育子女。此外，一些大龄同居者也可能在完成生育行为后同居，两者共同影响使得同居人群数量与离婚人群大致相当。

第四，即使在第二次人口转变背景下，未婚生育者子女数量依旧较低，约为在婚有配偶者的 3.2%，主要原因是将同居与未婚的婚姻状况做出了区分。

总体来说，目前我国同居和离婚人群子女数量相较在婚有配偶人群十分接近，丧偶人群子女数量高于在婚有配偶人群，未婚人群子女数量最低。但是在各婚姻状况之间，哪些因素影响了子女数量？为什么出现婚姻状况间子女数量的差异？为进一步分析不同婚姻状况下影响子女数量的经济社会因素并回答这些问题，还需要做进一步的探索。

2. 广义泊松回归模型实证

（1）描述性统计

基于婚姻状况，本研究进一步构建五个模型对生育行为进行研究。由于婚姻类型不同，子女数量这一因变量可能不再符合传统泊松分布所需因变量的期望与方差相等的要求，而实际生活中计数数据往往存在方差大于均值的过离散或者方差小于均值的欠离问题，需要首先分析被解释变量样本情况。各婚姻状况下子女数量均值、方差及样本量见表7-9。

表7-9　不同婚姻状况下子女数量均值、方差及样本量

婚姻状况	在婚有配偶	未婚	同居	离婚	丧偶
均值	1.827	0.185	1.000	1.128	5.571
方差	1.216	0.445	1.126	0.621	2.261
样本量	24 275	4 312	104	531	653

资料来源：根据 CFPS 2016 整理。

表7-9 显示，子女数量这一因变量在不同婚姻状况下同时呈现出过离散和欠离散现象。为弥补泊松分布的不足，兼顾泊松分布偏大和偏小因素，本研究运用广义泊松回归模型对不同婚姻状况下影响子女数量的因素进行深入研究。

（2）模型实证

不同婚姻状况对子女数量的显著影响在前文已经得到了证实。具体来说，婚姻状况不仅直接影响子女数量，而且其作用会因年龄、受教育程度、地区、居住地类型、工作类型、参保情况和收入状况等差异而发生变化。虽然在不同国家和不同地区，在不同时间这些因素的影响程度不一，但总体方向基本一致，即年龄越大，农村和经济欠发达地区、未来生活欠稳定保障和对自己经济收入更加满意的人群的子女数量越多；受教育程度

越高，城镇和非农工作者的子女数量越少。本研究的回归模型对上述状况进行了实证分析，并基于不同婚姻状况构建研究框架，对在婚有配偶、未婚、同居、离婚和丧偶五种婚姻状况下影响其子女数量的因素做进一步研究，发现各婚姻状况下子女数量的影响因素呈现出不尽一致的特征。广义泊松回归模型结果显示，各婚姻状况下生育子女的数量随年龄增长显著提高，其中未婚人群子女数量随年龄变大增长速度最快，年龄每增长 1 岁，生育数量提高 9.4%。其原因可能是未婚人口自身生育水平过低，使得子女数量虽然只得到小幅增加，但其比例增长速度大幅上升。同居、离婚和丧偶人群子女数量随年龄变大增长速度高于在婚有配偶人群可能同样基于上述原因（见表 7-10）。

表 7-10　不同婚姻状况下子女数量广义泊松回归结果

解释变量	在婚有配偶	未婚	同居	离婚	丧偶
	$\exp\hat{\beta}$	$\exp\hat{\beta}$	$\exp\hat{\beta}$	$\exp\hat{\beta}$	$\exp\hat{\beta}$
年龄（岁）	1.019 ***	1.094 ***	1.038 **	1.023 ***	1.021 ***
受教育程度					
文盲半文盲（参照类）					
小学	0.932 ***	1.458	0.787	0.839 **	0.794 ***
初中	0.785 ***	0.501	0.716	0.711 ***	0.744 **
高中	0.613 ***	0.440	0.169 *	0.750 **	0.858
大学及以上	0.526 ***	0.000	0.543	0.685 **	0.501
地区					
东部（参照类）					
中部	1.073 ***	0.657	1.131	1.166 **	1.075
西部	1.045 ***	2.003 *	1.216	1.093	1.068
东北部	0.777 ***	1.872	0.873	0.913	0.920
居住地类型					
农村（参照类）					
城镇	0.875 ***	0.672	0.898	0.892 **	0.900 **
工作类型					
务农（参照类）					
私企、外企	0.948 3 ***	1.015	1.492	1.013	0.833
个人家庭	0.948 ***	1.245	1.188	1.061	1.019
政府、事业单位、国企	0.981	1.953	0.903	1.192 *	0.792

表7-10(续)

解释变量	在婚有配偶	未婚	同居	离婚	丧偶
	exp$\hat{\beta}$	exp$\hat{\beta}$	exp$\hat{\beta}$	exp$\hat{\beta}$	exp$\hat{\beta}$
参保状况					
没有参加保险（参照类）					
参加了保险	0.919***	1.489	1.509*	0.959	1.016
收入情况					
不满意现在收入(参照类)					
一般	1.019**	1.121	1.039	1.119**	0.962
满意现在收入	1.009	0.551	0.767	1.193**	0.929
样本量	24 275	4 312	104	531	653
Log likelihood	−31 251.264	−232.703	−108.682	−549.612	−1 028.105

注：*** 表示在 0.01 水平上显著，** 表示在 0.05 水平上显著，* 表示在 0.1 水平上显著。

（3）模型分析

第一，受教育程度提高显著降低人们的子女数量。在婚有配偶状况下这一现象尤为明显，相较于只受过幼儿园和托儿所教育的人群而言，受过大学及以上教育人群的子女数量最低，约为其 52.6%；受高中教育人群的子女数量约为其 61.3%；受初中教育人群的子女数量约为其 78.5%；受小学教育人群的子女数量与其最为接近，为 93.2%。同居、离婚及丧偶人群受教育程度越高，子女数越少。同居人群中，受过高中教育的人群子女数量约为仅受过幼儿园和托儿所教育的人群的 16.9%，并在 0.1 的水平上显著。离婚人群中，相较于仅受过幼儿园和托儿所教育的人群，受过小学教育的人群子女数量约为其 83.9%；受过初中教育的约为其 71.1%；受过高中教育的约为其 75%；受过大学及以上教育的约为其 68.5%。丧偶人群中相较于仅受过幼儿园和托儿所教育的人群，受过小学教育的人群子女数量约为其 79.4%；受过初中教育的约为其 74.4%。无论是何种婚姻状况下，随着受教育程度的提高，其生育子女数量均呈现出减少趋势。

第二，地区因素影响人们的子女数量。东部、中部和西部在婚有配偶人群的子女数量差异不大，其中中部地区子女数量最高，约高出东部地区 7.3 个百分点；西部地区在婚有配偶人群的子女数量略高于东部地区 4.5 个百分点；东北部地区在婚有配偶人群的子女数量最低，低出东部地区 22.3 个百分点。西部未婚人群子女数量高出东部地区 100.3 个百分点。中部离婚人群子女数量高出东部 16.6 个百分点。在婚状况下，各地区间人们生育子女数量差异最小。

第三，城乡差异影响人们的子女数量。城镇在婚有配偶人群子女数量低出农村在婚有配偶人群 12.5 个百分点；而城镇离婚人群子女数量低出农村离婚人群 10.8 个百分点；城镇丧偶人群子女数量低出农村丧偶人群 10 个百分点。离婚和丧偶婚姻状态下城乡人群生育子女数量差异缩小。

第四，工作类型影响人们的子女数量。相较于在婚有配偶的农民，在婚有配偶的私企、外企工作者和个人家庭工作者更低，但两者十分接近。而离婚人群中，政府、事业单位、国企工作者子女数量是离婚农民的 1.192 倍。

第五，参保状况影响人们的子女数量。相较于没有参加保险的在婚有配偶人群，参加保险的在婚有配偶人群的子女数量更低，约为其 91.9%；而参加了保险的同居人群子女数量是没有参加保险的同居人群的 1.509 倍。

第六，主观收入感知影响人们的子女数量。在婚有配偶人群中，一般、满意现在收入的人群子女数量更高，说明目前在婚家庭中，自我感觉经济状况越好的家庭越倾向于生育更多子女。离婚人群中，更加满意现在收入人群子女数量高于不满意者。

与以往研究侧重于讨论在婚有配偶、同居等某一特定婚姻状况对生育行为的影响不同，本研究通过比较五种不同婚姻状况的生育数量差异，深入分析了各婚姻状况下影响人口生育行为的因素，弥补了以往研究在分析婚姻状况对生育行为的影响因素实证研究的不足。

整体而言，在婚有配偶长期以来作为生育行为的前置条件，扮演着中国人口生育过程的重要角色。而在同居现象增加、初婚时间延迟等第二次人口转变特征下，结婚的生育功能受到了极大的冲击，越来越多的人可能会选择同居生育。

泊松回归模型显示了五种婚姻状况下生育行为的数量差异。首先，丧偶人群由于多为高龄人群，受特殊时代特征的影响较大，因此生育数量相对更多。其次，对于在婚有配偶人群，结婚依旧是目前中国人口生育的前提。

广义泊松回归模型则对五种婚姻状况影响生育的因素进行对比分析。受教育程度、年龄、地区、居住地、工作类型、参与保险和对收入的主观感知都会影响人口生育行为，而且不同婚姻状况下以上因素影响子女数量的程度区别较大。如城镇在婚有配偶人群和离婚人群的生育数量虽都低于农村人群，但城镇在婚有配偶人群与农村在婚有配偶人群之间的生育数量差异小于城镇离婚人群与农村离婚人群之间的差异。

在研究其他婚姻状况人群的子女数量时，本研究发现同居人群的子女数量是在婚有配偶人群的71%左右，而这可能与常识不相一致。为此，本研究运用小提琴图对这一现象进行较为合理的解释：目前我国同居人群的两极分化现象严重。一是年轻同居人群子女数量显著较低，二是大龄同居人群子女数量显著较高，两者共同影响形成了这一情况。分析了同居生育水平偏高的原因，年轻同居人群虽然在自身观念、经济条件的共同约束下倾向于少生、不生，但高龄同居人群由于年龄因素和本身子女数量较多的双重因素的影响而子女数量较多。

（二）性别差异对生育行为的影响

1. 泊松回归模型

（1）描述性统计

通过回归得出了本研究的被解释变量子女数量的平均值和标准差，而方差等于标准差1.262的平方，即1.593，大致与生育数的平均值1.618接近，因此被解释变量分布可以认为基本满足泊松分布（见表7-11）。

表 7-11　变量测量的相关说明及描述性统计

变量名称	含义与测量	样本数	平均值	标准差
被解释变量				
孩子数量	个	30 986	1.618	1.262
解释变量				
性别	城市男性＝0；城市女性＝1；农村男性＝2；农村女性＝3	30 986	1.515	1.114
控制变量				
年龄	岁	30 986	46.431	16.818
受教育程度	幼儿园、托儿所＝0；小学＝1；初中＝2；高中＝3；大学及以上＝4	30 986	0.827	1.046
婚姻状况	在婚有配偶＝0；未婚＝1；同居＝2；离婚＝3；丧偶＝4	30 986	0.425	1.018
地区	东部＝0；中部＝1；西部＝2；东北部＝3	30 986	1.234	1.052
工作类型	农业＝0；私企、外企＝1；个人家庭＝2；政府、事业单位、国企＝3	30 986	0.645	0.945

资料来源：根据 CFPS 2016 整理。

（2）模型实证

模型一只考虑性别因素对子女数量的影响，构建一个基线模型，重点在于分析性别因素间的差异。模型二在模型一的基础上增加了年龄和受教育程度两个影响因素，整体上模型二更加具有解释力。而在生育行为的研究中，还应考虑将婚姻状况、居住地类型和工作类型等因素作为控制变量，模型三增加了这些因素。整体而言，性别差异对子女数量的影响模型得到了进一步优化（见表 7-12）。

表 7-12　性别差异和子女数量泊松回归结果

自变量	模型一		模型二		模型三	
	$\hat{\beta}$	exp$\hat{\beta}$	$\hat{\beta}$	exp$\hat{\beta}$	$\hat{\beta}$	exp$\hat{\beta}$
常数项	0.272	—	−1.024	—	−0.312	—
性别分类						
城市男性（参照类）						
城市女性	0.086	1.090 ***	0.057	1.059 ***	0.079	1.082 ***
农村男性	0.301	1.351 ***	0.199	1.221 ***	0.204	1.226 ***
农村女性	0.391	1.479 ***	0.274	1.316 ***	0.295	1.343 ***
年龄			控制	控制	控制	控制
受教育程度			控制	控制	控制	控制
婚姻状况					控制	控制
地区					控制	控制
工作类型					控制	控制
Log likelihood	−48 196.836		−41 679.698		−41 492.538	

注：*** 表示在 0.01 水平上显著，** 表示在 0.05 水平上显著，* 表示在 0.1 水平上显著。

（3）模型分析

在模型一中，常数项系数的幂 exp（0.272）= 1.31 表示参照组城市男性的生育率，城市女性的生育率为 1.43，农村男性的生育率为 1.77，农村女性的生育率为 1.94。以城市男性子女数量为参照类，城市女性子女数量是其 109.0%，农村男性子女数量是其 135.1%，农村女性子女数量是其 147.9%。

在模型二中，增加年龄和受教育程度两个变量后，在其他条件相同的情况下，城市女性子女数量保持在城市男性的105.9%；农村男性子女数量保持在城市男性的122.1%；农村女性子女数量从模型一中城市男性的147.9%下降到131.6%。城市男性、城市女性、农村男性和农村女性子女数量差异得到缩小。

在模型三中，增加婚姻状况、地区、工作类型三个变量后，模型解释力进一步增强。城市女性、农村男性和农村女性生育数量同城市男性相比差异小幅加大，农村女性孩子数量最高，农村男性次之，城市女性再次之，城市男性最低。分析结果显示，在控制了更多自变量后，性别差异对子女数量的影响发生改变。相比三个模型，模型一中性别差异对子女数量的影响算到了其他差别之上，夸大了性别差异生育数量的差别。由于模型三纳入了更多变量，性别差异间生育数量差别显著缩小。

四个分类中农村女性子女数量最多，同比城市男性高出34.3个百分点，高出城市女性26.1个百分点，主要原因一方面在于女性是生育的主体，另一方面在于农村性别不平等现象突出、生育观念落后。城市男性和城市女性子女数量差异最小，仅相差8.2个百分点。可能是因为在中国的城市地区，男女平等程度更高；农村男性和农村女性子女数量差异较大，达11.7个百分点，说明农村男女平等程度可能低于城市。总体来看，中国尚未进入性别平等的生育水平提高阶段。

2. 广义泊松回归模型

（1）描述性统计

为进一步分析性别差异下影响子女数量的经济社会因素，本书从城市男性、城市女性、农村男性和农村女性四个视角，构建四个模型对生育数量进行研究。由于性别差异，子女数量这一因变量的分布可能不再符合传统泊松分布，即因变量的期望与方差相等的要求，而实际生活中计数数据往往存在方差大于均值的过离散或者方差小于均值的欠离散的问题，因此需要首先分析被解释变量样本情况。各性别视角下子女数量的均值、方差及样本量见表7-13。

表7-13　不同性别下子女数量的均值、方差及样本量

性别划分	城市男性	城市女性	农村男性	农村女性
均值	1.313	1.431	1.773	1.941

表7-13（续）

性别划分	城市男性	城市女性	农村男性	农村女性
方差	1.254	1.339	1.739	1.772
样本量	7 558	7 708	7 919	7 801

资料来源：根据 CFPS 2016 整理。

表 7-13 显示，对于城市男性、城市女性、农村男性和农村女性而言，子女数量这一因变量因性别视角差异呈现出过离散和欠离散现象。为弥补泊松分布的不足，兼顾泊松分布偏大和偏小因素，本研究运用广义泊松回归模型对城市男性、城市女性、农村男性和农村女性子女数量的影响因素进行研究。

（2）模型实证

性别视角差异对子女数量的显著影响在前文已经得到了证实。这种差异不仅直接影响子女数量，而且其作用会因年龄、受教育程度、婚姻类型、居住地类型、工作类型、参保状况和收入状况等差异而发生变化。虽然在不同国家、不同地区，在不同时间这些因素影响程度不一，但总体方向基本一致，即年龄越大，农村及经济欠发达地区和未来生活缺乏稳定保障、对自己经济收入更加满意、在婚有配偶的人群子女数量越多；受教育程度越高、非农工作者子女数量越低。本研究的回归模型对上述状况进行了实证分析，并基于性别视角构建研究框架，对城市男性、城市女性、农村男性和农村女性四个性别视角影响其子女数量的因素进行了研究，发现各视角下子女数量的影响因素呈现出不尽一致的程度（见表7-14）。

表 7-14　不同视角下子女数量广义泊松回归结果

自变量	城市男性	城市女性	农村男性	农村女性
	$\exp\hat{\beta}$	$\exp\hat{\beta}$	$\exp\hat{\beta}$	$\exp\hat{\beta}$
常数项	—	—	—	—
年龄（岁）	1.025 ***	1.022 ***	1.024 ***	1.020 ***
受教育程度				
幼儿园、托儿所（参照类）				
小学	0.980	0.892 ***	0.947 **	0.871 ***
初中	0.853 ***	0.661 ***	0.935 **	0.802 ***
高中	0.895 ***	0.531 ***	0.697 ***	0.560 ***

表7-14(续)

自变量	城市男性 exp$\hat{\beta}$	城市女性 exp$\hat{\beta}$	农村男性 exp$\hat{\beta}$	农村女性 exp$\hat{\beta}$
大学及以上	0.648***	0.473***	0.661**	0.242***
区域				
东部（参照组）				
中部	1.165***	1.105***	1.059**	1.037**
西部	1.069**	1.062**	1.085***	1.074***
东北部	0.927**	0.836***	0.824***	0.815***
婚姻类型				
在婚有配偶（参照类）				
未婚	0.245***	0.328***	0.204***	0.357***
同居	0.624**	0.788*	0.566**	0.747*
离婚	0.709***	0.785***	0.641***	0.792**
丧偶	0.946	1.074**	0.923**	1.001
工作类型				
农业（参照类）				
私企、外企	0.809***	0.955	0.912**	0.794***
个人家庭	0.902***	1.016	0.899**	0.834***
政府、事业单位、国企	0.976	1.066	0.991	0.933
保险状况				
没有参加保险（参照类）				
参加了保险	0.912***	0.909***	0.945**	1.008
收入情况				
不满意现在收入（参照类）				
一般	1.121***	1.134***	1.052**	1.030*
满意现在收入	1.100***	1.085***	0.996	1.056***
Log likelihood	−8 179.120	−8 627.607	−10 045.680	−10 095.238

注: *** 表示在0.01水平上显著, ** 表示在0.05水平上显著, * 表示在0.1水平上显著。

（3）模型分析

受教育程度提高显著降低各性别视角孩子数量，特别是女性孩子数量显著减少。对于城市和农村女性而言，相较于只受过幼儿园和托儿所教育的人群而言，接受过小学及以上的教育后，子女数量下降速度普遍快于男性。教育对于农村女性的作用最为显著，相较于只受过幼儿园和托儿所的农村女性，大学及以上教育会使得她们的子女数量减少75.8%；其次对于城市女性，受过初中教育后生育水平下降最多。再次对于农村男性，在接受高中教育后生育水平下降最多。最后对于城市男性，在接受大学及以上教育后生育水平下降最多。对于女性而言，需要接受更多的教育，教育对生育的作用才会越明显。可见，在农村地区，两性受教育水平普遍低于城市，且农村女性普遍低于农村男性，即使农村男性也低于城市女性，这是农村孩子数量更多的主要原因之一。

婚姻因素显著影响各性别视角人们的孩子数量。在未婚人群中，农村女性未婚状况人口孩子数量与在婚有配偶人群的差异最小，约为其35.7%。男性，特别是农村男性对于未婚生育的接受程度更低，但男性孩子数量更低的原因可能在于男性不承认未婚生育的孩子。在同居人群中，城市女性子女数量占在婚有配偶人群的比例最高，达78.8%，城市男女对同居生育的接受程度普遍高于农村地区。在离婚人群中，城市和农村女性子女数量占在婚有配偶的比例最高，说明女性生育后再离婚的可能性更高，导致子女数量与在婚有配偶人群相比接近80%；农村男性有孩子后离婚的可能性更低，或者因为没有孩子而离婚的情况更多，因此子女数量与在婚有配偶人群相比最低为64.1%。相比在婚有配偶的城市女性，丧偶的城市女性往往子女数量更多，但农村男性反之。

综合其他影响因素，首先，中部城市男性和城市女性孩子数量高于其他三个区域，西部农村男性和农村女性孩子数量高于其他三个区域，东北部四个性别视角下孩子数量均最低。可见不同区域城乡性别的孩子数量存在差异，在生育文化更加传统的中、西部地区，孩子数量普遍偏高。其次，农村女性在私企、外企工作者生育水平更低，为农业工作者的79.4%。无论男女，农业工作者依旧是中国目前生育水平最高的人群。再次，对于城市女性而言，参加保险能够显著降低生育水平，是没有参加保险人群孩子数量的90.9%；城市男性中为91.2%；农村男性中为94.5%。说明参加保险可能提高人口自身规避风险的能力，从而降低对子女数量的需求。这种风险规避对于城市女性和城市男性而言影响较为显著，但对于农村男性只有小幅下降，说明农村男性的生育行为可能不仅考虑经济，更加重视的是子女为其养老。再其次，更加满意自身目前收入的人群孩子数量高于不满意者，而认为自己收入一般的城市男女最为明显，孩子数量普遍高出不满意者 10 个百分点以上。对于农村男女而言主观收入感知影响最低，仅高出不满意者 5 个百分点左右。说明在城市地区，对自己收入的满意程度能对生育行为产生更大影响。而农村地区男女由于收入普遍较低，对孩子数量的影响较小。最后，对于城市男性、城市女性和农村男性而言，健康水平与孩子数量之间呈正相关性，而农村女性却呈现出负相关性。这种情况可能是农村家庭性别分工导致。女性生育越多，承担的子女照料抚养压力越大，从而对其健康水平产生负向影响。

与以往研究侧重于讨论女性视角的生育行为不同，本研究通过比较城市男性、城市女性、农村男性和农村女性四个性别视角的生育数量差异，深入分析了各性别视角下影响人口生育行为的因素，弥补了以往分析性别差异对生育行为的影响因素的实证研究的不足。

整体而言，中国城市男性人口的生育水平最低，农村女性最高。泊松回归模型显示出四种视角下生育行为的数量差异。广义泊松回归模型则对四种视角下影响生育的因素进行对比分析。受教育程度、年龄、地区、婚姻类型、工作类型、参与保险和对收入的主观感知都会影响人口生育行为，而且不同性别视角下以上因素影响子女数量的程度区别较大。

（三）迁移差异对生育行为的影响

1. 泊松回归模型
（1）描述性统计

通过回归分析得出了本研究被解释变量子女数量的平均值和标准差，而方差等于标准差 1.263 的平方，即 1.596，与生育数的平均值 1.624 仅相差 0.028，因此被解释变量分布可以认为基本满足泊松分布（见表 7-15）。

表 7-15　变量测量的相关说明及描述性统计

变量名称	含义与测量	样本数	平均值	标准差
被解释变量				
孩子数量	个	30 680	1.624	1.263

表7-15（续）

变量名称	含义与测量	样本数	平均值	标准差
解释变量				
迁移	未迁移＝0；迁移＝1	30 680	0.319	0.466
控制变量				
婚姻	在婚有配偶＝0；未婚＝1； 同居＝2；离婚＝3；丧偶＝4	30 680	0.425	1.020
年龄	16～24 岁＝0；25～34 岁＝1；35～44 岁＝2； 45～54 岁＝3；55～64 岁＝4；65 岁及以上＝5	30 680	2.637	1.596
受教育程度	幼儿园、托儿所＝0；小学＝1；初中＝2； 高中＝3；大学及以上＝4	30 680	0.822	1.041
地区	东部＝0；中部＝1；西部＝2；东北部＝3	30 680	1.235	1.052
居住地类型	农村＝0；城镇＝1	30 680	0.491	0.499
工作类型	农业＝0；私企、外企＝1；个人家庭＝2； 政府、事业单位、国企＝3	30 680	0.641	0.891

资料来源：根据 CFPS 2016 整理。

（2）模型实证

模型一只考虑迁移状况对子女数量的影响，构建一个基线模型，重点在于分析迁移对生育数量的差异；模型二在模型一的基础上增加了年龄、婚姻和受教育程度三个影响因素，整体上模型二具有较强的解释力；模型三在模型二的基础上还增加了地区、居住地类型和工作类型等因素作为控制变量。整体而言，婚姻状况对子女数量的影响模型得到了进一步优化，解释力和说服力更强（见表7-16）。

表 7-16　迁移状况与子女数量泊松回归结果

解释变量	模型一		模型二		模型三	
	$\hat{\beta}$	$\exp\hat{\beta}$	$\hat{\beta}$	$\exp\hat{\beta}$	$\hat{\beta}$	$\exp\hat{\beta}$
常数项	0.619	—	−0.528	—	−0.441	—
迁移状况						
未迁移(参照类)						
迁移	−0.496	0.609 ***	−0.172	0.842 ***	−0.153	0.858 ***
年龄			控制	控制	控制	控制
婚姻			控制	控制	控制	控制

表7-16(续)

解释变量	模型一		模型二		模型三	
	$\hat{\beta}$	$\exp\hat{\beta}$	$\hat{\beta}$	$\exp\hat{\beta}$	$\hat{\beta}$	$\exp\hat{\beta}$
受教育程度			控制	控制	控制	控制
地区					控制	控制
居住地类型					控制	控制
工作类型					控制	控制
Log likelihood	−47 212. 051		−41 581. 086		−41 376. 601	

注：*** 表示在 0.01 水平上显著，** 表示在 0.05 水平上显著，* 表示在 0.1 水平上显著。

（3）模型分析

在模型一中，常数项系数的幂 $\exp(0.619)=1.856$ 表示参照组未迁移人群的生育率为 1.856，迁移人群的生育率为 1.13。以迁移人口子女数量为参照类，未迁移人口子女数量是其 60.9%。

在模型二中，增加年龄、婚姻和受教育程度三个变量后，在其他条件相同的情况下，迁移人口子女数量为未迁移人口的 84.2%。迁移人口和未迁移人口的子女数量差异得到缩小。

模型三增加地区、居住地类型和工作类型三个变量后，模型解释力进一步增强。迁移人口生育数量低于未迁移人口 14.2 个百分点。分析结果显示，在控制了更多自变量后，迁移因素对子女数量的影响发生改变，相比三个模型，模型一中迁移因素对子女数量的影响算到了其他差别之上，夸大了迁移因素对生育数量的影响。在模型三中，由于纳入了更多变量，迁移与否的生育数量差别显著缩小。

总体来说，未迁移人口子女数量普遍高于迁移人口 14.2 个百分点，主要原因在于迁移过程对生育行为的干扰。

2. 广义泊松回归模型

（1）描述性统计

为进一步分析性别差异下影响子女数量的经济社会因素，本研究从迁移人口和未迁移人口两个视角，构建两个模型对生育数量进行研究。由于迁移因素，子女数量这一因变量的分布可能不再符合传统泊松分布，即因变量的期望与方差相等的要求，而实际生活中计数数据往往存在方差大于均值的过离散或者方差小于均值的欠离散的问题，因此需要首先分析被解释变量样本情况。迁移视角下子女数量均值、方差及样本量见表 7-17。

表 7-17　迁移人口视角下子女数量的均值、方差及样本量

迁移状况	迁移人口	未迁移人口
均值	1.130	1.856
方差	1.394	1.521
样本量	9 803	20 877

资料来源：根据 CFPS 2016 整理。

表 7-17 显示，对于迁移人口和未迁移人口而言，子女数量这一因变量因迁移因素呈现出过离散和欠离散现象。为弥补泊松分布的不足，兼顾泊松分布偏大和偏小因素，本书运用广义泊松回归模型对迁移人口和未迁移人口子女数量的影响因素进行研究。

（2）模型实证

迁移因素对子女数量的显著影响在前文已经得到了证实。这种差异不仅直接影响子女数量，而且其作用会因年龄、受教育程度、婚姻类型、居住地类型、工作类型、参保状况和收入状况等差异而发生变化。虽然在不同国家、不同地区，在不同时间这些因素影响程度不一，但总体方向基本一致，即年龄越大、农村和经济欠发达地区和未来生活欠稳定、对自己经济收入更加满意、在婚有配偶的人群子女数量越多；受教育程度越高、非农工作者子女数量越少。本研究的回归模型对上述状况进行了实证分析，并从性别视角构建研究框架，对迁移人群和未迁移人群两个视角进行研究，发现各视角下子女数量的影响因素呈现不尽一致的程度（见表 7-18）。

表 7-18　迁移视角下子女数量广义泊松回归结果

自变量	迁移人口	未迁移人口
	$\exp\hat{\beta}$	$\exp\hat{\beta}$
常数项	—	—
年龄（岁）	1.021[***]	1.021[***]
受教育程度		
幼儿园、托儿所（参照类）		
小学	0.898[***]	0.868[***]
初中	0.751[***]	0.789[***]
高中	0.561[***]	0.632[***]

表7-18(续)

自变量	迁移人口	未迁移人口
	$\exp\hat{\beta}$	$\exp\hat{\beta}$
大学及以上	0.518***	0.570***
区域		
东部（参照组）		
中部	1.069**	1.117***
西部	1.068**	1.157***
东北部	0.822***	0.849***
婚姻类型		
在婚有配偶（参照类）		
未婚	0.033***	0.469***
同居	0.511***	0.758**
离婚	0.778***	0.689***
丧偶	0.974	1.014
工作类型		
农业（参照类）		
私企、外企	0.872**	0.823***
个人家庭	0.932**	0.859***
政府、事业单位、国企	0.999	0.947**
保险状况		
没有参加保险（参照类）		
参加了保险	0.989	0.899***
收入情况		
不满意现在收入（参照类）		
一般	1.082**	1.101***
满意现在收入	1.063**	1.051***
Log likelihood	-9 854.874	-26 856.204

注: *** 表示在 0.01 水平上显著，** 表示在 0.05 水平上显著，* 表示在 0.1 水平上显著。

（3）模型分析

第一，受教育程度提高显著降低各迁移人口生育数量，特别是对迁移人口影响显著，受过大学教育后生育水平下降最多。相较于只受过幼儿园和托儿所教育的人群而言，受过高中教育的迁移人口子女数量下降速度比未迁移人口更快；小学和初中教育对迁移人口和未迁移人口的影响大致相同。总体来说，无论是否迁移，随着受教育程度的提高，其生育子女数量均呈现出减少趋势。

第二，区域因素影响各迁移视角下的人们的子女数量。同迁入东部地区的人口相比，迁移到东北区域的人口生育水平更低，符合社会化理论。未迁移人口中，西部区域人口生育水平最高，东北部地区最低。

第三，婚姻因素影响各迁移视角下的人们的子女数量。对于迁移人口而言，未婚人群生育水平仅为在婚有配偶迁移人群的3.3%，远低于未迁移人口中未婚人群生育水平为在婚有配偶人群的46.9%。对于迁移人口而言，未婚生育的可能性很低。同居与未婚情况相似。迁移人口离婚者孩子数量为在婚有配偶的77.8%，高于未迁移人口，说明离婚可能会提高迁移概率。

第四，工作类型影响人们的子女数量。对于迁移人口而言，在私企、外企工作者生育水平为农业工作者的87.2%，在个人家庭工作者为93.2%，与未迁移人口同一比值大致相当。无论迁移与否，农业工作者依旧是中国目前生育水平最高的人群。

与以往研究侧重于讨论迁移对生育行为是否有影响的研究不同，本研究通过比较迁移人口与未迁移人口两个视角的生育数量差异，深入分析了影响人口生育行为的因素，弥补了以往分析迁移因素对生育行为的影响的实证研究的不足。

整体而言，泊松回归模型显示出两种视角下生育行为的数量差异。广义泊松回归模型则对两种视角下影响生育的因素进行对比分析。受教育程度、年龄、地区、婚姻类型、工作类型、参与保险和对收入的主观感知都会影响人口生育行为，而且不同性别视角下以上因素影响子女数量的程度区别较大。值得注意的是，迁移者与未迁移者表现出大致相似的生育水平，仅未婚迁移者生育水平大大低于未婚未迁移者。

（四）区域差异对生育行为的影响

1. 泊松回归模型

（1）描述性统计

通过回归分析得出了本研究被解释变量子女数量的平均值和标准差，而方差等于标准差 1.262 的平方，即 1.593，大致与生育数的平均值 1.618 接近，因此被解释变量分布可以认为基本满足泊松分布（见表 7-19）。

表 7-19　变量测量的相关说明及描述性统计

变量名称	含义与测量	样本数	平均值	标准差
被解释变量				
孩子数量	个	30 986	1.618	1.262
解释变量				
地区	东部＝0；中部＝1；西部＝2；东北部＝3	30 986	1.234	1.052
控制变量				
年龄	岁	30 986	46.431	16.818
受教育程度	幼儿园、托儿所＝0；小学＝1；初中＝2；高中＝3；大学及以上＝4	30 986	0.827	1.046
婚姻状况	在婚有配偶＝0；未婚＝1；同居＝2；离婚＝3；丧偶＝4	30 986	0.425	1.018
居住地类型	农村＝0；城镇＝1	30 986	0.493	0.499
工作类型	农业＝0；私企、外企＝1；个人家庭＝2；政府、事业单位、国企＝3	30 986	0.645	0.945

资料来源：根据 CFPS 2016 整理。

（2）模型实证

模型一只考虑不同区域对子女数量的影响，构建一个基线模型，重点在于分析不同区域之间的差异。模型二在模型一的基础上增加了年龄和受教育程度两个影响因素，整体上模型二更加具有解释力。而在生育行为的研究中，还应考虑将婚姻状况、居住地类型和工作类型等因素作为控制变量，模型三增加了这些因素。整体而言，区域差异对子女数量的影响模型得到了进一步优化（见表 7-20）。

表7-20　区域视角下子女数量广义泊松回归结果

自变量	模型一		模型二		模型三	
	$\hat{\beta}$	exp$\hat{\beta}$	$\hat{\beta}$	exp$\hat{\beta}$	$\hat{\beta}$	exp$\hat{\beta}$
常数项	0.419	—	-0.404	—	-0.312	—
地区分类						
东部地区 （参照类）						
中部地区	0.144	1.155***	0.144	1.155***	0.116	1.124***
西部地区	0.123	1.131***	0.123	1.131***	0.082	1.085***
东北部地区	-0.094	0.910***	-0.131	0.877***	-0.140	0.869***
年龄组（岁）			控制	控制	控制	控制
受教育程度			控制	控制	控制	控制
婚姻类型					控制	控制
居住地类型					控制	控制
工作类型					控制	控制
Log likelihood	-48 632.367		-41 899.847		-41 656.135	

注：*** 表示在 0.01 水平上显著，** 表示在 0.05 水平上显著，* 表示在 0.1 水平上显著。

（3）模型分析

在模型一中，常数项系数的幂 exp(0.419)= 1.52 表示参照组东部地区人群的生育率，中部地区人群的生育率为 1.756，西部地区人群的生育率为 1.720，东北部地区人群的生育率为 1.384。以东部地区人群子女数量为参照类，中部地区人群子女数量是其 115.5%，西部地区人群子女数量是其 113.1%，东北部地区人群子女数量是其 91.0%。

在模型二中，增加年龄、受教育程度两个变量后，在其他条件相同的情况下，中部地区人群子女数量保持在东部地区人群的 115.5%；西部地区人群子女数量保持在东部地区人群的 113.1%；东北部地区人群子女数量从东部地区人群的 91.0%下降到 87.7%。东部地区、中部地区和西部地区间子女数量差异没有变化，但东部地区与东北部地区人口子女数量差异得到缩小。

在模型三中，增加婚姻类型、居住地类型和工作类型三个变量后，模型解释力进一步增强。中部地区、西部地区和东北部地区孩子数量同东部地区人群相比差异降低，中部地区人群孩子数量最高，西部地区次之，东部地区再次之，东北部地区最低。分析结果显示，在控制了更多自变量后，地区因素对子女数量的影响发生改变。相比三个模型，模型一中区域因素对子女数量的影响算到了其他差别之上，夸大了区域间生育数量的差别。由于模型三纳入了更多变量，区域间人口生育数量差别显著缩小。

通过模型分析发现：第一，四个区域中中部地区人口子女数量最多，同比东部地区高出 12.4 个百分点，主要原因在于以河南为代表的中部地区受中国传统生育文化影响最深，传宗接代意识更加普遍。第二，东部地区虽然第二次人口转变的新特征之一是婚姻与生育的分离，但是在婚有配偶的婚姻状况下，人口生育数量仍然高出未婚人群、同居人群和离婚人群子女数量的 96.8、28.7 和 28.3 个百分点。究其原因，婚姻状况虽然趋于多样化，但是婚姻和婚后生育仍是影响中国人口实施生育行为的首要因素。第三，离婚人群子女数量与同居人群大致相当，仅有 0.4 个百分点的差距，但均低于在婚有配偶人群。其原因在于离婚人群不仅从传统生育的社会前提（在婚状况）中脱离，还从构成生育的生物前提（异性配偶）中脱离，因此生育数量总体低于在婚有配偶状态；而同居则达成了生育的生物前提——有异性配偶，但同居者往往倾向于不生育子女。除此以外，一些大龄同居者也可能在完成生育行为后同居，两者共同的影响使得同居人群数量与离婚人群大致相当。第四，即使在第二次人口转变背景下，未婚生育者子女数量依旧较低，约为在婚有配偶者的 3.2%。

总体来说，目前我国同居和离婚人群子女数量相较在婚有配偶人群十分接近，丧偶人群子女数量高于在婚有配偶人群，未婚人群子女数量最低。但是在各婚姻状况之间，哪些因素影响了子女数量？为什么出现了婚姻状况间子女数量的差异？为进一步分析不同婚姻状况下影响子女数量的经济社会因素，对以上问题进行回答，本研究做了进一步的探索。

2. 广义泊松回归模型

（1）描述性统计

为进一步分析区域差异下影响子女数量的经济社会因素，基于东部、中部、西部和东北部四个区域，构建四个模型对生育数量进行研究。由于区域差异，子女数量这一因变量的分布可能不再符合传统泊松分布，即因变量的期望与方差相等的要求，而实际生活中计数数据往往存在方差大于均值的过离散或者方差小于均值的欠离散的问题，因此需要首先分析被解释变量样本情况。各区域子女数量的均值、方差及样本量见表 7-2。

表 7-21　不同区域下子女数量的均值、方差及样本量

区域	东部地区	中部地区	西部地区	东北部地区
均值	1.521	1.756	1.720	1.384
方差	1.479	1.694	1.727	1.264
样本量	10 167	7 604	9 008	4 207

资料来源：根据 CFPS 2016 整理。

表 7-21 数据显示，东部、中部和东北部子女数量这一因变量因区域差异同时呈现出过离散和欠离散现象，仅西部地区子女数量分布符合泊松分布。为弥补泊松分布的不足，兼顾泊松分布偏大和偏小因素，本研究运用广义泊松回归模型对东部、中部、西部和东北部地区子女数量的影响因素进行分析。

（2）模型实证

区域差异对子女数量的显著影响在前文已经得到了证实。这种差异不仅直接影响子女数量，而且其作用会因年龄、受教育程度、婚姻类型、居住地类型、工作类型、参保状况和收入状况等差异而发生变化。虽然在不同国家、不同地区，在不同时间这些因素影响程度不一，但总体方向基本一致，即年龄越大、农村和经济欠发达地区和未来生活欠稳定、对自己经济收入更加满意、在婚有配偶的人群子女数量越多；受教育程度越高、城镇和非农工作者子女数量越少。本研究的回归模型对上述状况进行了实证分析，并基于区域差异构建研究框架，对东部、中部、西部和东北部等四个地区影响其子女数量的因素进行了研究，发现各区域子女数量的影响因素呈现出不尽一致的程度（见表 7-22）。

表 7-22　不同区域下子女数量广义泊松回归结果

自变量	东部地区	中部地区	西部地区	东北部地区
	$\exp\hat{\beta}$	$\exp\hat{\beta}$	$\exp\hat{\beta}$	$\exp\hat{\beta}$
常数项	—	—	—	—
年龄（岁）	1.019***	1.023***	1.017***	1.028***
受教育程度				
幼儿园、托儿所（参照类）				
小学	0.954**	0.999	0.908***	0.903***
初中	0.788***	0.855***	0.805***	0.739***

表7-22(续)

自变量	东部地区	中部地区	西部地区	东北部地区
	exp$\hat{\beta}$	exp$\hat{\beta}$	exp$\hat{\beta}$	exp$\hat{\beta}$
高中	0.603***	0.618***	0.624***	0.758***
大学及以上	0.547***	0.561**	0.559***	0.714***
婚姻类型				
在婚有配偶（参照类）				
未婚	0.247***	0.313***	0.026***	0.466***
同居	0.657**	0.613**	0.518**	0.846**
离婚	0.659***	0.732***	0.668***	0.803***
丧偶	1.019	1.011	1.017	1.040
居住地类型				
农村（参照类）				
城镇	0.853***	0.936***	0.870***	0.883***
工作类型				
农民（参照类）				
私企、外企	0.863***	0.859***	0.882**	0.793***
个人家庭	0.963**	0.912***	0.867***	0.874***
政府、事业单位、国企	0.983	0.937*	1.029	0.871**
保险状况				
没有参加保险（参照类）				
参加了保险	0.881***	0.941***	0.996	1.005
收入情况				
不满意现在收入（参照类）				
一般	1.128***	1.068***	1.029	0.976
满意现在收入	1.064**	1.034**	1.038*	1.059**
Log likelihood	−11 938.305	−9 120.331	−11 443.194	−4 259.845

注：*** 表示在0.01水平上显著，** 表示在0.05水平上显著，* 表示在0.1水平上显著。

（3）模型分析

第一，受教育程度提高显著降低各区域人口子女数量。东部地区这一现象尤为明显，相较于只受过幼儿园和托儿所教育的人群而言，受过大学及以上教育人群的子女数量最低，约为其54.7%；受高中教育人群的子女数量约为其60.3%；受初中教育人群的子女数量约为其78.8%；受小学教育人群的子女数量与其最为接近，为 95.4%。西部地区和中部地区受教育程度提高而生育水平下降的影响强烈，东北部地区受大学及以上教育因素的影响作用最小，其原因可能在于东北部地区生育水平差异较小。总体来说，无论是何种地区，随着受教育程度的提高，其生育子女数量均呈现出减少趋势。

第二，婚姻因素影响人们的子女数量。四个区域中，东北部地区未婚状况人口孩子数量与在婚有配偶人群的差异最小，约为其 46.6%，中部地区为 31.3%，东部地区为 24.7%，西部地区最低，为 2.6%，说明西部地区未婚有孩子的行为最少，东北部地区最高。就同居状态而言，东北部地区人口子女数量约为在婚有配偶人群的 84.6%，而西部仅 51.8%，说明相较于先结婚再生育人群的子女数量而言，西部地区对于同居生育的认可度不如其他三个区域，东北部接受度最高。就离婚状况而言，东北部地区人口子女数量约为在婚有配偶的 80.3%，东部地区最低为 65.9%，说明东北部地区人口离婚年龄可能更高，导致子女数量与在婚有配偶人群相比达 80% 以上；东部、西部离婚年龄更低，因此子女数量与在婚有配偶人群相比低于 70%，中部地区离婚年龄处于东北部和东、西部之间，子女数量是在婚有配偶人群的 73.2%。

第三，城乡差异影响人们的子女数量。四个区域中，中部地区城乡生育水平差异最小，差异仅 6.4%；东部地区城乡生育水平差异最大，达 14.7%，西部、东北部比较接近，城乡差异在 12% 左右。这说明我国中部地区城乡生育行为更为接近，而东部地区城乡生育行为差异较大。

第四，工作类型影响人们的子女数量。四个区域中，相较于农民而言，东北部私企、外企工作者生育水平更低，为其 79.3%；西部个人家庭工作者生育水平更低，为其 86.7%；东北部政府、事业单位、国企工作者生育水平更低，为其 87.1%。农民依旧是中国目前生育水平最高的人群。

第五，参保状况影响人们的子女数量。对于东部地区而言，参加保险的人群是没有参加保险人群孩子数量的 88.1%；在中部这一值为 94.1%。这说明参加保险可能提高人口自身规避风险的能力，从而降低对子女数量的需求。

第六，主观收入感知影响人们的子女数量。四个区域中，更加满意自身目前收入的人群孩子数量越多，这一现象在东部地区最为明显，满意者孩子数量高出不满意者 6.4 个百分点。在中部地区差异最低，满意者高出不满意者 3.4 个百分点。

与以往侧重于讨论某一区域环境下生育行为的研究不同，本研究通过比较中国东、中、西、东北部地区的生育数量差异，深入分析了各区域下影响人口生育行为的因素，弥补了以往研究分析区域差异对生育行为的影响的实证研究的不足。

整体而言，中国东北部地区生育水平最低，中部地区最高。泊松回归模型显示出四种区域下生育行为的数量差异。广义泊松回归模型则对四种区域下影响生育的因素进行对比分析。受教育程度、年龄、地区、居住地、工作类型、参与保险和对收入的主观感知都会影响人口生育行为，而且不同区域下以上因素影响子女数量的程度区别较大。如各区域在婚有配偶人群的生育数量都高，但西部同居生育的倾向可能低于其他区域。

（五）小结

这一部分运用泊松回归模型和广义泊松回归模型对中国第二次人口转变的主要特征与生育行为进行了深入分析，梳理了婚姻状况、职业、收入等经济社会因素对生育行为的影响程度，研究了各项因素对生育行为的影响机制。

七、第二次人口转变与生育行为的理论思考

（一）因素归纳

基于第二次人口转变的四个特征——婚姻、性别、迁移和区域，对中国第二次人口转变情况及生育行为进行研究。归纳总结出婚姻差异、性别差异、迁移差异、区域差异、教育水平、工作类型、参保状况、收入感知和健康水平等影响因素对生育行为的作用机制。综合 r-K 理论、第二次人口转变理论和前文研究，本研究构建了中国第二次人口转变影响因素研究框架（见表7-23）。

表 7-23　中国第二次人口转变影响因素研究框架

特征	r 选择	K 选择	中国第二次人口转变影响趋势
婚姻状况	婚姻类型稳定，以在婚有配偶为主	婚姻类型多样，结婚率下降，同居现象增加	婚姻类型多样化，K 选择，生育水平降低
性别差异	男女性别不平等	男女性别平等	性别趋于平等，K 选择，生育水平降低
迁移差异	稳定居于本地，较少迁移	人口流迁频繁	人口流动显著，K 选择，生育水平降低
区域差异	区域经济欠发达，传统生育文化深厚	区域经济社会发达，生育观念发生转变	区域发展，K 选择，生育水平降低
受教育水平	受教育程度低	受教育水平高	受教育水平提高，K 选择，生育水平降低
工作类型	以农业工作为主	非农工作增加	农业工作减少，K 选择，生育水平降低
参保情况	无保险，对于子女数量的要求更高	有保险，晚年保障更为充分	参保提高，K 选择，生育水平降低
收入感知	满意目前收入水平	对自己收入水平感到不满意	主观收入感知提高，r 选择，生育水平上升
健康水平	身体健康	身体欠健康	健康水平提高（城市男性女性和农村男性），r 选择，生育水平上升

（二）讨论总结

1. 讨论

通过构建的第二次人口转变影响因素研究框架，本章对中国的第二次人口转变理论进行如下讨论。

其一，中国是否在进行第二次人口转变？本研究认为，中国目前已经进入第二次人口转变时期。这主要基于四个原因：一是同传统第二次人口转变理论相似，中国已经进入结婚率降低、离婚率上升、同居率上升的新阶段；二是两性趋于平等，但城乡男女之间生育数量仍存在显著差异；三是迁移增加，对生育行为产生了干预影响，从而降低了生育水平；四是区域差异显著，区域经济水平更高，生育观念转变，地区生育水平更低。

其二，中国的第二次人口转变理论是什么？本研究构建的中国第二次人口转变理论主要囊括了婚姻、性别、迁移和区域四个特征，解释各影响因素由 K 选择到 r 选择，或由 r 选择到 K 选择的转变过程。总体来说，中国婚姻状况的多样化、性别趋于平等、迁移情况增加和区域发展，推动了中国生育水平的下降。这四个特征共同构成中国第二次人口转变理论。

其三，怎么利用中国的第二次人口转变理论来解决和应对未来中国人口发展可能面对的问题？从本研究所称的中国第二次人口转变理论，可以发现各影响因素呈现出以 r 选择到 K 选择为主，而 K 选择到 r 选择的变化项较少。这种变化体现出第二次人口转变在中国的表现形式，未来应在把握各因素的基础上，实施"精准政策"以应对未来人口发展潜在的各项风险。

本研究结合生态学种群繁衍理论——r-K 选择理论，对中国第二次人口转变深化特征和生育行为进行理论总结和归纳，发现大部分因素的变动会导致人口生育呈现出 K 选择趋势，仅少量因素的转变会促进人口生育趋于 r 选择。

在对中国的第二次人口转变理论的讨论中，本研究认为中国已经进入第二次人口转变阶段，面临着"低生育率陷阱"的严峻挑战。为此，应综合婚姻、性别、迁移和区域四个主要特征，结合生态学种群繁衍的"r-K 选择理论"，构建中国特色社会主义第二次人口转变理论。

2. 总结

（1）r 选择角度总结

1999 年，中国步入老龄化社会，人口结构出现老龄化与少子化并存的特征，劳动年龄人口占总人口的比重开始下降。在人口惯性的作用下，人口发展不均衡既已成型，因此需要适当采取 r 策略以弥补人口结构发展缺陷。

一是提高人口收入水平，特别是主观感知收入水平。研究表明，主观收入感知度越高者生育子女数量越多。需要强调的是，这种感知是一种主观判断，而非客观收入。

二是持续实施健康中国战略。健康是指人在身体、精神和社会等方面都处于良好的状态。良好的健康素质是生育行为的生理基础，提高生育水平不应以牺牲人民身体健康水平为代价，特别需要重视农村女性的生殖健康问题。

三是推动人口生育观念改变。进行 r 策略选择的关键是形成符合人口均衡发展需要的生育观念，鉴于生活环境对个体生育观念的影响，这种生育观念的形成可以借助各种媒介对当今人口发展形势、生育政策等内容的宣传来实现（石贝贝 等，2017）。就当下而言，应当注重宣传我国现阶段人口发展现状的基本国情，向群众提供更系统、更客观的信息，促进人们树立积极的生育观念。在保障人口生育观念积极化的同时，还应当注意规避生育意愿与生育行为背离现象的出现（杨菊华，2008）。

四是优化生育政策。中国目前的有效生育意愿已经较弱，社会的快速转型已经导致人们生育意愿弱化，要避免中国的"低生育率陷阱"，未来生育政策的选择十分关键（乔晓春，2015）。整个社会应进一步完善有利于妇女生育的相关政策、措施和服务，营造有利于人口生育的环境。

（2）K 选择角度总结

在推动人口生育决策向 r 策略合理转变的同时，不能忽视 K 策略下人口质量发展的特征，K 策略有利于促进人口规模和结构的稳定发展。

一是加大社会支持。较高的健康水平与教育水平以及强大的社会支持网络等有助于保障 K 策略的稳定性（Giosan，2006）。医疗卫生服务应当涵盖个人健康的预防、保健、治疗、康复和健康教育等方面，提供全面、连续、有效、及时的个性化服务供给。国外家庭医疗项目（Family Medicine Program）的成功（Cesur 等，2007），对深化我国医疗改革具有借鉴意义。我国应当在现有基础上继续扩大家庭医生签约服务覆盖面，落实分级诊疗，推动医疗卫生服务从特殊人群到全覆盖，最终实现均等化供给。除此之外，我国公民的心理健康状况也不容乐观（俞国良、董妍，2012），需要采取有效措施。

二是提高人口除智商、情商之外的"健商"。帮助人民树立健康、积极的心理观念，增加不同群体心理健康服务供给，维持个体正向的自我认知。坚持身体健康和心理健康并重，实现健康中国的战略目标。

三是推动教育质量提高。以教育公平为基本原则，强调个体的整体发展，实现涵盖健康、科学、文学、道德、伦理、创造性、美学等多方面的基础教育的全覆盖，实现以技能培养为主和以创造性研究为主的高等教育双向发展。将现代信息化手段作为保障，确保优质化教育资源的合理分配，缩小教育质量的地区差距，实现教育公平。

（3）r-K 选择角度总结

正态的社会支持有利于 K 策略的稳定发展。根据 Cohen 和 Hoberman（1983）人际支持评估表（ISEL），社会支持包括物质支持（tangible support）、情感支持（belonging support）、自尊支持（self-esteem support）和评估支持（appraisal support）。具体来说，社会能够提供拥有相似的价值、兴趣和目标的社会网络支持，个人能够获得更多的外部资本的投资与情感支持，而能够体现以上特征的社会单位就是家。

因此，应对中国第二次人口转变需要以家庭作为社会的基本单位，让家庭在社会支持网络中扮演重要角色，制订、完善家庭计划为个人和家庭提供更多社会支持。家庭、自然和社会之间和谐相处，实现家庭与内、外部环境的可持续发展。

（三）主要建议

通过对中国第二次人口转变的分析，对完善我国生育政策提出如下建议：

一是充分发挥家庭在生育行为中的决定性作用。从第二次人口转变的影响因素变动趋势来看，家庭成员的生育观决定生育行为。如年轻人生育数量急剧减少，对于婚姻的态度发生转变，人们的人生观和价值观发生改变。虽然传统的家本位发展到现在的个体本位，个体更多关注的是自身事业的发展，但家庭的作用仍然至关重要。因此，从完善政策的角度来说，应全面放开生育限制，将生育的时间、数量交由家庭决定，引导家庭适度地自主生育。目前我国社会结婚年龄普遍延后，人口预期寿命提高，许多家庭面临上有老下有小的双重照料风险，完善生育政策应加大公共服务投资，降低孩子教育、抚养成本。通过提高家庭收入，营造良好的生育氛围，发挥好家庭的生育功能。

二是更好地发挥政府在生育行为中的引导作用。一般来说，生育观念形成后很难改变，但不是绝对的，在社会大环境下的生育观念形成后，政府同样可以采取宣传、教育等措施转变人们的生育观念，增强家庭生育孩子的动机。调查显示，目前影响中国生育水平的主要因素是生育养育成本高、托育服务短缺、女性追求职业发展、住房压力大等。因此，政府首先应进一步推动公共设施的完善，构建生育友好型社会。在政策上尽快推进"全面两孩"向"全面放开"转变，积极倡导实行科学、合理的生育行为，实现人口结构的优化。

三是科学研判未来生育水平的变动趋势。从世界范围来看，西方发达国家大多采取鼓励国民生育的人口政策，有的也取得一些成效。从我国目前的低生育水平来看，即使国家采取鼓励生育的政策，短时间也不一定能取得较大成效。面对第二次人口转变的长期调整，为了国家的长治久安，应该防患于未然，加快完善生育支持体系，促进家庭发展，如通过国家财政补贴降低家庭的生育成本和教育成本。针对生育水平发展趋势进行深入研究，探索生育观念转变方向、养育成本有机构成以及经济社会发展趋势，一定要高度关注我国生育水平的变化，警惕持续的低生育水平，防止出现过低的生育率从而造成未来人口的大量减少。要加强生育行为理论研究，把握影响生育行为的主要因素及其变动趋势，继续完善生育政策，推进人口长期均衡发展。

第八章　新人口格局下生育意愿、制约因素与政策期望研究

【核心提示】本章使用重庆市卫生健康委员会在 2021 年组织开展的一项涵盖重庆市 38 个区（县）的 998 个乡（镇、街道）共 10 944 个村（居）的调查报告（包括 41 664 份样本数据），对"全面三孩"政策下生育意愿、制约因素与政策期望进行了分析。结果显示，生育意愿呈现如下特征：年龄小意愿弱，年龄大意愿强；农村意愿强，城镇意愿弱；高收入意愿强，中等收入意愿弱；学历低意愿强，学历高意愿弱。制约因素主要表现为子女教育成本、时间精力成本、家庭发展成本、住房成本、身体状况和生育观念。从政策期望来看，主要有期望降低生育成本，营造生育环境，完善托育服务，提高优生服务水平。针对目前在生育支持方面只考虑经济社会因素的作用而对文化因素影响的重视程度不够的状况，提出在完善生育配套支持措施中，必须弘扬中华民族优秀传统文化，注重生育的经济属性和社会属性的有机结合，营造有利于生育的社会环境，才能有效增强生育意愿，实现三孩政策的期望效应。

生育水平从根本上决定着一个国家或地区未来的人口发展。"七普"数据显示全国总和生育率为 1.30，处于极低生育率临界点，低于全世界总和生育率 2.47 的平均水平，以及发达国家 1.64 的平均水平，在世界 185 个国家和地区中排倒数位，总和生育率已跌破警戒线，人口发展进入关键转折期（李纪恒，2020）。2021 年全国出生人口进一步减少，仅为 1 062 万人，显著低于 2020 年的 1 200 万人和 2019 年的 1 465 万人，为近 60 年来的历史新低。新形势下，党和国家从战略高度出发，根据我国人口发展变化形势，于 2021 年 5 月 31 日审议并通过《中共中央 国务院关于优化生育政策促进人口长期均衡发展的决定》，要求实施一对夫妻可以生育三个子女的政策，并取消社会抚养费等制约措施，清理和废止相关处罚规定，

配套实施积极的生育支持措施（以下简称"三孩政策"）。对此，就这一新政实施以后的生育意愿开展调查和研究。

一、调查数据说明

（一）调查说明

本次调查目的主要在于全面了解三孩政策背景下城乡居民的生育意愿，以及影响生育水平的主要因素，为完善三孩生育配套政策提供数据支撑和决策参考。所使用的数据来源于重庆市卫生健康委员会在 2021 年组织开展的基于一对夫妻可以生育三个子女的生育意愿及配套措施调查。调查的目标对象是 2021 年 6 月时年龄为 20~49 岁及 50 岁及以上的人群。调查采用分层和三阶段抽样相结合的抽样方法，样本涵盖重庆市 38 个区（县）的 998 个乡（镇、街道）共 10 944 个村（居）级样本点。其中，每个区（县）内农村每村不少于 3 份问卷，城镇每社区不少于 5 份问卷（机关、事业单位、国有企业、个体工商户和其他人员各至少 1 份），囊括了各区域、职业和收入的人群。

（二）数据说明

调查共收回 42 284 份问卷，其中有效问卷为 41 664 份，有效回收率约为 98.53%。调查采用电子问卷，使用卫生健康公众号、手机短信、扫二维码等形式进行线上、线下调查。调查问卷设计了 30 个问题，包括调查对象的人口学特征、生育意愿、影响因素和期待政策等内容，由此构成本研究分析可用的背景变量和分析变量。描述性统计涉及调查对象居住地、性别、年龄、婚姻、学历和收入等（见表 8-1）。

表 8-1　调查对象的人口学特征

人口学特征		人数/人	构成比/%	人口学特征		人数/人	构成比/%
居住地	农村	20 877	50.11	性别	男	13 152	31.57
	城镇	20 787	49.89		女	28 512	68.43

表8-1(续)

人口学特征		人数/人	构成比/%	人口学特征		人数/人	构成比/%
年龄/岁	20~24	2 583	6.20	婚姻状况	已婚已育	33 505	80.42
	25~29	8 050	19.32		已婚未育	2 122	5.09
	30~34	9 973	23.94		未婚	4 677	11.22
	35~39	7 901	18.96		不想结婚	832	2.00
	40~44	4 724	11.34		其他	528	1.27
	45~49	4 887	11.73	常住地的住房情况	租房	4 297	10.31
	50~54	2 365	5.68		自有住房，正在还贷款	18 982	45.56
	55及以上	1 181	2.83		自有住房，无贷款	18 385	44.13
学历	初中及以下	5 715	13.72	收入水平	2 000以下	3 245	7.79
	高中或中专	9 432	22.64		2 000~4 000	9 499	22.80
	大专	14 028	33.67		4 000~6 000	6 836	16.41
	本科	11 743	28.18		6 000~8 000	5 146	12.35
	硕士	671	1.61		8 000~10 000	4 107	9.86
	博士及以上	75	0.18		10 000~15 000	2 863	6.87
个人情况	独生子女	14 874	35.70		15 000~20 000	8 828	21.19
	非独生子女	26 790	64.30		20 000~25 000	486	1.17
					25 000及以上	654	1.57

数据来源：《重庆市三孩生育意愿及影响因素调查报告》数据。

有关生育意愿的调查主要基于生育数量、时间和性别三个维度（庄亚儿等，2014）。本次调查问卷是在三孩政策下的生育意愿研究，因此重点关注受访者现有子女数量、期望生育数量、是否愿意生育第三个孩子与居住地、性别、年龄、受教育程度、家庭收入等人口学特征之间的关系。

对生育意愿的影响因素的调研可以通过三种方式进行。第一种是直接询问想生或不想生的具体原因，并根据具体因素进行选择；第二种是将想生或者不想生可能的因素化为指标并进行经验测量；第三种是两者结合的方式（风笑天，2018）。本研究选择的是第一种方式，在询问生育意愿的基础上，重点分析子女教育成本、生育养育成本、住房成本、时间精力成本和家庭发展成本等经济、文化和社会环境因素。这样既考虑了生育、养育、教育成本等重要影响因素，也分析了婚姻文化和家庭文化、社会环境和社会氛围的影响作用。同时，针对婚嫁陋习、天价彩礼等问题，调查了不愿意结婚（不敢结婚、不敢生子、不愿意生子）的原因。

调查育龄人群对于三孩生育的政策期望类型和具体效果，是从需求侧完善三孩政策的重要途径。相关研究显示，降低生育成本、完善托幼服务和构建生育友好型社会等方面是三孩政策的重要方面（张翼，2021；李丹等，2021；陈卫，2021）。此次调查采取了直接询问"您认为如何降低家庭育儿成本""您认为如何完善生育三孩的配套措施"和"您认为应如何开展新型婚育文化和家庭文化活动"等 5 个问题的方式反映育龄人群的政策期望。

二、生育意愿研究

（一）总体生育意愿状况

调查显示，三孩生育意愿普遍较弱。从"实施一对夫妻可以生育三个子女政策，您家是否愿意生育第三个孩子"的问题来看，表示愿意生 3 孩的占 8.11%，不愿意生 3 孩的占 91.89%。即使是扩大义务教育范围，愿意生 3 孩的也仅上升 0.03 个百分点；愿意生 1 个的占 27.72%，愿意生 2 个的占 54.98%，愿意生 4 个及以上的占 1.57%；不愿意生孩子的占 7.58%。

总体来看，三孩政策下的生育意愿呈现四大特征：从城乡分布来看，农村意愿强，城镇意愿弱；从年龄段来看，年龄小意愿弱，年龄大意愿强；从家庭收入来看，低高收入意愿强，中等收入意愿弱；从受教育程度来看，学历低意愿强，学历高意愿弱。不同群体的生育意愿仍然存在一定的差异。

（二）不同群体的生育意愿

1. 不同区域（农村、城市）的生育意愿

调研显示，农村有生育三孩意愿的占比为 16.27%，城市占比为 11.39%，农村生育意愿高于城市 4.88 个百分点。农村不愿意生育三孩的占比为 83.73%，城市占比为 88.61%，农村低于城市 4.88 个百分点。由于"多子多福""养儿防老"等传统观念在农村仍然有一定的影响力，加之家中老人的影响也比较直接，因而农村生育意愿相对较强。

2. 不同子女数量的生育意愿

调查对象中已经有 1 个孩子的占 51.42%；已有 1 个，正怀孕 1 个的占 1.69%；已经有两个及以上孩子的占 46.03%。调查显示，现有 0 个孩子的

家庭不愿意生、愿意生 1 个、2 个、3 个、4 个孩子的意愿占比分别为
10.75%、37.63%、46.95%、2.87%、1.79%；现有 1 个孩子的家庭愿意
生 2 个、3 个、4 个孩子的意愿占比分别为 49.06%、3.62%、0.86%；已
有 1 个，正怀孕 1 个孩子的家庭愿意生 3 个、4 个孩子的意愿占比分别为
10.96%、2.61%；已有 2 个孩子的家庭愿意生 3 个、4 个孩子的意愿占比
分别为 15.90%、2.51%。整体而言，愿意生两个孩子的家庭在各类情况中
的占比最高，即使是没有孩子的家庭，在义务教育范围扩大后，其生育两
个孩子的意愿也达到 46.95%。在各个不同子女数量家庭中生 4 个孩子的
意愿最弱。

3. 不同年龄段的生育意愿

各年龄段生育意愿存在明显差异。从意愿数量看，不愿意生育孩子
的，20~24 岁年龄阶段比例最高，为 16.32%，随年龄段上升比重下降；
愿意生育 1 个孩子的，20~24 岁年龄阶段比例最高，为 38.72%，随年龄
段上升比重下降；愿意生育 2 个孩子的，45~49 岁年龄阶段比例最高，为
60.69%，40~44 岁、30~34 岁、35~39 岁分别为 56.23%、55.94%、
55.83%；愿意生育 3 个孩子的，35~39 岁年龄阶段比例最高，为 10.76%，
40~44 岁、45~49 岁分别为 9.91%、9.42%，生育 3 孩意愿最弱的是 20~
24 岁年龄阶段，占 2.92%，其次是 25~29 岁年龄阶段，占 4.54%（见
表 8-2）。

表 8-2　不同年龄段的生育意愿情况

年龄段/岁	不愿意生 孩子的占比/%	愿意生 1 个 孩子的占比/%	愿意生 2 个 孩子的占比/%	愿意生 3 个 孩子的占比/%
20~24	16.32	38.72	40.93	2.92
25~29	9.54	35.75	49.04	4.54
30~34	7.71	27.28	55.94	7.68
35~39	7.62	23.88	55.83	10.76
40~44	5.37	26.57	56.23	9.91
45~49	4.24	23.89	60.69	9.42

数据来源：《重庆市三孩生育意愿及影响因素调查报告》数据。

4. 不同家庭收入的生育意愿

调研显示，家庭月收入在 2 000 元以下，有生育三孩意愿者的占比最

高，为18.55%；家庭月收入在2 000~4 000元，有生育三孩意愿的占15.35%；家庭月收入在4 000~6 000元，有生育三孩意愿的占14.19%；家庭月收入在6 000~8 000元，有生育三孩意愿的占11.77%；家庭月收入在8 000~10 000元，有生育三孩意愿的占13.08%；家庭月收入在10 000~15 000元，有生育三孩意愿的占11.99%；家庭月收入在15 000~20 000元，有生育三孩意愿的占11.24%；家庭月收入在20 000~25 000元，有生育三孩意愿的占15.00%；家庭月收入在25 000元及以上，有生育三孩意愿的占18.40%。总体来看，收入最高和最低人群生育三孩的意愿相对较强，而中等收入人群的生育意愿不强（见图8-1）。

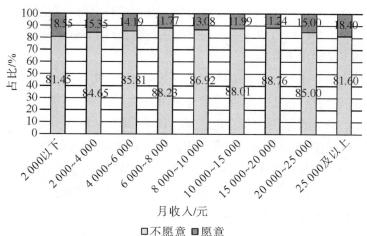

图8-1 不同收入群体的三孩生育意愿情况
（数据来源：《重庆市三孩生育意愿及影响因素调查报告》）

5. 不同受教育程度的生育意愿

调研显示，有意愿生育三孩的人群中，初中及以下学历的占19.4%，高中（中专）学历的占15.29%，大专学历的占12.72%，本科学历的占10.33%，硕士研究生学历的占13.75%。初中及以下学历不愿意生育三孩的占80.96%，高中（中专）学历的占84.71%，大专学历的占87.28%，本科学历的占89.67%，硕士研究生学历的占86.25%。调研发现，受教育程度、收入水平与生育意愿存在较强的负相关关系。学历和收入较高的家庭父母更多倾向于用所有资源精心培育孩子，更加注重孩子的教育质量；受教育程度高的父母注重事业发展，相对来说时间精力较少，使得生育意愿相对较弱。

（三）生育意愿的综合分析

生育意愿分析主要是从数量、性别、时间和目的来研究其纵向变化趋势和区域性个性特征。从生育数量来看，20 世纪 90 年代以后理想子女数在 3 个以上的比例已经降到很低的水平（风笑天、张青松，2002）。2013年全国开展的生育意愿调查表明，当前城乡居民的理想子女数为 1.93（庄亚儿 等，2014），2000—2011 年我国城乡居民的理想子女数均值为 1.67（侯佳伟 等，2014）。2020 年文汇报社与复旦大学合作开展的中国人口发展研究社会调查显示，平均理想子女数为 1.58（孙楠，2020）。此次调查结果显示受访者平均理想子女数为 1.68，其中农村育龄群众愿意生育子女数量以 2 个为主，城市地区则以 1 个为主。综合以上调查结果来看，生育意愿总体上呈现出下降趋势。

从性别偏好来看，随着单独二孩、全面两孩、实施三孩等生育政策的不断调整和完善，过去长期存在的性别偏好在三孩新政后得到明显改善。调查显示，在生育第三个孩子时，56.11%的调查对象认为生男生女都一样，25.10%的调查对象偏向于要女孩，14.95%的调查对象偏向于要男孩。超过一半以上的受访者无性别偏好，过去农村居民在思想深处对生育男孩的强烈愿望已经明显下降，性别偏好已经相对弱化，但儿女双全仍是部分育龄人群的主要生育愿望。

从初育年龄来看，年龄是影响生育意愿实现的关键因素，尤其对意愿子女数有较大影响。调查显示，年龄为 20~24 岁的生育三孩意愿处于各年龄段最低水平，这部分人群可能多数为在校学生，未进入婚育期；年龄为25~29 岁的处于生育旺盛期人群及 30~34 岁生育主体的三孩意愿，低于 35岁以上各年龄段；生育三孩意愿最高的是 50 岁以上的人群，这部分人群经济基础较好，受传统观念影响较深，能够负担也愿意负担生育三孩的成本，生育意愿相对于青年家庭较强。

从生育目的来看，多元化现象较为明显。调查显示，认为生育是为了增加家庭乐趣的占比为 45.17%，履行人生责任的占比为 43.10%，喜欢孩子的占比为 35.99%，多子多福的占比为 22.67%，养儿防老的占比为 19.55%，传宗接代的占比为 17.87%。值得注意的是，生育三孩目的相较于其他更具有特殊性，具体体现为顺其自然占主要地位，养儿防老依然占一定的比重。

总体而言，生育意愿基本符合马斯洛需求层次理论，即人在每一个时期都会有一种需求占据主导地位，而其他需求处于从属地位。对育龄人群中的低龄者，由于个人禀赋条件和物质资料积累程度都相对较低，其行为选择偏好倾向于优先满足第一层次的生理需求（physiological needs）和第二层次的安全需求（safety needs）。对育龄人群的中龄者，经济积累和基础需求的满足使其需求层次提升到第三层次的归属与爱需求（belonging and love），在经济和时间上能够满足生育三孩的要求。对育龄人群的高龄者，其需求层次可能进一步提升到第四层次或更高，但也面临需求层次降级的风险，从而影响生育意愿。

三、制约因素研究

（一）经济社会因素

教育、养育和住房是生育的三大成本。子女教育是全社会高度关注的问题，85.27%的人认为生育三孩意愿的影响因素是子女教育成本。从影响程度看，认为"影响较大""有影响""有点影响""没有影响""完全没有影响"的分别占40.70%、24.60%、17.68%、8.98%、8.03%；而不愿意生三孩的影响程度分别占58.56%、24.34%、10.58%、3.64%、2.88%。总体上看，子女教育成本对不愿意生育三孩的影响程度位居首位（见图8-2）。

调查显示，79.42%的人认为养育成本影响三孩生育意愿。从个人角度来看，生育三孩的养育成本主要是抚养费用、购房费用、医疗费用、教育费用，其中教育费用是最大的经济压力，占92.61%，抚养费用占81.96%，购房费用占80.05%，医疗费用占71.72%（见图8-3）。

调查显示，73.78%的人认为住房成本影响生育意愿。他们普遍认为如果生育三孩将面临现有住房面积不够的问题，需要换购住房；随着城镇地区房价大幅上涨，人们无法承受这给生活带来的沉重负担。目前住房和生育是家庭中两大重要支出，住房成本的增加势必会对生育产生一定的挤出效应。相关研究表明，现有住房面积对居民的生育意愿具有显著的正向影响，住房面积大说明家庭财富多，居民生育条件较好，即房子面积越大越有利于抚养孩子。因此，城镇居民的住房对生育意愿的影响较为显著。

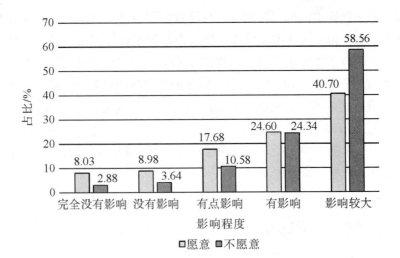

图8-2 子女教育成本对三孩生育影响的交叉分析

（数据来源：《重庆市三孩生育意愿及影响因素调查报告》）

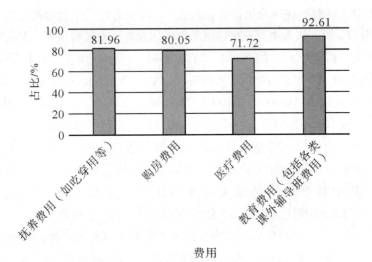

图8-3 生育三孩的家庭经济压力情况

（数据来源：《重庆市三孩生育意愿及影响因素调查报告》）

（二）家庭综合因素

生育对家庭发展具有重大影响。从家庭的承受能力来看，在调研"您认为下列因素对生育孩子的影响程度"时，孩子的教育费用成了影响家庭三孩生育意愿的最大因素，占比为56.71%，其次为房贷压力，占比为

50.66%，再次为孩子的结婚费用，占比为 45.41%。相对而言父母的养老成本对三孩生育意愿的影响最小仅占 37.68%，还有就是女方怀孕期间收入减少，占比为 37.97%。而孩子的生活费用占 41.99%，车贷压力占41.30%，个人事业发展和生活质量占 42.14%，对三孩意愿影响处于中间水平（见图 8-4）。

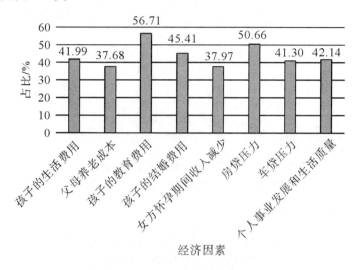

图 8-4 经济因素对三孩生育意愿的影响情况

（数据来源：《重庆市三孩生育意愿及影响因素调查报告》）

1. 家庭成员时间精力因素

调查显示，83.03% 的人认为时间精力成本影响三孩生育意愿。从家庭压力来看，被调查者中有 85.28% 的人认为是自己照顾孩子，54.26% 的人认为是长辈带孩子，41.4% 的人认为是配偶照顾，22.26% 的人认为是保姆或他人帮带孩子。从愿意生三孩的经济和时间精力成本承受程度来看，68.10% 的人认为完全不能承受；外部有支持能承受和勉强能承受的分别占14.90%、11.76%；完全能承受的占 2.52%。从愿意生三孩的家庭差异来看，"完全能承受""勉强能承受""外部有支持能承受""完全不能承受"占比分别为 11.17%、38.28%、25.47%、23.19%，不愿意生三孩的市民的占比则分别为 1.69%、10.46%、12.22%、74.34%。总体上看，时间成本承受程度对不愿意生三孩的影响程度占比大，愿意生三孩的主要集中在"勉强能承受"和"外部有支持能承受"（见图 8-5）。

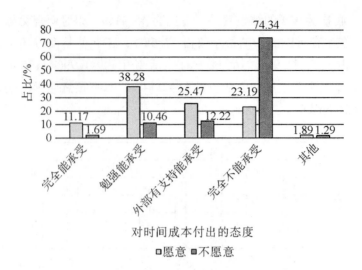

图 8-5　三孩生育意愿与时间成本付出的交叉分析

（数据来源：《重庆市三孩生育意愿及影响因素调查报告》）

2. 家庭成员身体因素

调查显示，56.81%的人认为身体状况是制约三孩生育的原因。有61.06%的人认为自己超过合适的生育年龄，再生育孩子对身体有影响或影响较大。一般来说，年龄相对较大的受访者生育意愿较强，但是他们也担心随着年龄增长，自己的身体已经过了最佳养育期，担心承担不了育儿的负担。由于生育面临的各种风险、疼痛、产后可能的"女性职场歧视"等，普遍认为自己生育一个孩子后在生理、心理、生活等方面发生了很大变化，需要时间和精力去调整，如果生育三孩必然要重新经历这些过程，这些都是影响意愿的重要因素。

3. 家庭婚育观念变化因素

根据我们对不婚不育原因的调查来看，被调查者中有46.74%的人认为是养育成本高，45.39%的人认为是教育成本高，44.04%的人认为是生育成本高；41.49%的人认为观念变化，结不结婚无所谓；39.08%的人认为房价高；32.41%的人认为观念变化，生不生子无所谓；26.24%的人担心影响自身发展。随着人们生活水平与受教育程度的持续提高，传统生育文化和生育观念对人们的生育行为的影响已经减弱。

（三）生育行为分析

从经济学角度看，独身也好、结婚也好，利己主义也好、利他主义也好，各种人的各种活动的目的只有一个，那就是追求效用最大（费孝通，1998），生育率下降是人类行为追求效用最大化的结果。当今青年父辈的经济状况普遍比较好，部分年轻人更愿意去追求和享受生活，而不愿意结婚生育从而降低生活水平；人们普遍重视教育支出，大多数人要富养孩子，但收入低的现实让很多年轻人宁愿选择不生孩子，导致生育率下降。有的被调查对象表示：自己没钱可以，但不想让孩子跟着受罪。"从具体的个别例子说，实在并没有一定要生孩子的道理……谁不愿把这责任让别人去担负，自己优哉游哉地逍遥于为子女做犬马的劬劳之外？"（费孝通，1998）。

生育行为具有经济属性和社会属性。从生育行为的经济属性来看，主流观点认为生育成本不断提高，怀孕、生产及哺乳对高学历、高收入和高职位的城市职业女性的影响相对较大，育龄女性进入职场以及无法平衡工作与育儿等因素是出生率下降的主要原因。从生育行为的社会属性来看，主流观点是：在"全面三孩"的公共政策之下，生育孩子利国利民；只有尊重和回应用人单位的利益诉求、让生育成本社会化，由公共部门、用人单位和家庭三方面共同承担生育成本，出生率才能得到提升。由此带来现行生育政策调整过程中重经济属性而轻社会属性的现象，从而难以实现政策目的。

从文化层面来看，传统社会以家庭为核心的生产方式所产生的孝道精神，从道德层面规定着子女对父母及其他长辈的责任，而现代社会保障体系的提高削弱了两者之间的紧密联系。随着税收制度、养老制度等一系列社会再分配制度的完善，生儿育女的外部效应不断增强，年轻人口成为社会的公共产品，对社会的公共税收贡献永远大于对其家庭长辈养老的直接贡献。城市中的大部分退休老人靠退休金、养老保险金和个人积蓄生活，依靠子女赡养的成分越来越少，养老补偿作用大为弱化。家庭的生育功能持续弱化，将对整个经济社会发展和家庭和谐产生显著的影响。

从人类的生产来看，"根据唯物主义观点，历史中的决定因素，归根结蒂是直接生活的生产和再生产。但是，生产本身又有两种。一方面是生活资料即食物、衣服、住房以及为此所必需的工具的生产；另一方面是人类自身的生产，即种族的蕃衍。"（马克思、恩格斯，1972）。然而，现代婚姻文化变迁已在不同程度上弱化家庭的生产功能，人们对待婚姻与家庭的差异性也必然对家庭生育模式产生一定的冲击。当今社会，部分男女青年在思想观念上，已经将婚姻关系和物质利益等同起来，生活当中出现了闪婚、闪离等快餐式婚姻模式，从部分婚姻中我们看到的更多是房子、车子、工作、学历、家庭背景等物质利益，传统的先通过建立感情然后再谈婚姻的观念似乎已经淡化。

婚育文化包括择偶的偏好、家庭内部人际关系的处理原则，以及人们对生育数量、性别以及时间的偏好和选择。在传统家庭中，家庭的生育功能提供了一个人口再生产及调节的稳定机制，为人口提供良好的再生产环境，生育孩子几乎成为每个家庭的必然选择。然而，随着婚育文化变迁，以都市家庭为代表的现代核心家庭中生育与养育功能呈现出不断弱化的趋势，丁克家庭、单亲家庭和不婚群体数量增加，家庭的生育功能从人们的观念到实际的生育行为都呈现出进一步边缘化的趋势，青年一代更加注重自我价值的实现，以及对爱情与婚姻质量的追求，这在一定程度上影响到家庭生育意愿。因此，婚育文化在生育行为的影响因素中具有十分重要的作用。

总体来看，对于生育率持续下降的原因，学界普遍认为是生育成本高、家庭成本高，孩子没人带、没精力养。笔者认为这些因素只是低生育的结果，而非原因。因为"从个人立场看，生育是件损己利人的事"（费孝通，1998），那些"彻底为自己利益打算的，就得设法避免生殖"（费孝通，1998）。低生育问题有着复杂的社会因素，尤其是社会经济和文化剧变，积极应对低生育应改变对生育属性的片面认识，重塑生育的社会属性。优化生育政策，实施好三孩政策，必须坚持以马克思主义两种生产理论为指导，弘扬中华民族优秀传统文化，发挥中国特色社会主义的制度优势，只有这样才能实现生育经济属性和社会属性的有机统一。

四、政策期望研究

（一）期望实施的政策类型

本次基于三孩政策背景，从人口需求侧角度进行调研，了解居民对配套政策措施的期望梯度，为完善和落实三孩生育政策及配套措施提供理论和政策依据。对于国家应尽快出台哪些支持政策，87.58%的受访者期望完善教育支持政策（如扩大义务教育覆盖范围，规范社会力量办学收费标准）。其次是养育支持政策（如对生三孩家庭购房给予税收减免、女性发放特别救助金）、医保支持（如出台儿童医疗保障制度，减轻育儿的医疗费用）、生育支持（如健全育儿假制度，大幅度延长产假、男性陪护假）、就业支持（如对生三孩的单位和企业给予税收减免、物资和精神奖励）和法律制度支持（如完善相关法律，保障女性合法权益）。调查对象的生育政策期望梯度见图8-6。

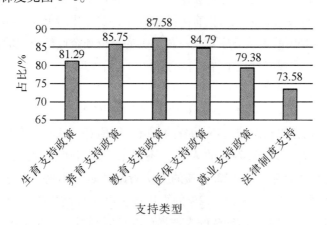

图8-6　生育政策期望梯度状况

（数据来源：《重庆市三孩生育意愿及影响因素调查报告》）

（二）主要期望实施的政策

1. 降低生育成本

一是降低生育服务费用。调查对象中有79.70%的人认为应提高生育保险、生育就医补贴标准，84.58%的人认为应尽快出台儿童医疗保障制度。二是降低教育成本。有88.12%的人认为应减轻入园、入学难度并减少费用，保障教育公平与优质教育资源供给。三是完善住房政策。有72.76%的人认为应对生育多孩家庭的住房贷款利息按首套房计算，85.54%的人认为应对生育三孩家庭购房给予税收减免、女性发放特别救助金。

2. 营造生育环境

一是重塑婚育文化。调查对象中有 77.12% 的人认为应营造有利于生育的家庭文化环境和社会氛围，60.04% 的人认为应治理婚嫁陋习、天价彩礼等不良社会风气，54.03% 的人认为应在全社会开展弘扬中华优秀传统文化教育，46.94% 的人认为应从小学开展新型婚育文化和家庭文化教育。二是完善生育假期制度。有 74.40% 的人认为应完善生育休假制度，延长女性产假期、设立男性陪产假。期盼国家延长带薪休产假时间，根据工作性质允许孕期妇女、哺乳期妇女灵活上班，实现照顾子女和完成工作任务两不误。三是期盼国家完善相关法律。有 73.35% 的人认为应尽快完善法律制度，69.90% 的人认为应对生育多孩家庭实行差异化的个税抵扣及经济补贴政策，79.16% 的人认为应对生三孩员工的单位和企业给予税收减免、物资和精神奖励，保障女性平等享有就业权和晋升空间。

3. 完善托育服务

在托育服务需求方面，调查对象中有 24.14% 的人表示愿意将 0~3 岁婴幼儿送到托育机构照护，75.11% 的人表示不愿意。从不愿意送托育机构照护的原因看，有 57.74% 的人表示不放心，57.71% 的人认为价格高，33.95% 的人表示有人带，22.36% 的人认为服务质量不高。在托育服务机构性质和服务方式上，有 67.12% 的人选择公办全日制机构，10.26% 的人选择公办半日制机构，6.87% 的人选择公办计时制机构，3% 的人选择公办寄宿制机构。调查表明，目前公办托育机构缺位是托育服务供需矛盾突出的根本原因。

4. 提高优生服务水平

调查显示：有 78.28% 的人认为应提升妇幼健康保健能力，77.14% 的人认为应普及免费婚前健康检查，72.57% 的人认为应普及家庭优生优育宣传，61.62% 的人认为应普及生殖健康宣传教育，59.49% 的人认为应提升辅助生殖技术水平。

（三）对期望实施的政策的分析

中国生育水平受生育政策因素的影响经历了自主生育、计划生育干预和完善生育政策三个从无到有，并逐渐减少的过程（刘卓、王学义，2021）。其中，在完善生育政策阶段，国家先后实施了单独二孩政策、全面两孩政策、三孩政策以优化生育政策。2013 年 11 月开始实施的单独二孩政策从根本上改变了我国独生子女政策的导向和趋势，标志中国开始调整和完善生育政策。但 2014 年出生人口仅较上年增加 47 万人，随后 2015 年比上年又减少 32 万人，出生人口数量与政策调整前比较基本持平，人口出生率为 12.07‰，低于政策调整前的水平。而 2015 年 12 月开始实施全面两孩政策，其最终结果是 2016 年全国出生人口数量出现 1 786 万人的峰值后持续下降到 2020 年的 1 200 万人，人口出生率为 8.50‰，年出生人口数量住居新中国成立以来的倒数第二。究其原因，纵然有育龄妇女减少、生育观念变化等多重制约因素叠加，但从群众的政策期望来看，单独二孩和全面两孩政策调整屡屡"遇冷"，与生育配套支持政策的缺失密切相关。

三孩政策将婚嫁、生育、养育、教育一并考虑，提出了降低生育养育教育成本、发展普惠托育服务体系、提高优生优育服务水平三大类十个方面的配套支持措施。从政策内容来看，既注重解决教育、住房、就业等影响家庭生育行为的关键问题，又注重加强新型婚育文化建设，解决生育观念的根本问题。这一新政是针对"全面两孩政策"实施过程中群众反映突出的"生不出，养不起，没人带"等问题，回应了新时代民众普遍期望降低生育成本、期望营造生育环境、期望完善托育服务等生育需求，其目的在于通过加强配套生育支持政策，鼓励适龄生育，缓解育儿焦虑，降低养育成本，帮助群众实现生育意愿，促进家庭和谐幸福。如果配套支持措施能够落到实处，未来的生育意愿有望得到增强。

五、主要结论与启示

（一）主要结论

重庆三孩生育意愿调研结果所呈现的状况就是整个中国的缩影。本次调查表明，当前重庆市城乡居民生育三孩意愿总体较弱，平均理想子女数与全国基本一致，且远低于更替水平。目前人们的生育意愿总体较弱，生育政策效应尚未得到有效发挥，其中生育成本和家庭综合因素是制约"三孩政策"实施的关键。同其他生育意愿调查不同的是，此次调研中加入了居民三孩生育政策期望的系列问题，从居民需求侧了解了完善生育政策配套措施过程中不同措施的重要程度和优先程度，这有利于今后有针对性、有计划地完善其配套措施。

调查显示，教育支持政策、养育支持政策和医保支持政策是人们普遍期望的政策类型，如果生育成本仍然完全由个人承担，生育水平将很难提升，因为他们担心这会影响其生活质量。因此，要实现生育政策的目标需要深入考虑生育费用的分担问题，如由国家、社会和个人共同承担。此外，以往在制定鼓励生育的政策中只考虑经济因素的作用，而忽视文化因素的重要影响，尤其是对人们观念和行为的巨大影响。因此，在完善生育配套支持过程中，除经济因素外，还要高度重视文化因素，文化从根本上影响着人们的生意意愿。

（二）几点启示

此次调研涵盖了育龄期各阶层、各年龄段的人群，具有显著的代表性，体现了目前城乡居民的生育意愿、影响因素和政策期望。调查数据显示，生育意愿已经处于较弱水平，按照现行生育成本、生育观念和社会环境，还有可能继续弱化。本次研究无疑为完善生育配套支持措施提供了新的或许更为符合客观实际的参考依据，这也是最重要的现实意义所在。

第一，降低生育成本是关键。要实现让人们适度地生育，就应当促进生育费用的社会化，由个人和社会共同承担。在"生"方面，应尽快完善生育保险和婴幼儿医疗保障制度，增加公益性医疗资源投入，完善医疗保险制度，提高婴幼儿医保标准，解除后顾之忧。在"育"方面，应尽快完善0-3岁婴幼儿普惠托育服务，加大公立幼儿园和中小学建设，逐步将幼儿教育纳入免费教育，在更大范围内保障儿童接受公平教育。在"住"方面，应向两孩和多孩家庭倾斜，制定房产税等优惠政策，满足多孩家庭基本住房保障需求。在"税"方面，应将3岁以下婴幼儿纳入个税专项附加扣除范围，减轻育儿家庭的税负，使生育孩子的家庭得到更多实惠。

第二，重塑婚育文化是根本。文化影响思想观念，生育观念决定生育行为，从个体来说，生不生、何时生、生几个在某种程度上说都是个体意志的体现。"因之，社会上必须有一套共同接受的办法，用社会力量来强制大家奉行。这些办法是文化。"（费孝通，1998）。重塑婚育文化应重在培养家庭成员的人口意识，提倡把家庭的生育需求与国家的生育政策相结合、家庭的发展与国家的经济社会发展相结合，自觉实行适度生育；努力提高出生人口素质，重视家庭道德教育；积极倡导男女平等、夫妻共同参与和决定家庭重大事务，推动夫妻之间形成相互尊重的夫妻文化，以及生男生女都一样的新型生育观念；提升家庭生活质量，建设与新型婚姻与家庭文化观念相适应的新家庭，从文化角度夯实三孩生育政策的微观基础（刘国辉，2021）。

第三，营造社会环境是保障。人口因素是影响国家发展战略的基础变量，应对新人口格局的变化趋势，不仅需要人口政策的支撑，也需要得到全社会的重视和支持。首先要以公共财政投入为支撑，以政府、社会、家庭之间的成本合理分担为准则，以每个生育孩子家庭受益为目标，形成全社会重视生、用人单位支持生、育龄人群愿意生的氛围。其次要提升优生服务水平，利用网络平台，构建线上线下、全方位、立体的优生服务模式，加大优生优育知识普及和宣传，让愿意生育人群生得好和生得出。再次要健全生育休假与生育保险的法律制度，将人文主义精神和法律制度保障相结合，保障女性就业权益，消除人们不敢生、不愿生的顾虑，确保各项政策措施落实。

参考文献

卜玉梅，2008. 农村未婚生育现象的原因探析：以湖南 X 村的个案研究为例 [J]. 南方人口 (3)：44-49.

蔡昉，2015. 促进人口均衡发展 [N]. 经济日报，2015-11-12.

查瑞传，刘金塘，1991. 中国妇女结婚生育的时期分析和队列分析 [J]. 中国人口科学 (6)：7-14.

陈东林，2004. 从灾害经济学角度对"三年自然灾害"时期的考察 [J]. 当代中国史研究，11 (1)：83-93.

陈海龙，马长发，2019. 中国"二孩"政策效果及区域异质性研究 [J]. 人口与发展，25 (3)：67-75.

陈江生，李良艳，胡健闽，2017. 中国人口发展的政策与实施 [M]. 北京：经济科学出版社.

陈俊杰，穆光宗，1996. 农民的生育需求 [J]. 中国社会科学 (2)：126-137.

陈强，2014. 高级计量经济学及 Stata 应用 [M]. 2 版. 北京：高等教育出版社.

陈卫，段媛媛，2019. 中国近 10 年来的生育水平与趋势 [J]. 人口研究，43 (1)：3-17.

陈卫，黄小燕，1999. 人口转变理论述评 [J]. 中国人口科学 (5)：51-56.

陈卫，史梅，2002. 中国妇女生育率影响因素再研究：伊斯特林模型的实证分析 [J]. 中国人口科学 (2)：49-53.

陈卫，吴丽丽，2006. 中国人口迁移与生育率关系研究 [J]. 人口研究 (1)：13-20.

陈卫，2005. "发展—计划生育—生育率"的动态关系：中国省级数据再考察 [J]. 人口研究，29 (1)：2-10.

陈卫，2005. 外来人口与我国城市低生育率 [J]. 人口研究 (4)：79-83.

陈卫，2021. 中国的低生育率与三孩政策：基于第七次全国人口普查数据的分析 [J]. 人口与经济 (5)：25-35.

陈卫平，2002. 人的全面发展是建设新社会的本质要求 [M]. 上海：上海社会科学院出版社.

陈友华，孙永健，2021. "三孩"生育新政：缘起、预期效果与政策建议 [J]. 人口与社会，37 (3)：1-12.

戴林送，林金官，2013. 广义泊松回归模型的统计诊断 [J]. 统计与决策 (21)：29-33.

道金斯，2012. 自私的基因 [M]. 卢允中，等译. 北京：中信出版社.

邓希泉，李健，陈庆梅，2018. 中国青年人口和青年发展统计报告 (2017) [J]. 北京青年研究，27 (2)：14-25.

邓希泉，李健，徐洪芳，2018. 中国青年人口与发展统计报告 (2018) [J]. 广东青年职业学院学报，32 (4)：5-13.

邓希泉，李健，周宇香，2021. 中国青年发展统计报告 (2020 年) [J]. 当代青年研究 (1)：26-32.

邓希泉，2015. 2014 年中国青年人口与发展统计报告 [J]. 中国青年社会科学，34 (2)：7-11.

邓希泉，2015. 中国青年人口与发展统计报告 (2015) [J]. 中国青年研究 (11)：56-63.

邓希泉，2018. 青年发展理论的基本问题研究 [J]. 中国青年社会科学，37 (1)：44-54.

董辉，1992. 传统生育文化的惯性与人口控制的难点 [J]. 人口学刊 (4)：29-33.

范皑皑，丁小浩，2013. 谁的文凭贬值了：分割的劳动力市场视角下的过度教育问题研究 [J]. 教育发展研究，33 (17)：7-14.

费孝通，1998. 乡土中国 生育制度 [M]. 北京：北京大学出版社.

风笑天，张青松，2002. 二十年城乡居民生育意愿变迁研究 [J]. 市场与人口分析 (5)：23-33.

风笑天，2004. 城市青年的生育意愿：现状与比较分析 [J]. 江苏社会科学 (4)：175-181.

风笑天, 2018. 影响育龄人群二孩生育意愿的真相究竟是什么 [J]. 探索与争鸣 (10): 54-61, 142.

高向东, 1997. 论生育需要和生育动机 [J]. 人口学刊 (2): 61-63.

共产党员网, 2015. 习近平: 在 2015 年春节团拜会上的讲话 [OL]. (2015-02-17) [2023-06-18]. https://news.12371.cn/2015/02/17/ARTI1424167093896641.shtml.

共青团中央, 2019. 不得不看! 关于加班, 这些职业青年这么说…… [OL/EB]. (2019-04-16) [2023-06-18]. https://mp.weixin.qq.com/s/nNurl03drV0_NEBCPNaHVA.

顾宝昌, 谢碧霞, 2018. 中国人口形势与青年发展 [J]. 青年探索 (2): 47-53.

顾宝昌, 1994. 论 70 至 90 年代中国生育变迁 [J]. 人口与计划生育 (1): 17-22.

顾宝昌, 1987. 论社会经济发展和计划生育在我国生育率下降中的作用 [J]. 中国人口科学 (2): 2-11.

顾宝昌, 2011. 生育意愿、生育行为和生育水平 [J]. 人口研究, 35 (2): 43-59.

郭志刚, 2005. 关于京津沪超低生育率中外来人口分母效应的检验 [J]. 人口研究 (1): 80-83.

郭志刚, 巫锡炜, 2006. 泊松回归在生育率研究中的应用 [J]. 中国人口科学 (4): 2-15, 95.

郭志刚, 2008. 中国的低生育水平及其影响因素 [J]. 人口研究, 32 (4): 1-12.

郭志刚, 2014. 中国的低生育率与人口可持续发展 [M]. 北京: 中国社会科学出版社.

国家计生委, 1993. 国家计生委 1992 年 38 万人抽样调查主要数据 (1992 年) [J]. 中国人口科学 (4): 64-64.

国家统计局综合司, 1999. 新中国五十年统计资料汇编 [M]. 北京: 中国统计出版社.

国务院发展研究中心课题组, 2022. 认识人口基本演变规律 促进我国人口长期均衡发展 [J]. 管理世界, 38 (1): 1-19, 20, 34.

何金定, 1997. 我国中西部地区发展模式的人口经济研究 [J]. 人口学刊（5）：16-22.

洪秀敏，朱文婷，2017. 二孩时代生还是不生？：独生父母家庭二孩生育意愿及影响因素探析［J］. 北京社会科学（5）：69-78.

侯佳伟，黄四林，辛自强，等，2014. 中国人口生育意愿变迁：1980—2011［J］. 中国社会科学（4）：78-97，206.

江苏省统计局，2023. 2022 年全省婚姻登记大数据出炉［OL］.（2023-02-14）. http://tj.jiangsu.gov.cn/art/2023/2/14/art_85272_10748990.html.

姜全保，杨淑彩，李树茁，2018. 中国出生人口数量变化研究［J］. 中国人口科学（1）：60-71.

蒋耒文，2002. "欧洲第二次人口转变"理论及其思考［J］. 人口研究（3）：45-49.

蒋正华，1986. 社会经济因素对中国生育率的影响［J］. 人口研究（3）：25-30.

靳永爱，钱岳，陈卫，2015. 家庭经济地位与生育行为：宏观环境的调节效应［J］. 人口与发展（2）：72-83.

李伯华，1983. 一九六四至一九八一年我国已婚育龄妇女生育率的变化［J］. 人口研究（5）：12-15.

李丹，李丽萍，李丹，2021. 三孩政策出台的舆情效应及启示：基于 NLP 的网络大数据分析［J］. 中国青年研究（10）：46-53.

李峰，2017. 宗教信仰影响生育意愿吗？基于 CGSS2010 年数据的分析［J］. 世界宗教研究（3）：18-34.

李纪恒，2020. 实施积极应对人口老龄化国家战略［N］. 光明日报，2020-12-17.

李建德，1991. 人口出生率与自然、社会的不适应和社会强制［J］. 中国人口科学（3）：46-50.

李建民，2004. 生育理性和生育决策与我国低生育水平稳定机制的转变［J］. 人口研究（6）：2-18.

李建民，2000. 论社会生育成本及其补偿［J］. 广东社会科学（1）：98-106.

李竞能，1991. 生殖崇拜与中国人口发展［J］. 中国人口科学（3）：9-12.

李银河，陈俊杰，1993. 个人本位、家本位与生育观念［J］. 社会学研究（2）：87-96.

李涌平，1995. 广东客家农民的高生育观念［J］. 中国人口科学（2）：44-49.

李子联，2016. 收入与生育：中国生育率变动的解释［J］. 经济学动态（5）：37-48.

利维巴茨，2005. 繁衍：世界人口简史［M］. 北京：北京大学出版社.

梁丽霞，李伟峰，2011. 人口出生性别比偏高问题的社会性别分析［J］. 山东社会科学（7）：116-120.

梁秋生，2004. 外来流入人口的分母效应与大城市育龄妇女的超低总和生育率：以京、津、沪为例［J］. 人口研究（5）：19-26.

梁晓琳，李二倩，田茂再，2017. 多元广义泊松分布的参数估计与诊断［J］. 系统科学与数学，37（5）：1319-1334.

林宝，2020. 人口负增长与劳动就业的关系［J］. 人口研究，44（3）：21-37.

刘国辉，2021. 三孩政策来了配套支持措施从何处入手［N］. 光明日报，2021-06-20.

刘洪康，1990. 论两种生产原理［J］. 经济学家（1）：102-110.

刘厚莲，原新，2020. 人口负增长时代还能实现经济持续增长吗？［J］. 人口研究，44（4）：62-73.

刘佳，徐阳，2018. 女性最佳生育年龄探讨［J］. 中国妇幼健康研究，29（7）：865-868.

刘家强，2018. 重视人口安全与发展中不平衡不充分问题［N］. 学习时报，2018-07-09.

刘爽，卫银霞，任慧，2012. 从一次人口转变到二次人口转变：现代人口转变及其启示［J］. 人口研究（1）：15-24.

刘爽，1994. 中国妇女现存子女状况与生育选择及其转变［J］. 中国人口科学（4）：25-31.

刘秀莲，1991. 论中国人口转变及其特点［J］. 求是学刊（3）：33-35，56.

刘一伟，2017. 社会养老保险、养老期望与生育意愿［J］. 人口与发展（4）：30-40.

刘中一，2005. 场域、惯习与农民生育行为：布迪厄实践理论视角下农民生育行为［J］. 社会（6）：126-140.

刘卓，王学义，2021. 生育变迁：1949—2019 年中国生育影响因素研究［J］. 西北人口，42（1）：107-116.

龙晓添，2009. 从社会性别视角看"剩女"现象［J］. 中国青年研究（10）：74-77.

陆杰华，王笑非，2013. 20 世纪 90 年代以来我国婚姻状况变化分析［J］. 北京社会科学（3）：62-72.

陆杰华，黄匡时，2010. 关于构建人口均衡型社会的几点理论思考［J］. 人口学刊（5）：3-10.

陆杰华，刘瑞平，2020. 新时代我国人口负增长中长期变化特征、原因与影响探究［J］. 中共福建省委党校（福建行政学院）学报（1）：19-28.

陆杰华，2019. 人口负增长时代：特征、风险及其应对策略［J］. 社会发展研究（1）：21-32.

罗丹，邬智，2012. 美、日、德高等教育应对适龄青年减少的经验与启示［J］. 中国地质大学学报（社会科学版），12（6）：131-135.

罗萍，封颖，2001. 从性别视角看当代大学生的婚恋观念［J］. 武汉大学学报（社会科学版）（5）：631-635.

罗媛，张海钟，2007. 婚前同居女性心理状况的个案研究［J］. 青年研究（6）：36-40.

马克思，恩格斯，1956. 马克思恩格斯全集：第 1 卷［M］. 北京：人民出版社.

马克思，恩格斯，1980. 马克思恩格斯全集：第 1 卷［M］. 北京：人民出版社.

马克思，恩格斯，1995. 马克思恩格斯全集：第 1 卷［M］. 北京：人民出版社.

马克思，恩格斯，1957. 马克思恩格斯全集：第 2 卷［M］. 北京：人民出版社：118-119.

马克思，恩格斯，1980. 马克思恩格斯全集：第 3 卷［M］. 北京：人民出版社.

马克思，恩格斯，1958. 马克思恩格斯全集：第 4 卷［M］. 北京：人民出版社.

马克思，恩格斯，1995. 马克思恩格斯全集：第 4 卷 [M]. 北京：人民出版社.

马克思，恩格斯，1971. 马克思恩格斯全集：第 19 卷 [M]. 北京：人民出版社.

马克思，恩格斯，1972. 马克思恩格斯全集：第 23 卷 [M]. 北京：人民出版社.

马克思，恩格斯，1979. 马克思恩格斯全集：第 42 卷 [M]. 北京：人民出版社.

马克思，恩格斯，1980. 马克思恩格斯全集：第 46 卷（上）[M]. 北京：人民出版社.

马克思，恩格斯，1980. 马克思恩格斯全集：第 46 卷（下）[M]. 北京：人民出版社.

马克思，恩格斯，1995. 马克思恩格斯选集：第 3 卷 [M]. 北京：人民出版社.

茆长宝，穆光宗，2018. 国际视野下的中国人口少子化 [J]. 人口学刊，40（4）：19-30.

茆伟彦，2011. 我国人口惯性的区域差异研究 [J]. 人口与发展（6）：70-79.

蒙克，2017. "就业—生育" 关系转变和双薪型家庭政策的兴起：从发达国家经验看我国 "二孩" 时代家庭政策 [J]. 社会学研究（5）：218-241.

明艳，2008. 2005 年中国青年人口发展状况 [J]. 中国青年研究（1）：28-35.

穆光宗，武继磊，张敏才，等，2008. 超低生育率阶段的区域人口发展战略 [J]. 人口学刊（6）：3-9.

穆光宗，1995. 近年来中国出生性别比升高偏高现象的理论解释 [J]. 人口与经济（1）：48-51.

穆光宗，张团，2011. 十字路口的中国人口：危机与挑战：《公开信》前后的人口问题和中国道路 [J]. 思想战线，37（3）：1-8.

穆光宗，2016. 论中国的人口复兴 [J]. 北京大学学报（哲学社会科学版），53（6）：93-99.

穆光宗，2018. "全面二孩" 政策实施效果如何 [J]. 人民论坛

（14）：46-47.

穆光宗，2020. 当代青年的"恐育"心理和生育观［J］. 人民论坛
（22）：120-122.

穆光宗，1995. 近年来中国出生性别比升高偏高现象的理论解释［J］.
人口与经济（1）：48-51.

穆光宗，2020. 当代青年的"恐育"心理和生育观［J］. 人民论坛
（22）：120-122.

穆光宗，2016. 重建适度生育的新文化［J］. 中国领导科学（1）：23.

穆滢潭，原新，2018. "生"与"不生"的矛盾：家庭资源、文化价
值还是子女性别？［J］. 人口研究，41（1）：90-103.

彭非，2020. 中国发展报告（2020）［M］. 北京：中国人民大学出版
社.

彭希哲，戴星翼，1993. 试析风险最小化原则在生育决定中的作用
［J］. 人口研究（6）：2-7.

彭真善，2009. 中国东、中、西部地区城乡收入差距比较分析［J］. 经
济地理，29（7）：1087-1091.

澎湃新闻，2020. 中国发展报告2020：中国人口老龄化的发展趋势和
政策［OL/EB］.（2020-10-15）［2023-06-18］. https://www.thepaper.cn/ne-
wsDetail_forward_9582019.

戚伟，刘盛和，2015. 中国城市流动人口位序规模分布研究［J］. 地理
研究（10）：177-189.

齐晓安，2009. 社会文化变迁对婚姻家庭的影响及趋势［J］. 人口学刊
（3）：31-36.

齐晓安，2005. 生育文化理论及其体系研究［J］. 人口学刊（2）：49-
52.

乔晓春，2015. 从"单独二孩"政策执行效果看未来生育政策的选择
［J］. 中国人口科学（2）：26-33，126.

人民日报官微，2018. 31年：年轻人晚婚了，离婚率连续15年上涨
［OL］.（2018-08-16）［2023-06-18］. https://weibo.com/2803301701/
GuRe19QEb？type=comment#_rnd1603006479144.

人民网，2013. 习近平同各界优秀青年代表座谈时的讲话［EB/OL］.
（2013-05-05）［2023-06-18］. http://cpc.people.com.cn/n/2013/0505/

c64094-21367227. html.

任远，2017. 定位和定向：我国生育政策未来 [J]. 探索与争鸣（7）：77-80.

邵宁，1983. 世界人口的婚姻类型和生育率 [J]. 人口研究（5）：50-53.

石贝贝，唐代盛，候蔺，2017. 中国人口生育意愿与男孩偏好研究 [J]. 人口学刊，39（2）：28-36.

石人炳，2012. 人口转变：一个可以无限拓展的概念？[J]. 人口研究，36（2）：11-18.

宋月萍，宋正亮，2016. 生育行为对老年女性健康的影响 [J]. 人口研究，40（4）：76-87.

孙楠，2020. 这届年轻人不想结婚了？复旦大学的这项研究揭晓不同群体的婚恋观 [N]. 文汇报，2020-11-18.

陶涛，金光照，郭亚隆，2021. 两种人口负增长的比较：内涵界定、人口学意义和经济影响 [J]. 人口研究，45（6）：14-28.

王存同，2011. 中国计划生育下的避孕节育：1970—2010 [J]. 学海（2）：34-41.

王丰，郭志刚，茅倬彦，2008. 21 世纪中国人口负增长惯性初探 [J]. 人口研究（6）：7-17.

王广州，王军，2019. 中国人口发展的新形势与新变化研究 [J]. 社会发展研究，6（1）：5-24，246.

王国军，赵小静，周新发，2016. 计划生育政策、社会保障与人口出生率的区域差异研究：基于省级面板数据的分析 [J]. 经济科学（5）：83-94.

王金营，马志越，李嘉瑞，2019. 中国生育水平，生育意愿的再认识：现实和未来 [J]. 人口研究，43（2）：32-44.

王俊，2020. 初育年龄推迟对女性收入的影响 [J]. 人口研究，44（5）：108-121.

王培安，2016. 论全面两孩政策 [J]. 人口研究，40（1）：3-7.

王平权，1996. 农村→城镇迁移人口行为对生育行为影响的几点认识 [J]. 人口学刊（1）：38-41.

王天宇，彭晓博，2015. 社会保障对生育意愿的影响：来自新型农村

合作医疗的证据 [J]. 经济研究, 50 (2)：103-117.

王文静, 李卫红, 2005. 婚前同居的生存空间到底有多大：上海大学生婚前同居观念的一项调查 [J]. 社会 (12)：18-22.

王学义, 王春蕊, 2011. 禀赋、场域与中国妇女生育意愿研究 [J]. 人口学刊 (1)：3-9.

王学义, 2002. 论中国人口转变面对的几个突出问题 [J]. 理论与改革 (5)：113-116.

魏益华, 迟明, 2015. 人口新常态下中国人口生育政策调整研究 [J]. 人口学刊, 37 (2)：41-45.

邬沧萍, 穆光宗, 1995. 低生育研究：人口转变论的补充和发展 [J]. 中国社会科学 (1)：83-98.

吴帆, 林川, 2013. 欧洲第二次人口转变理论及其对中国的启示 [J]. 南开学报（哲学社会科学版）(6)：52-61.

吴英燕, 2019. 谢宇：中国如何应对第二次人口转型丨我们这个家 [OL/EB]. (2019-11-08) [2023-06-18]. https://www.thepaper.cn/newsDetail_forward_4750357.

吴忠观, 1997. 人口科学辞典 [M]. 成都：西南财经大学出版社.

习近平, 2014. 十八大以来重要文献选编：上 [M]. 北京：中央文献出版社.

向华丽, 舒施妙, 2018. 基于最大 P 区域问题的生育水平空间区划研究 [J]. 统计与决策, 34 (14)：91-94.

肖武, 2016. 中国青年婚姻观调查 [J]. 中国青年研究 (6)：61-68.

新华网, 2017. 寻踪中国"空心村"：村民平均年龄超 65 岁 [OL/EB]. (2017-05-04) [2023-06-18]. http://www.xinhuanet.com/politics/2017-05/04/c_1120919901.htm.

徐先艳, 王义军, 2018. 马克思主义人的自由全面发展理论与新时代青年发展 [J]. 中国青年研究 (8)：38-44.

徐昕, 2017. 广义泊松回归模型的推广及其在医疗保险中应用 [J]. 数理统计与管理 (2)：215-225.

许传新, 王平, 2002. 透视"试婚"现象 [J]. 中国青年研究 (6)：56-59.

闫玉, 张竞月, 2019. 育龄主体二孩生育焦虑影响因素的性别差异分析［J］. 人口学刊，41（1）：20-30.

杨成钢，李海宾，2019. 人口迁移、住宅供需变化与区域经济发展：对当前国内城市"抢人大战"的经济学分析［J］. 理论探讨（3）：93-98.

杨成钢，闫东东，2017. 质量、数量双重视角下的中国人口红利经济效应变化趋势分析［J］. 人口学刊，39（5）：25-35.

杨发祥，2003. 当代中国计划生育史研究［D］. 杭州：浙江大学.

杨华磊，吴义根，张冰鑫，2018. 城镇化、外部性与生育水平［J］. 人口与发展，24（4）：48-55.

杨菊华，2008. 意愿与行为的悖离：发达国家生育意愿与生育行为研究述评及对中国的启示［J］. 学海（1）：27-37.

杨宜勇，张本波，李璐，2016. 及时、科学、综合应对我国人口老龄化研究［J］. 宏观经济研究（9）：3-19.

杨振宇，张程，2018. 教育深化对初婚年龄、生育数量的影响：基于义务教育法实施的准试验研究［J］. 人口与发展，24（1）：18-32.

杨静利，2004. 同居的生育意涵与台湾同居人数估计［J］. 台湾社会学刊（32）：189-213.

於嘉，谢宇，2017. 我国居民初婚前同居状况及影响因素分析［J］. 人口研究，41（2）：3-16.

於嘉，谢宇，2019. 中国的第二次人口转变［J］. 人口研究，43（5）：3-16.

俞国良，董妍，2012. 我国心理健康研究的现状、热点与发展趋势［J］. 教育研究，33（6）：97-102.

原新，2016. 我国生育政策演进与人口均衡发展：从独生子女政策到全面二孩政策的思考［J］. 人口学刊，38（5）：5-14.

翟振武，李龙，陈佳鞠，等，2017. 人口预测在 PADIS-INT 软件中的应用：MORTPAK、Spectrum 和 PADIS-INT 比较分析［J］. 人口研究，41（6）：84-97.

翟振武，金光照，张逸杨，2021. 人口老龄化会阻碍技术创新吗?［J］. 东岳论丛，42（11）：24-35，191.

张丹丹，2004. 市场化与性别工资差异研究［J］. 中国人口科学（1）：34-43，81.

张弥，周天勇，2015. 自主到计划：人口生育和增长变迁：1950—

2014 年中国人口论纲要［J］. 经济研究参考（32）：3-31.

张善余，1993. 近年我国一些地区人口负增长现象初析［J］. 人口与经济（6）：3-9.

张素蓉，2001. 美国：青年人持久的婚姻会有一个回潮［J］. 中国青年研究（2）：86-87.

张现苓，翟振武，陶涛，2020. 中国人口负增长：现状、未来与特征［J］. 人口研究，44（3）：3-20.

张翼，2021."三孩生育"政策与未来生育率变化趋势［J］. 中国特色社会主义研究（4）：30-36.

赵梦晗，计迎春，2019. 丈夫的家务劳动参与和女性初育风险［J］. 人口研究，43（1）：64-77.

赵梦晗，2016. 全面二孩政策下重新审视公共政策中缺失的性别平等理念［J］. 人口研究，40（6）：38-48.

赵晓雯，2019."空心村"该何去何从？农业农村部回应［OL］.（2019-06-05）［2023-06-18］.http://news.china.com.cn/txt/2019-06-05/content_74856805.htm.

中国教育在线，2022. 2022 全国研究生招生调查报告［OL/R］.（2022-01-30）［2023-06-18］. https://kaoyan.eol.cn/yuan_xiao_xin_xi/202201/t20220130_2206607_1.shtml.

中国政府网，2017. 中共中央 国务院印发《中长期青年发展规划（2016—2025 年）》［EB/OL］.（2017-04-13）［2023-06-18］.http://www.gov.cn/xinwen/2017-04/13/content_5185555.htm#1.

钟水映，汪世琦，2021. 如何认识人口负增长对经济增长的影响？：基于供给端的基本理论框架和初步分析［J］. 武汉科技大学学报（社会科学版），23（4）：421-429.

周海旺，1996. 谈上海劳动力市场面临"青年赤字"的冲击［J］. 社会科学（2）：63-67.

周皓，2016. 人口流动对生育水平影响的区域差异［J］. 人口与发展（3）：2-12.

周长洪，黄宝凤，2001. 计划生育"三结合"服务需求与现状分析［J］. 西北人口（3）：22-24.

周长洪，2015. 经济社会发展与生育率变动关系的量化分析［J］. 人口研究, 39 (2): 40-47.

周祖根, 1993. 人口迁移流动与生育 [J]. 人口学刊 (5): 10-15.

朱建平, 欧阳汉, 杨阳, 2017. 不同计划生育政策下的人口结构预测: 基于多胎次两区域人口发展模型 [J]. 数理统计与管理 (6): 951-969.

庄亚儿, 姜玉, 王志理, 等, 2014. 当前我国城乡居民的生育意愿: 基于2013年全国生育意愿调查 [J]. 人口研究, 38 (3): 3-13.

BEALE C L, 1969. Natural decrease of population: the current and prospective status of an emergent American phenomenon [J]. Demography, 6 (2): 91 -99.

BECKER G S, BARRO R J, 1988. A reformulation of the economic theory of fertility [J]. The quarterly journal of economics, 103 (1): 1-25.

BIRABEN J N, 1979. Essai sur l'évolution du nombre des hommes [J]. Population (1): 13-25.

BOGAERT A, RUSHTON J P, 1989. Sexuality, delinquency and r/K reproductive strategies: data from a Canadian university sample [J]. Personality and individual differences, 10 (10): 1071-1077.

BRUCE W, ERIC A S, 2000. Analyzing adaptive strategies: human behavioral ecology at twenty-five [J]. Evolutionary anthropology, 9 (2): 51-72.

BRUNO A, ESPING-ANDERSEN G, PESSIN L, 2015. How do changes in gender role attitudes towards female employment influence fertility? A macro-level analysis [J]. European sociological review, 31 (3): 370-382.

CALDWELL J C, SCHINDLMAYR T, 2003. Explanations of fertility crisis in modern societies: a search for commonalities [J]. Population studies, 57 (3): 241-263.

CALDWELL J C, 1982. Theory of fertility decline [M]. Pittsburgh: Academic Press.

CAMERON A C, TRIVEDI P K, 2013. Regression analysis of count data [M]. Cambridge: Cambridge University Press.

CESUR R, GUNE S P M, TEKIN E, et al., 2017. The value of socialized medicine: the impact of universal primary healthcare provision on mortality rates in Turkey [J]. Journal of public economics, 150: 75-93.

CHERLIN A, 2016. A happy ending to a half-century of family change?

[J]. Population and development review, 42 (1): 121-129.

CHERLIN A, 2010. Demographic trends in the United States: a review of research in the 2000s [J]. Journal of marriage and family, 72: 403-19.

CHERLIN A, 2014. First union patterns around the world: introduction to the special issue [J]. Population research and policy review, 33 (2): 153-159.

CHERLIN A J, 2004. The deinstitutionalization of American marriage [J]. Journal of marriage and family, 66 (4): 848-861.

COCKBURN T A, 1971. Infectious diseases in ancient populations [J]. Current anthropology, 12 (1): 45-62.

COLEMAN D, 2004. Why we don't have to believe without doubting in the "Second Demographic Transition" —some agnostic comments [J]. Vienna yearbook of population research (2): 11-24.

COHEN S, HOBERMAN H, 1983. Interpersonal support evaluation list (ISEL) [J]. Journal of applied social psychology, 13 (1): 99-125.

CONSUL P C, JAIN G C, 1973. A generalization of the Poisson Distribution [J]. Technometrics, 15 (4): 791-799.

CONSUL P C, 1989. Generalized Poisson Distribution: properties and application [M]. New York: Marcel Dekker.

DAVALOS E, MORALES L F, 2017. Economic crisis promotes fertility decline in poor areas: evidence from Colombia [J]. Demographic research, 37: 867-888.

DJAVAD S I, 2005. Human resources in Iran: potentials and challenges [J]. Iranian studies, 38 (1): 117-147.

EASTERLIN R A, Crimmins E M, 1985. The fertility revolution: a supply-demand analysis [M]. Chicago: University of Chicago Press.

ESPING-ANDERSEN G, BILLARI F C, 2015. Re-theorizing family demographics [J]. Population and development review, 41 (1): 1-31.

FAMOYE F, 1993. Restricted Generalized Poisson Regression Model [J]. Communications in statistics-theory and methods, 22 (5): 1335-1354.

FIGUEREDO A J, VASQUEZ G, BRUMBACH B H, et al., 2006. Consilience and life history theory: from genes to brain to reproductive strategy [J]. Developmental review, 26 (2): 243-275.

GIOSAN C, 2006. High-K strategy scale: a measure of the High-K Independent Criterion of Fitness [J]. Evolutionary psychology, 4 (1): 394-405.

GOLDSCHEIDER F, 2000. Why study young adult living arrangements? A view of the second demographic transition [C]. Workshop–Leaving home: A European focus.

GOLDSCHEIDER F, BERNHARDT E, 2015. The gender revolution: a framework for understanding changing family and demographic behavior [J]. Population and development review, 41 (2): 207-239.

HAY S I, ABAJOBIR A A, ABATE K H, et al., 2017. Global, regional, and national disability-adjusted life-years (DALYs) for 333 diseases and injuries and healthy life expectancy (HALE) for 195 countries and territories, 1990–2016: a systematic analysis for the Global Burden of Disease Study 2016 [J]. Lancet, 390 (10100): 1260-1344.

HAYFORD S R, GUZZO K B, SMOCK P J, 2014. The decoupling of marriage and parenthood? Trends in the timing of marital first births, 1945—2002 [J]. Journal of marriage and family, 76: 520-538.

HEUVELINE P, TIMBERLAKE J M, 2004. The role of cohabitation in family formation: the United States in comparative perspective [J]. Journal of marriage and the family, 66 (5): 1214-1230.

HIEKEL N, CASTRO-MARTÍN T, 2014. Grasping the diversity of cohabitation: fertility intentions among cohabiters across Europe [J]. Journal of marriage and family, 76: 489-505.

JONES N G B, HAWKES K, O'CONNELL J F, 2002. Antiquity of post-reproductive life: are there modern impacts on hunter-gatherer postreproductive life spans? [J]. American journal of human biology, 14 (2): 184-205.

JOSE ANTONIO ORTEGA, 2014. A characterization of world union patterns at the national and regional level [J]. Population Research and Policy Review, 33: 161-188.

KANE J B, 2013. A closer look at the second demographic transition in the US: evidence of bidirectionality from a cohort perspective (1982-2006) [J]. Population research and policy review, 32 (1): 47-80.

KERTZER D I, WHITE M J, GABRIELLI B G, 2009. Italy's path to very low fertility: the adequacy of economic and second demographic transition theories [J]. European journal of population, 25 (1): 89-115.

KOHLER H P, BILLARI F C, ORTEGA J A, 2004. The emergence of lowest-low fertility in Europe during the 1990s [J]. Population and development review. 28 (4): 641-680.

LEE R B, 1980. Lactation, ovulation, infanticide and women's work [M]. New Haven: Yale University Press.

LEIBENSTEIN H, 1957. Economic backwardness and economic growth [M]. New York: John Wiley & Sons.

LESTHAEGHE R, VAN DE KAA, 1986. Twee demografische transities [M]. Bevolking: Groei en Krimp: 9-24.

LESTHAEGHE R, WILSON C, 2017. Modes of production, secularization and the pace of the fertility decline in Western Europe, 1870-1930 [M]. Princeton: Princeton University Press.

LESTHAEGHE R, DOMINIQUE M, 1987. Value changes and the dimensions of familism in the European Community [J]. European journal of population (2): 225-268.

LESTHAEGHE R, SURKYN J, 1988. Cultural dynamics and economic theories of fertility change [J]. Population and development review (14): 1-45.

LESTHAEGHE R, 1991. The second demographic transition in Western Countries: an interpretation [C]. Interuniversity Programme in Demography.

LESTHAEGHE R, NEIDERT L, 2006. The second demographic transition in the United States: exception or textbook example? [J]. Population and development review, 32 (4): 669-698.

LESTHAEGHE R, 2014. The second demographic transition: a concise overview of its development [J]. Proceedings of the National Academy of Sciences of the United States of America, 111 (51): 18112-18115.

LIEFBROER A C, 2005. The impact of perceived costs and rewards of childbearing on entry into parenthood: evidence from a panel study [J]. European journal of population, 21 (4): 367-391.

MACARTHUR R H, 1962. Some generalized theorems of natural selection

[J]. Proceedings of the National Academy of Sciences, 48 (11): 1893-1897.

MASLOW A H, 1943. A theory of human motivation [J]. Psychological review, 50 (4): 370.

MCDONALD P, 2000. Gender equity in theories of fertility transition [J]. Population and development review, 26: 427-39.

MIETTINEN A, BASTEN S, ROTKIRCH A, 2011. Gender equality and fertility intentions revisited [J]. Demographic research (24): 469-96.

MILLS M, 2007. Individualization and the life course: toward a theoretical model and empirical evidence [J]. Contested individualization: debates about contemporary personhood (7): 61-79.

MONTSERRAT S, 1998. The second demographic transition from a gender perspective [J]. Innovation: the European journal of social science research, 11 (2): 211-225.

MURPHY K, SIMON C, TAMURA R, 2008. Fertility decline, baby boom, and economic growth [J]. Journal of human capital, 2 (3): 262-302.

MYRSKYLÄ M, KOHLER H-P, BILLARI F C, 2009. Advances in development reverse fertility declines [J]. Nature, 460 (7256): 741-743.

PERELLI-HARRIS B, GERBER T, 2011. Nonmarital childbearing in Russia: second demographic transition or pattern of disadvantage? [J]. Demography, 48: 317-42.

RAVANERAL Z R, LEE, RAJULTON F, CHO B, 1999. Should a second demographic transition follow the first? Demographic contrasts: Canada and South Korea [J]. Social indicators research, 47: 99-118.

RAYMO J M, PARK H, XIE Y, 2015. Marriage and family in East Asia: continuity and change [J]. Annual review of sociology, 41 (1): 471-492.

SCHUMPETER J A, 1963. History of economic analysis [M]. New York: Oxford University Press.

SHAPIRO D, GEBRESELASSIE T, 2014. Marriage in Sub-Saharan Africa: trends, determinants, and consequences [J]. Population research & policy review, 33 (2): 229-255.

SOBOTKA T, 2008. Overview Chapter 6: the diverse faces of the second demographic transition in Europe [J]. Demographic research, 19: 171-224.

SPIELMANN, 1989. A review: dietary restrictions on hunter-gatherer women and the implications for fertility and infant mortality [J]. Human ecology, 17 (3): 321-345.

VAN BAVEL J, KLESMENT M, et al., 2018. Seeding the gender revolution: women's education and cohort fertility among the baby boom generations [J]. Population studies, 72 (3): 283-304.

VAN DE KAA D J, 1996. Anchored narratives: the story and findings of half a century of research into the determinants of fertility. [J]. Population studies, 50 (3): 389-432.

VAN DE KAA D J, 1987. Europe's second demographic transition [J]. Population bulletin, 42 (1): 1-59.

VAN DE KAA D J, 2002. The idea of a second demographic transition in industrialized countries [J]. Journal of population problems (35): 45.

WISSLER C, CHILDE V G, 1937. Man makes himself [J]. Geographical review, 27 (3): 534-536.

ZAIDI B, MORGAN S P, 2017. The second demographic transition theory: a review and appraisal [J]. Annu Rev Sociol, 43 (1): 473-492.

后　记

　　即将付梓的《新时代人口生育问题研究》一书，是在我于西南财经大学人口研究所攻读硕士和博士学位期间，主持的中央高校基本科研业务费专项资金资助课题一般项目"中国第二次人口转变深化特征与生育行为研究"、中央高校基本科研业务费专项资金资助思想政治研究专项"新时代人口新格局下青年社会责任担当研究"、四川省人口与发展数据实验室研究生课题"四川省构建居家社区机构相协调、医养康养相结合的养老服务体系研究"以及硕士毕业论文《中国人口生育水平变动及影响因素研究》的基础上，对相关研究进行再创作、再完善和拓展，并由四川省人口与发展数据实验室资助出版的成果。

　　人口和生育历来是国家和社会关注的重点问题，对于两者的讨论也极为丰富。进入新时代以来，人口和生育的问题更加凸显，而这一主题，正是我自2016年来蓉求学近七载的研究内容。需要说明的是：本书第一章、第二章和第八章主要来源于我的学期论文和感兴趣的相关研究；第三章是我参与的导师王学义教授主持的共青团中央"青少年发展研究"课题"中国人口负增长趋势对青年发展的影响研究"成果；第四章和第六章是我主持的课题成果；第七章则是在我参与的重庆市三孩生育调研报告基础上进行扩展的成果。

　　值本书出版之际，我要特别感谢我的导师王学义教授，无论是选题、写作还是实践方面他都给予了我莫大的帮助和指导；感谢西南财经大学人口研究所杨成钢教授、张俊良教授和杨帆教授对我的大力支持、鼓励和指导；感谢四川省人口与发展数据实验室对本书出版的资助；感谢河北大学的石贝贝老师在我撰写第八章时给予我的帮助；感谢四川省社会科学院候蔺老师对我的指点。

作为我人生的第一本专著，本书在研究中还存在许多未能涉及或未能深入研究的问题，可能存在一些论证粗疏、挂一漏万的现象，恳请读者批评指正。另外，由于篇幅问题，有的参考文献并未一一列出，敬请谅解。

刘卓

2022 年 10 月 25 日于光华楼